南无本师释迦牟尼佛

龙树菩萨

中观宝鬘论广释

喇拉曲智仁波切　著

索达吉堪布　译

西藏藏文古籍出版社

图书在版编目（CIP）数据

中观宝鬘论广释 / 喇拉曲智仁波切著；索达吉堪布译 .
—拉萨：西藏藏文古籍出版社，2013.8（2015.5 重印）

ISBN 978-7-80589-319-8

Ⅰ. ①中…　Ⅱ. ①喇…　②索…　Ⅲ. ①中观派—研究　Ⅳ. ① B946.9

中国版本图书馆 CIP 数据核字 (2013) 第 115146 号

中观宝鬘论广释

作　　者	喇拉曲智仁波切 著　索达吉堪布 译
责任编辑	索朗次旦
策　　划	天利文化
装帧设计	陶　然
出　　版	西藏藏文古籍出版社（拉萨市色拉路 22 号）邮编：850000 第二编辑部（北京）：100013 北京市东土城路 8 号林达大厦 A 座 13 层 打击盗版：010-64465295　18989080363
印　　刷	北京柯蓝博泰印务有限公司
经　　销	全国新华书店
开　　本	16 开（710×1 000）
印　　张	22
字　　数	178 千
版　　次	2015 年 5 月第 1 版第 2 次印刷
标准书号	ISBN 978-7-80589-319-8
定　　价	39.00 元

目 录

中观宝鬘论颂 …… 1

中观宝鬘论广释 …… 41

甲一、论名 …… 42
甲二、译礼 …… 43
甲三、论义分三 …… 43
乙一、入论分支分二 …… 43
丙一、顶礼句 …… 43
丙二、立誓句 …… 44
乙二、所说论义分四 …… 44
丙一、总说增上生与决定胜之因果分二 …… 44
丁一、分别说增上生与决定胜之因果分二 …… 45
戊一、总说缘起分四 …… 45
己一、二因资粮之次第 …… 45
己二、归纳而认知因果 …… 46
己三、二因之差别 …… 46
己四、宣说法器之法相 …… 47
戊二、真实宣说分二 …… 47
己一、宣说增上生之因果分二 …… 47
庚一、广说分三 …… 48
辛一、增上生之法分四 …… 48
壬一、宣说增上生之十六法分三 …… 48
癸一、遮止之十三法分二 …… 48

癸二、奉行之三法 …… 49
癸三、摄义 …… 49
壬二、宣说他宗无有彼等正法分三 …… 50
癸一、步入歧途而害自他 …… 50
癸二、入歧途之补特伽罗 …… 50
癸三、明示入歧途之过 …… 51
壬三、倒行彼等之果分三 …… 51
癸一、不善业之等流果 …… 51
癸二、异熟果 …… 52
癸三、善业之果与其相反 …… 53
壬四、别说善不善业之果 …… 53
辛二、奉行之方式 …… 54
辛三、奉行之果 …… 54
庚二、摄义 …… 55
己二、宣说决定胜因果分二 …… 55
庚一、经说之理分三 …… 55
辛一、略示佛说之法分三 …… 55
壬一、如何宣说 …… 55
壬二、智愚生畏与否之差别 …… 56
壬三、佛说畏惧来自我执 …… 57
辛二、广说彼义分三 …… 57
壬一、建立我执与我所执为虚妄分四 …… 57
癸一、真实宣说 …… 57
癸二、说明断彼而得解脱 …… 58
癸三、以影像之喻说明彼二分二 …… 58
癸四、宣说证悟空性为解脱之因 …… 60
壬二、遮破束缚解脱自性成立分四 …… 60
癸一、流转轮回之次第分二 …… 60
癸二、断除轮回之次第 …… 61

癸三、证悟空性之功德 65
癸四、宣说解脱之自性分四 66
壬三、宣说诸法远离常断之边分四 68
癸一、广说分四 69
癸二、无有成断灭之过分三 73
癸三、宣说离边为佛陀之不共特法 74
癸四、遮破有实自性成立分四 75
辛三、广说决定胜之摄义分三 80
壬一、甚深法乃佛所说 80
壬二、于此畏惧之过患 80
壬三、教诫国王亦应通达深义分三 81
癸一、教诫若证深义则无损恼 81
癸二、认清深义 82
癸三、宣说二无我分二 82
丁二、轮番说增上生与决定胜之因果分三 95
戊一、决定胜之因果分二 95
己一、破边执见分三 95
庚一、以比喻能忆念前述内容 95
庚二、以教理真实遮破分三 96
辛一、我与无我自性不成 96
辛二、有实无实自性不成分二 96
壬一、真实宣说 97
壬二、未授记四边之理由 97
辛三、遣除未授记轮回后际非理之诤分二 98
壬一、争辩 98
壬二、答辩分二 99
癸一、轮回生灭去来自性不成之比喻分二 99
癸二、轮回唯是假名而已 101
庚三、是故佛未授记四边 101

己二、甚深难证之理分三 102
庚一、甚深难证之原因 102
庚二、能仁于非器不说之原因 102
庚三、解说彼原因分三 103
辛一、误解深法之过患 103
辛二、以比喻说明正误持受之利害 104
辛三、教诫通达深法不放逸 105
戊二、宣说增上生之因果分二 105
己一、承接文分二 105
庚一、教诫未证空性而流转 105
庚二、教诫乃至未证悟间当致力于增上生法 106
己二、正义分三 106
庚一、成办增上生之因分二 106
辛一、总说修学增上生之因分三 106
壬一、修学具五功德之因 107
壬二、修学共同正规 107
壬三、断除陋规分三 108
癸一、依止恶习陋规不合理 108
癸二、谴责陋规 108
癸三、正法规范殊胜 109
辛二、修学增上生之特殊因分三 109
壬一、修学四摄 109
壬二、修学实语等四德分二 110
癸一、分别宣说分四 110
癸二、归纳而宣说 112
壬三、依止善缘助伴分三 112
癸一、良友之法相 112
癸二、理当随从 113
癸三、恒修死亡无常 113

庚二、断除恶趣之因分二 ……………………………………………… 114
辛一、略说 …………………………………………………………… 114
辛二、广说分四 ……………………………………………………… 115
壬一、制止贪酒………………………………………………………… 115
壬二、制止贪赌………………………………………………………… 115
壬三、制止贪女分三…………………………………………………… 116
癸一、以女身不净而总遮止 ……………………………………… 116
癸二、分别遮止分三 ……………………………………………… 116
癸三、修不净观之果 ……………………………………………… 123
壬四、制止贪猎分三…………………………………………………… 123
癸一、以是今生后世诸苦之因而遮止 …………………………… 123
癸二、依止恶行劣友之过患………………………………………… 124
癸三、值遇良友生欢喜 …………………………………………… 124
庚三、以弃非法而行正法摄义 …………………………………… 124
戊三、复说决定胜之因果分四………………………………………… 125
己一、无上菩提之主因归纳为三而学修 ………………………… 125
己二、学修成就佛陀三十二相之因分三 ………………………… 126
庚一、劝勉听闻 …………………………………………………… 126
庚二、真实宣说三十二相 ………………………………………… 126
庚三、结尾教诫受持 ……………………………………………… 131
己三、随好因果未广说之缘由 …………………………………… 132
己四、转轮王与佛陀相好之差别分三 …………………………… 132
庚一、果之差别 …………………………………………………… 132
庚二、因之差别 …………………………………………………… 133
庚三、宣说比喻 …………………………………………………… 133
丙二、教诫修学无上菩提之因——二资粮分六 ……………………… 134
丁一、成为资粮之理分四……………………………………………… 134
戊一、劝勉国王听闻…………………………………………………… 134
戊二、福资无边之理分二 …………………………………………… 135

己一、真实宣说分六 …… 135
庚一、独觉等十倍福德资粮能成就佛陀一毛孔 …… 135
庚二、成就所有毛孔之百倍福德成就一随好 …… 135
庚三、形成所有随好之百倍福德成就一妙相 …… 136
庚四、形成所有妙相之千倍福德成就白毫相 …… 136
庚五、形成白毫相之十万倍福德成就无见顶相 …… 136
庚六、形成无见顶相之千万倍福德成就六十梵音相 …… 137
己二、虽无量但于所化前说为有量 …… 137
戊三、智资无边之理 …… 137
戊四、彼二之果无边 …… 138
丁二、是何果之资粮 …… 138
丁三、教诫积累二资不懈怠分三 …… 139
戊一、略说 …… 139
戊二、广说分二 …… 140
己一、教诫于福德资粮不懈怠分三 …… 140
庚一、发菩提心之福德无边 …… 140
庚二、以彼因而易得佛果 …… 141
庚三、因具四无量故易成佛 …… 142
己二、教诫于积二资粮不应懈怠分五 …… 143
庚一、总说以二资能消除身心痛苦 …… 143
庚二、以福德消除身苦 …… 143
庚三、以智慧消除意苦 …… 144
庚四、无有于积资生厌之因 …… 144
庚五、宣说大悲之威力 …… 145
戊三、摄义 …… 145
丁四、二资之本体分三 …… 146
戊一、教诫离违品而依本体 …… 146
戊二、三毒与相反之果 …… 146
戊三、真实二资 …… 147

丁五、二资之分支分二 …… 147
戊一、略说分二 …… 147
己一、福德资粮之分支分三 …… 148
庚一、兴建应供境分二 …… 148
辛一、新建应供境 …… 148
辛二、供养已有应供境 …… 149
庚二、供养应供境 …… 149
庚三、遮止供非应供处 …… 150
己二、智慧资粮之分支 …… 151
戊二、广说分二 …… 151
己一、福德资粮之分支分四 …… 152
庚一、施舍自财之十四资 …… 152
庚二、利他方便相应施舍 …… 155
庚三、布施一切无主物 …… 156
庚四、布施求援之特殊对境等分三 …… 157
辛一、布施人之依据 …… 157
辛二、布施其他求援者 …… 158
辛三、合法布施 …… 158
己二、智慧资粮之分支 …… 159
丁六、积累二资生功德之理分二 …… 163
戊一、所生五种共同功德 …… 163
戊二、所生二十五种特殊功德分二 …… 165
己一、广说 …… 165
己二、摄义 …… 170
丙三、教诫修学国王无过之行为分四 …… 172
丁一、以意义之关联承上启下分三 …… 172
戊一、需要了知对国王当面赞毁之利害 …… 172
戊二、宣说听从有利之语依本师所说而修学 …… 173
戊三、真实劝告听从有利自他之语 …… 174

丁二、广说分三 …………………………………………………………… 174
戊一、国王之规则分五 ……………………………………………… 174
己一、广兴布施 …………………………………………………… 174
己二、护持道场分三 ……………………………………………… 175
庚一、学修广大心行 ………………………………………… 175
庚二、新兴法事 ……………………………………………… 176
庚三、成办特殊法事 ………………………………………… 176
己三、保护先有之财物等分三 …………………………………… 179
庚一、总说 …………………………………………………… 179
庚二、委任管理人 …………………………………………… 179
庚三、平等保护 ……………………………………………… 179
己四、亦摄受不希求者 …………………………………………… 180
己五、任命官员分四 ……………………………………………… 180
庚一、任命法官 ……………………………………………… 180
庚二、任命主谏大臣 ………………………………………… 180
庚三、任命将军 ……………………………………………… 181
庚四、任命财物管理员等 …………………………………… 181
戊二、修学无损而成就正法分二 …………………………………… 182
己一、修学无损先有之法分二 …………………………………… 182
庚一、意义关联及劝听受 …………………………………… 182
庚二、真正之义分四 ………………………………………… 183
辛一、招集特别掌权者 ………………………………… 183
辛二、自己当具慈心分三 ……………………………… 183
壬一、以仁慈摄受 …………………………………… 184
壬二、于造罪者尤为慈悯 …………………………… 184
壬三、其合理性 ……………………………………… 184
辛三、如何对待囚犯分二 ……………………………… 185
壬一、赦免 …………………………………………… 185
壬二、关在狱中令其安乐 …………………………… 185

辛四、将顽固不化者驱逐出境 …………………………… 186
己二、修学成办前所未有之法分二 …………………………… 186
庚一、行正法分二 …………………………………………… 186
辛一、使臣如何而行 ………………………………………… 186
辛二、以比喻说明彼等 ……………………………………… 187
庚二、止非法 ………………………………………………… 188
戊三、学修获得解脱不舍大乘法藏分二 ……………………… 189
己一、学修解脱道分二 ……………………………………… 189
庚一、破爱境苦乐受自性成立分三 ………………………… 189
辛一、破自相乐受分三 ……………………………………… 189
壬一、以关联承上启下……………………………………… 189
壬二、略说…………………………………………………… 190
壬三、广说分二……………………………………………… 191
癸一、破自相快乐之能立分二 …………………………… 191
癸二、破自相快乐之本体 ………………………………… 196
辛二、破痛苦自相自性成立 ……………………………… 197
辛三、遮破之果分二 ……………………………………… 197
壬一、宣说证悟空性而解脱………………………………… 197
壬二、认清证悟空性之有境心后破其成实 ……………… 198
庚二、大小乘所说空性分二 ……………………………… 199
辛一、仅得解脱亦需证悟无明之对治——空性…………… 199
辛二、大小乘之差别 ……………………………………… 200
己二、制止舍弃大乘法藏分二 ……………………………… 201
庚一、广说分四 …………………………………………… 201
辛一、不应舍大乘之理由分二 …………………………… 201
壬一、诋毁大乘之过患分三………………………………… 201
癸一、诋毁大乘之情形……………………………………… 201
癸二、诋毁之因……………………………………………… 202
癸三、诋毁之过患 ………………………………………… 203

壬二、是故不应嗔恨分五 204
癸一、以小苦亦可除大苦合理 204
癸二、于暂时虽有微苦却能除大苦之大乘行为不应嗔恨 ... 204
癸三、为大乐努力合理而贪著小乐不合理 205
癸四、理当欢喜大乘 207
癸五、摄义 208
辛二、建立大乘是佛语分三 209
壬一、宣说波罗蜜多之行分三 209
癸一、大乘法藏无有少许过失 209
癸二、宣说大乘之摄义 210
癸三、是故大乘成立为佛语 211
壬二、需接受圆满宣说大菩提道之大乘 211
壬三、从中了知佛之圆满殊胜性分三 212
癸一、色身与法身之无量因乃大乘中所说 212
癸二、小乘中所说之刹那无常尽智与大乘中所说无生智二者于空性中一义 213
癸三、若示未通达大乘之义则不破不立而不应嗔恨 216
辛三、小乘中所说大乘道果并非圆满分三 217
壬一、声闻法藏中未圆满宣说菩萨行 217
壬二、仅以四谛及道品不能成佛 219
壬三、智者理当信受大乘法藏为佛语 220
辛四、宣说三乘之必要 220
庚二、摄义 221
丁三、摄义 222
丁四、不能学修国王行为则教诫出家 223
丙四、教诫欲得解脱之出家菩萨广行学处分二 225
丁一、略说在家出家之学处 225
丁二、广说分二 226
戊一、舍弃过失分二 226

己一、广说分三 …………………………………………………………… 226
庚一、宣说忿等初十五法分二 …………………………………… 226
辛一、宣说忿等十四法 ………………………………………… 227
辛二、宣说慢 …………………………………………………… 228
庚二、宣说诈现威仪至不死分别之间 ……………………………… 229
庚三、宣说显扬自之功德等 …………………………………… 233
己二、摄义 ………………………………………………………… 237
戊二、应取功德分二 ……………………………………………… 237
己一、暂时之功德分二 …………………………………………… 237
庚一、总说分四 ………………………………………………… 237
辛一、略说功德之本体 ………………………………………… 237
辛二、认清各自之本体 ………………………………………… 238
辛三、各自之果 ………………………………………………… 241
辛四、共同之果 ………………………………………………… 241
庚二、十地之安立分三 ………………………………………… 241
辛一、如所说声闻有八地般菩萨分十地 ……………………… 242
辛二、十地各自本体及功德分二 ……………………………… 242
壬一、总义 ……………………………………………………… 242
壬二、论义 ……………………………………………………… 246
辛三、摄义 ……………………………………………………… 254
己二、究竟之功德分二 …………………………………………… 254
庚一、宣说佛陀每一功德亦无量分二 …………………………… 254
辛一、佛陀无边功德依于十力 ………………………………… 254
辛二、功德无量之喻 …………………………………………… 254
庚二、于彼诚信生胜解之因分四 ………………………………… 255
辛一、佛陀功德无量之因——顶礼等七支供福德无量分三 …… 255
壬一、以佛陀无量功德之理由而生诚信 ………………………… 255
壬二、积累无量福德之理 ……………………………………… 256
壬三、积资之诸门摄于七支供中 ……………………………… 256

辛二、为利无量所缘境而回向一切善根并发各种愿 ………… 257
辛三、福德无法定量 ………………………………………… 267
辛四、安立合理性 …………………………………………… 267
乙三、宣说结行分五………………………………………………… 268
丙一、以命喻教诲生起法喜并行持分二 …………………… 268
丁一、教诫生起欢喜 ……………………………………………… 268
丁二、教诫依四法因果之理 …………………………………… 269
丙二、教诲依止善知识分二 ………………………………………… 270
丁一、不依上师之过患 …………………………………………… 270
丁二、上师之法相 ………………………………………………… 270
丙三、教诲见行圆满成就胜果分二 ……………………………… 271
丁一、真实教诲 ……………………………………………………… 271
丁二、特别教诫分三 ……………………………………………… 271
戊一、广见行 ……………………………………………………… 271
戊二、略见行 ……………………………………………………… 272
戊三、极略见行 …………………………………………………… 273
丙四、此法不仅于国王亦教诫他众 ……………………………… 273
丙五、劝勉国王身体力行分二 …………………………………… 273
丁一、平时理当思维论义 ………………………………………… 274
丁二、教诫归纳为八种主要功德而实行 ……………………… 275
甲四、末义分二 ……………………………………………………… 277
乙一、由谁所造……………………………………………………… 277
乙二、由谁所译……………………………………………………… 277
亲友书释 ……………………………………………………………… 282
甲一、名义 ……………………………………………………………… 282
甲二、译礼 ……………………………………………………………… 282
甲三、论义分三 ……………………………………………………… 283
乙一、初善首义分二………………………………………………… 283

丙一、以立誓句劝勉闻者 …… 283
丙二、以谦虚方式教诫理当听受分二 …… 283
丁一、以词句而谦虚 …… 283
丁二、以意义而谦虚 …… 284
乙二、中善论义分二 …… 284
丙一、宣说增上生与决定胜道之基础——信心分二 …… 284
丁一、略说随念所信之对境——佛陀等六者 …… 284
丁二、广述后三随念分三 …… 285
戊一、随念天尊 …… 285
戊二、随念布施 …… 285
戊三、随念持戒 …… 286
丙二、道之本体分三 …… 286
丁一、略说 …… 286
丁二、广说分六 …… 286
戊一、布施 …… 287
戊二、持戒分四 …… 287
己一、所护之戒 …… 287
己二、断除彼之违品 …… 288
己三、行持同品不放逸 …… 288
己四、以比喻说明不放逸之利益 …… 288
戊三、安忍分四 …… 289
己一、教诫断除嗔恨之因 …… 289
己二、断除怀恨之果 …… 289
己三、旁述心之特点 …… 290
己四、断除嗔恨之缘——粗语 …… 290
戊四、精进分二 …… 290
己一、教诲精进之对境 …… 290
己二、教诫表里如一之精进 …… 291
戊五、禅定分三 …… 291

己一、加行分二 …………………………………………………………… 291
庚一、断除违品散乱分四 …………………………………………………… 291
辛一、断除对境之散乱分二 ………………………………………………… 292
壬一、以转变内想之方式禁护根门分四 …………………………………… 292
癸一、教诫防护根门不贪他女人 …………………………………………… 292
癸二、教诫护根门防止其他欲妙 …………………………………………… 292
癸三、未护根门之过患 ……………………………………………………… 293
癸四、佛陀赞叹护根门 ……………………………………………………… 293
壬二、以知对境之法相方式而断除贪执分二 ……………………………… 294
癸一、了知欲界主要贪欲之女身而断贪 …………………………………… 294
癸二、了知总贪欲之理而断贪 ……………………………………………… 294
辛二、断除世间八法之散乱分二 …………………………………………… 294
壬一、对治分二 ……………………………………………………………… 295
癸一、真实对治 ……………………………………………………………… 295
癸二、宣说具对治之功德与不具对治之过患 ……………………………… 295
壬二、所断分二 ……………………………………………………………… 295
癸一、教诫断除真实世间八法 ……………………………………………… 296
癸二、教诫断除彼之果——罪业分二 ……………………………………… 296
辛三、断除财物之散乱分三 ………………………………………………… 297
壬一、总说财物取舍之分类 ………………………………………………… 297
壬二、别说断除无义琐事 …………………………………………………… 297
壬三、能断之对治分二 ……………………………………………………… 297
癸一、对治之功德 …………………………………………………………… 298
癸二、未对治之过患 ………………………………………………………… 298
辛四、断除受用之散乱分三 ………………………………………………… 298
壬一、断除贪妻分二 ………………………………………………………… 298
癸一、应舍 …………………………………………………………………… 298
癸二、应取 …………………………………………………………………… 299
壬二、断除贪食 ……………………………………………………………… 299

壬三、断除贪眠 …… 300
庚二、修行同品四无量 …… 300
己二、正行——教诫修四禅 …… 301
己三、后行分二 …… 301
庚一、总说弃恶从善分二、 …… 301
辛一、宣说善恶轻重 …… 301
辛二、教诫具足对治不善之广大善法 …… 302
庚二、尤其断除等持障之法 …… 302
戊六、智慧分二 …… 302
己一、略说信等五根之道本体分二 …… 302
庚一、宣说应取之信等 …… 303
庚二、以对治所断方式遣除骄矜 …… 303
己二、广说正念等智慧分二 …… 303
庚一、宣说有寂一切善资根本即是智慧分二 …… 303
辛一、增上生与决定胜之根本——世间正见 …… 304
辛二、决定胜之根本——出世间正见 …… 304
庚二、真实宣说具智慧之道分二 …… 304
辛一、别说重要之见分二 …… 305
壬一、抉择无我 …… 305
壬二、观察我之所依蕴 …… 305
辛二、真实之道分三 …… 305
壬一、宣说道之违品——三结 …… 306
壬二、道之顺缘——精进 …… 306
壬三、修学道之本体——三学分二 …… 306
癸一、总说三学 …… 306
癸二、别说慧学分二 …… 307
丁三、教诫实行彼等之义分三 …… 328
戊一、以劣身亦能成就之理赐安慰 …… 328
戊二、以简要实修之理赐安慰 …… 329

戊三、以力所能及实修之理赐安慰 …… 329
乙三、末善尾义分二 …… 329
丙一、教授随喜与回向分二 …… 329
丁一、回向 …… 330
丁二、彼之果分二 …… 330
戊一、暂时道果 …… 330
戊二、究竟佛果 …… 330
丙二、以摄上述道果诸义而教诲 …… 331
甲四、尾义分二 …… 332
乙一、著跋 …… 332
乙二、译跋 …… 332

中观宝鬘论颂

龙树菩萨 造颂

索达吉堪布 译

梵语：绕匝巴热嘎塔绕那玛累

藏语：嘉波拉丹夏瓦仁波切创瓦

汉语：教王宝鬘论

第一品　别说因果

解脱诸过患，众德庄严者，
众生唯一亲，佛前我顶礼。
王为汝修法，宣说唯善法。
堪为妙法器，修行将成就。
先增上生法，后得决定胜，
因获增上生，渐至决定胜。
增上生许乐，定胜许解脱，
彼因若略摄，信心与智慧。
具信故依法，具慧故知真，
此二主为慧，前行即信心。

谁不由欲嗔，怖痴而越法，
彼谓具信者，定胜妙法器。
谁能善观察，身语意诸业，
知利自他已，恒行即智者。
戒杀断盗取，远离他人妻，
真戒妄两舌，粗恶及绮语，
彻底断贪心，害心与邪见，
此十善业道，相反即恶业。
戒酒行正命，不损诸有情。
敬施供应供，修行仁慈心。
简言法即此。
唯一折磨身，如是无正法，
未断损恼他，利他绝非有。
布施戒安忍，正法之大道，
不敬逼恼身，如牛奔歧途。
难忍轮回旷，剧苦众生树，
惑毒蛇缠身，长久而流转。
杀生感寿短，损害多灾难，
偷盗乏受用，邪淫敌共享。
妄说遭诽谤，两舌亲叛离，
粗语闻恶声，绮语言无力。
贪心失所望，嗔心招怖畏，
邪见生恶执，饮酒心迷乱。
不施感贫穷，邪命受欺惑，
骄傲致种贱，嫉妒威德鲜，
忿令貌丑陋，不问智者愚。
人道即此果，诸初往恶趣。
所谓不善业，异熟已宣说，

一切善业果，与彼相反现。
贪嗔痴及彼，所生业不善，
无有贪嗔痴，及彼生业善。
不善生诸苦，投转诸恶趣，
善业生善趣，世世享安乐。
当以身语意，断诸不善业，
恒常奉行善，此说三种法。
依此法解脱，地狱饿鬼畜，
且得人天中，王位圆满乐，
禅无量无色，能享梵等乐。
增上生此法，彼果已略摄。
决定胜诸法，深奥微妙现，
寡闻之凡愚，生畏佛所说。
谓我不成无，我所非非有，
愚者如是怖，智者无所惧。
无余此有情，皆源于我执，
具我所执众，佛唯利彼说。
谓有我我所，胜义中颠倒，
彻知真如者，不现彼二故。
我执生诸蕴，我执实虚妄，
虚妄之种子，所生岂能真？
由见蕴不实，即可舍我执，
我执断除已，后蕴则不起。
犹如依明镜，虽显自面影，
然彼真实性，少许亦非有。
如是依诸蕴，我执成所缘，
犹如自面像，真性中毫无。
犹如不依镜，不现自面影，

不依于诸蕴，我执亦同彼。
圣者阿难陀，证得如是义，
而获净法眼，复传诸比丘。
何时有蕴执，尔时有我执，
有我执有业，有业亦有生。
三道之轮回，无初中末转，
犹如旋火轮，彼此互为因。
于彼自他二，三时亦未得，
故能尽我执，业与生亦尔。
此见因果生，彼等泯灭已，
不思真实中，世间有无性。
听闻尽诸苦，此法无妄执，
怯无畏处者，不知故恐惧。
涅槃中无有，此等汝不惧，
于此说无有，汝何生畏惧？
设若如是许，解脱无我蕴，
于此破我蕴，汝等何不喜？
涅槃尚非无，岂是有实法？
尽实无实执，当知真涅槃。
简言无见者，谓无业之果，
非福恶趣因，称之为邪见。
略摄有见者，说有业之果，
福德善趣因，称之为正见。
以智息有无，故越罪与福，
彼离善恶趣，佛说即解脱。
由见具因生，是故超离无，
由见具因灭，故亦不许有。
前生及俱生，非因实无因，

假立与真实，生皆不许故。
有此故有彼，如有长有短，
此生故彼生，如由灯有光。
有长故有短，非从自体有，
如无灯现故，光亦不显现。
由见因生果，依于此世间，
许由戏论生，不许成无者。
灭非戏论生，即成真如性，
不成有许故，离二而解脱，
远处所见色，近见更明了，
阳焰若是水，近处何不见？
如是诸远者，见此世间真，
近者则不见，无相如阳焰。
阳焰现似水，非水非真实，
如是蕴似我，非我非真实，
阳焰思谓水，是故往彼处，
设执谓水无，此即愚痴者。
如是似阳焰，世间说有无，
此执乃愚昧，有痴不解脱。
无见堕恶趣，有见趋善趣，
如实知真义，不依二解脱。
如实知真义，不许为有无，
是故若成无，何故不成有？
若言破有故，实则此属无，
如是由破无，为何不属有？
不许全无性，不行心亦无，
菩提所依故，岂说彼等无。
于称人与蕴，世间数论派，

鸱枭裸体派，问说离有无。
是故诸佛说，无死甘露教，
甚深离有无，当知乃特法。
灭无去无来，刹那亦不住，
超越三世体，世间实存耶？
二者真实中，无有去来住，
故世间涅槃，实有何差异？
无有安住故，生灭真实非，
生住以及灭，焉能真实有？
设若恒常变，岂非刹那法？
设若无迁变，焉能转为他？
一方或一切，穷尽成刹那？
未得不同故，彼二俱非理。
刹那无整故，岂能有陈物？
常故非刹那，怎成陈旧物？
刹那有后际，如是观初中，
三刹那体故，世刹那非住。
初中后三际，若如刹那析，
初中后三者，亦非自他成。
异方故非一，无方丝毫无，
一无多亦无，有无无亦无。
若坏或对治，有亦可变无，
有者非有故，坏治何改变？
是故依涅槃，不成灭世间。
世间有边耶？问时佛默然，
如是诸深法，非器前不说，
故诸智者晓，佛陀为遍知。
如是定胜法，深无执无住，

此乃见一切，圆满佛所说。
惧此无住法，众生欣乐住，
未越有与无，凡愚徒遭损。
怖畏非畏处，自损亦殃他。
国王尽己能，避殃如此行。
为王汝不恼，如实依教说，
出世间法理，不依二真性。
超越罪与福，具有深解义，
怖畏无住处，自他未品味。
士夫非地水，非火风虚空，
非识非一切，此外士为何？
士六界聚故，非为真实有，
如是一一界，聚故真性非。
蕴非我无彼，蕴我非互依，
非如火薪融，是故何有我？
三大非为地，非为互依离，
一一亦如是，故大如我妄。
地水火及风，各皆无体性，
三无一亦无，一无三亦无。
若无三无一，无一亦无三，
则各自非有，如何聚而生？
如若各自有，无薪何无火，
动碍及摄收，水风地亦尔。
唯火乃共称，余三何自有，
三大亦不应，与缘生相违。
分别自体有，如何相互存，
分别自体无，如何相互有？
若谓自体有，一有余皆有，

不杂非共存，杂无各自体。
诸大各不存，岂有各自相？
自无分亦无，法相谓世俗。
色香及味触，彼等同此理。
眼识与色法，无明业及生，
能作业所作，数具因果时，
当知长短等，名有名亦尔。
地水火及风，长短粗细性，
善等智前灭，此乃能仁说。
识无所表明，无边遍主前，
地水火及风，安住不可见。
于此长与短，粗细善不善，
于此名与色，无余皆泯灭。
不知故未见，智前本有者，
知彼故识前，后成如是灭。
许智火之薪，器情一切法，
具辨真如焰，焚烧而寂灭。
不知先假立，后即决定彼，
尔时不得实，岂能成无实？
色法唯名故，虚空亦唯名，
无大岂有色，故唯名亦无。
如是当思维，受想行识蕴，
如大种及我，故六界无我。

第一品终

第二品　轮番说因果

犹如芭蕉枝，尽析无所有，
倘若剖析界，士夫亦同彼。
诸法称无我，是故诸佛说，
六界皆无我，即为汝抉择。
如是我无我，真实不可得，
故大能仁遮，我与无我见。
佛说见闻等，非真亦非妄，
倘若成违品，彼二实非有。
如是胜义中，此世离真妄，
故于真实中，佛不许有无。
如是一切法，全然皆非有，
故佛如何说，有无俱非俱？
过去今未来，无数正等觉，
度生俱胝数，安住三世中。
尽而住三世，非增世间因，
佛何不授记，彼之前后际？
异生前保密，此乃甚深法，
世间如幻即，佛教真甘露。
犹如幻化象，虽现生与灭，
然于真实中，无生亦无灭。
如幻之世间，虽现生与灭，

然于胜义中，无生亦无灭。
譬如虚幻象，无来亦无去，
愚心所致已，真实无安住。
如是幻世间，无来亦无去，
愚心所致已，真实无安住。
超越三时性，唯是名言立，
一切有或无，世间岂实有？
佛陀由此因，未授记有无，
二俱非俱边，而非由他因。
此身不净性，粗及现量境，
恒常显现时，心中尚不住，
无住微妙法，极细非现量，
由是甚深故，心中何易悟？
此法甚深故，知众难领悟，
故佛成道已，默然不说法。
若误解此法，毁坏诸愚者，
如是无见者，沉落不净中，
另外邪执此，愚起智者慢，
性情极粗鲁，倒堕无间狱。
犹如误用食，招致诸祸害，
善用得长寿，无病力壮乐。
如是颠倒持，导致灾殃至，
善知获安乐，及无上菩提。
是故当断除，舍此及无见，
为成一切事，策励知真义。
未尽知此法，我执即随转，
而积善恶业，感得妙劣身。
是故未知此，遣除我执法，

期间敬奉行，布施戒安忍。
诸事初思法，中末亦具法，
如是行国王，世世无损恼。
由法今誉乐，今终无怖畏，
他世乐圆满，故恒依正法。
法乃规之最，依法世间喜，
而由世间喜，现后亦无欺。
非法许规范，依彼世不喜，
世间不喜故，现后成忧愁。
无利恶趣道，欺他苦难忍，
一切错乱慧，如何真明知？
励力欺他人，如何具正规？
依彼千百世，唯一欺自己。
怨敌纵加害，弃过依功德，
由此自获利，敌亦不欢喜。
布施及爱语，利行与同事，
当依此一切，摄世与正法。
国王唯实语，令生坚固信，
反之说妄语，最令失信心。
无欺即实语，转心非真实，
唯利他故真，不利故为妄。
国王之诸过，一施明能遮，
如是悭亦摧，所有诸功德。
寂静深邃故，令起胜敬重，
受敬具威信，是故依寂静。
具慧心不动，稳固不随他，
亦不受人欺，故王勤修慧。
实语施静慧，具此四善王，

犹如四妙法，人天共赞叹。
直言意清净，慧悲纯无垢，
与之共相处，慧法亦恒增。
说利语者鲜，听者更少见，
逆耳然有利，随行者更罕，
是故虽逆耳，知利当速行，
为病愈亦服，益我苦口药。
恒思命无病，国政无常性，
后具真精进，始终勤修法。
知晓定死亡，亡后罪感苦，
即便暂时乐，作恶非应理。
有时见无怖，有时见恐怖，
设若信其一，何不畏另者？
饮酒世间蔑，误事亦耗财，
痴迷行非事，是故恒戒酒。
赌乃贪忧嗔，谄诳涣散源，
妄绮恶语因，是故恒断除。
多数贪女者，思女色净生，
实则女人身，丝毫无清净。
口乃稠唾涎，齿垢不净器，
鼻流脓液涕，眼出泪眵器。
腹内即粪尿，肺肝等之器，
愚者未见女，贪爱彼身体。
如有无知者，贪著脏瓶饰，
世人由愚痴，恋女亦如是。
身境极臭秽，本是离贪因，
世人过贪彼，依何引离贪？
犹如猪倍贪，屎尿处呕物，

如是屎尿源，欲者如猪贪。
身城不清净，布满出孔道，
愚者由此于，执为欢喜因，
汝见屎尿等，各自不净已，
于集彼之身，如何生悦意？
精血混合中，不净种子生，
本知不净体，欲者何贪此？
不净蕴彼湿，由皮所包裹，
与之同卧者，眠女内脏已。
容色美或丑，年老或年幼，
女色皆不净，汝贪由何起？
如粪色虽美，新鲜形状妙，
于彼不宜贪，女貌亦复然。
内腐外皮包，烂尸此自性，
显现极丑恶，如何未曾见？
谓皮亦非粪，犹如宝剑性，
不净身之皮，如何成清净？
装满粪便瓶，外饰亦厌弃，
不净自性身，脏满何不厌？
若汝贱粪秽，于令净香鬘，
饮食成不净，此身何不厌？
如于自或他，粪便皆厌恶，
自他不净身，为何不生厌？
如女身不净，汝自身亦然。
是故于内外，岂非应离贪？
九孔流不净，自虽常沐浴，
不了身不净，为汝说何益？
于此不净身，美语作赞叹，

呜呼真伪愚，呜呼士所耻。
无知暗遮蔽，众生数多为，
求此起争论，如为不净犬。
搔痒则安乐，无痒更安乐，
具世欲安乐，无欲更安乐。
如是观则汝，纵未成离贪，
然由贪薄弱，于女不贪著。
短命怖及苦，地狱根本因，
以猎野兽例，坚决常戒杀。
如涂不净身，毒蛇极恐怖，
依谁令众生，畏惧彼真恶。
如涌大雨云，农夫皆生喜，
依谁令众生，皆悦彼真善。
故应舍非法，不懈依正法。
欲自世间众，得无上菩提，
菩提心为本，坚固如山王，
悲心遍十方，不依二边智。
大王若欲求，大士卅二相，
庄严汝身体，如是当谛听。
敬佛塔应供，圣者及长者，
感得手足轮，所饰转轮王。
王恒于正法，稳固真受持，
由此当得成，足善住菩萨。
以施与爱语，利行及同事，
感得成吉祥，手足缦网相。
施授最上等，极丰之饮食，
感手足细软，七处隆满相。
不害作放生，感身广洪直，

长寿指纤长，足跟广满相。
弘扬正受法，感吉祥妙色，
足踝骨不露，身毛上靡相。
恭敬受与施，工巧等明处，
感锐利智慧，腨如鹿王相。
若求己财物，以速施禁行，
感手过膝相，成世间导师。
亲友互离间，真实作调解，
感吉祥阴藏，密而不露相。
博施诸精舍，及舒适卧具，
感得如纯金，极其柔滑色。
予以无上权，如理随上师，
感一孔一毛，白毫庄严相。
言说美悦语，随顺他善说，
汝感肩头满，上身如狮子。
服侍患者愈，感得肩臂圆。
本性安稳住，感得最上味。
引导如法事，汝感无见顶，
犹如无忧树，纵广量等同。
长时而言说，真实柔和语，
王感广长舌，且具梵音声。
恒常不间断，宣说谛实语，
感得狮颌轮，具力难胜伏。
尤为敬承侍，随理而行持，
感齿极洁白，具泽且平整。
无有离间语，长久而串习，
感得四十齿，悉皆齐而密。
无有贪嗔痴，仁慈视有情，

感得目绀青，睫如牛王相。
如是略为因，此等三十二，
狮子大士相，如此当谨知。
随好八十种，由慈等流生，
本论恐繁冗，未于王汝说。
一切转轮王，虽有此等相，
净严及明显，不及佛一分。
轮王尽所有，妙相及随好，
由于能仁王，一分净心生。
百俱胝劫中，专一积累善，
亦非能形成，佛一毛孔相。
犹如日光芒，微似萤火光，
诸佛之妙相，微似转轮王。

第二品终

第三品　积菩提资

不可思福中，出生佛妙相，
大乘圣教说，大王如实听。
能生诸缘觉，有学及无学，
无余世间福，如世无有量。
以此十倍福，成就一毛孔，
佛陀诸毛孔，皆与彼同成。
能生诸毛孔，所有之福德，
以彼之百倍，许成一随好。
尽彼福德数，感得一随好，
究竟即如是，直至八十间。
成就八十好，所有福资粮，
以此百倍成，大士一妙相。
成卅二相因，乃是大福德，
此等千倍成，满月白毫相。
白毫相之福，十万合为一，
能生无见顶，怙主之肉髻，
成顶髻相福，广大千万倍，
当知能生一，十力者法螺。
此福虽无量，然如说十方，
世界皆十倍，略言具限量。
佛陀色身因，亦如世无量，

尔时法身因，如何有所量？
一切因微小，尚生广大果，
佛因无有量，难思果有量。
诸佛之色身，由福资所成，
法身若摄略，由慧资所生。
是故此二资，获得正觉因，
如此总言之，恒依此福智。
由正理教说，令得安慰因，
成就菩提福，于此勿懈怠。
诸方虚空地，水火风无边，
如是许苦难，有情无边际。
菩萨以慈悲，于彼无边众，
救离诸痛苦，决定置佛位。
如是坚定者，无论醒或眠，
自真实受起，纵有放逸时，
有情无边故，常积无边福。
由彼无边因，不难证佛果。
谁住无量时，为无量有情，
求无量菩提，欲无量善法。
菩提虽无量，以四无量资，
无需长久时，何故不获得？
依于无边福，以及无边智，
迅速能消除，身心之痛苦。
罪感恶趣身，遭饥渴等苦，
彼止恶修福，他世无苦楚。
由痴生意苦，贪嗔怖欲等，
彼依无依慧，迅速得消除。
若以身心苦，全然损无害，

乃至世间际，引世何厌离？
苦短尚难忍，何况时久长？
无苦安乐时，无边有何妨？
既无身之苦，岂有意之苦？
彼悯世间苦，长久而安住。
故成佛经久，智者不懈怠，
为尽罪功德，恒常当勤此。
了知贪嗔痴，是过尽断除，
知无贪嗔痴，是德敬依止。
由贪转饿鬼，以嗔引地狱，
痴多成旁生，相反得人天。
舍过取功德，是增上生法，
以智尽执著，乃决定胜法。
兴建起敬仰，佛像与佛塔，
壮观之经堂，广设敷具等。
诸宝所铸造，形状极庄严，
佛像端坐于，精制莲花上。
殷重而护持，正法比丘僧。
黄金宝璎珞，佩诸佛塔上，
金刚金银花，珊瑚及珍珠，
帝青吠琉璃，蓝宝供佛塔。
于诸说法师，供养及承侍，
做生欢喜事，六法敬依止。
事师而恭聆，服侍与问讯，
及诸菩萨前，恒常敬供养。
莫于他外道，敬供及顶礼，
愚者依彼缘，将执具过者。
缮写佛经典，彼生之诸论，

先前当惠施，经函及笔墨。
境内办学堂，师资诸事宜，
田地定当赐，为智得增长。
为除老幼病，有情之苦恼，
于境医发师，赐田令安居。
旅舍及花园，桥池议事厅，
泉榻食草木，令慧巧匠造。
于诸村寺城，修建集会处。
于诸缺水路，令人造水渠。
于病无依怙，苦逼下劣者，
悲悯恒摄受，抚育敬亲近。
应时之饮食，啖食谷水果，
乞求彼等士，施前用非理。
靴伞滤水器，除刺之用具，
针线及凉扇，置于凉亭中。
三果与三辛，酥蜂蜜眼药，
消毒置凉亭，亦书咒药方。
涂身足头油，摇篮及糊羹，
瓶盘板斧等，请置凉亭中。
芝麻米粮食，糖油皆具足，
净水所装满，小缸置凉处。
蚁穴之洞口，食水糖谷堆，
恒常记心中，亦为众人行。
餐前与餐后，恒常于饿鬼，
犬蚁鸟类等，随意施饮食。
灾害饥馑年，压迫及瘟疫，
战败之领地，广摄诸世人。
于诸苦农夫，摄以种子食。

废除强赋税，分支皆消减，
赈灾而济贫，减免关卡税。
彼等门前候，苦难亦当除。
自境或他境，盗匪须平息。
货润须平衡，价值令合理。
群臣所禀奏，自当皆知晓，
有益世人事，一切应常做。
如凡利己者，汝即有恭敬，
凡谓利他事，如是汝敬之。
如地水火风，药草及林木，
自于一须臾，令他随意用。
若行七步顷，怀舍诸物心，
菩萨所生福，无量如虚空。
貌美之女儿，若赐所求者，
依此分别得，受妙法总持。
往昔大能仁，同时而赐予，
八万装饰女，及一切资具。
种种光亮衣，及诸装饰品，
香鬘诸受用，愍施诸乞者。
何者无法义，极度生忧伤，
即刻赐彼乐，此施最殊胜。
若于谁有利，毒亦作布施，
佳肴若无益，于彼莫施予。
犹如被蛇咬，断指谓有利，
佛说若利他，不乐亦为之。
于妙法法师，本当胜承侍，
恭敬而闻法，亦作法布施。
莫爱世间语，应喜出世言，

如自欲功德，亦令他生起。
闻法无厌足，摄义且分析，
供养上师尊，恒常敬呈禀。
莫读顺世论，断除诤义慢，
不赞自功德，评说敌功德。
莫中他要害，亦莫以恶心，
揭露他过咎，当观己过错。
他由何种过，常为智者责？
自应尽断彼，有力亦止他。
他害莫嗔恚，应念宿业感，
为后不受苦，自当离诸过。
毫不求回报，于他行饶益。
有苦唯自受，乐与求共享。
纵然富如天，亦莫起骄慢，
穷困如饿鬼，亦莫生怯懦。
纵说真实语，损己失王位，
恒说为自利，莫言其他语。
如此说禁行，恒常依此行，
由此具吉祥，亦成正量者。
汝恒于一切，三思而后行，
由见真实义，而不随他转。
由法王位安。名声之华盖，
广大遍诸方。群臣尽敬重，
死缘何其多，生缘何其少，
彼等亦死缘。是故恒修法。
如此常修法，自与诸世间，
悉皆心悦意，以此为最佳。
由法眠安稳，安乐而觉醒。

由内无过咎，梦中亦见乐。
竭力孝父母，承侍种姓主，
善用忍行施，柔语无离间，
实语始终行，获得天王已，
依旧成天王，故当依此法。
每日三时施，三百罐饮食，
不及须臾间，修慈一分福。
人天等慈爱，彼等亦守护，
意喜身乐多，无有毒刃害，
无勤事得成，感生梵天界，
纵然未解脱，亦得慈八德。
若令诸有情，坚发菩提心，
常得如山王，稳固菩提心。
由信离无暇，依戒生善趣。
凭依修空性，不执一切法。
正直具正念，思维得智慧。
恭敬证法义，护法具智慧。
依凭闻正法，施法无障碍，
感得伴诸佛，迅速成所欲。
无贪成法利，无吝增受用，
无慢成主尊，法忍获总持。
以授五精华，及作无畏施，
诸魔不能侵，成大威力最。
佛塔供灯鬘，暗处置灯盏，
油灯加油汁，依此得天眼。
供养佛塔时，敬献妙乐器，
铃铛螺及鼓，依此得天耳。
不举他过失，不说诸残疾，

随护他心故，获得他心通。
施履及车乘，服侍羸弱者，
乘骑奉上师，智者得神变。
为法而行事，忆念法句义，
法施无有垢，故得宿命通。
如实尽了知，诸法无自性，
故得第六通，永尽一切漏。
为度诸有情，了真如等性，
大悲润修行，成具殊胜佛。
种种愿清净，佛刹即清净。
宝献能仁王，得放无量光。
故知业果理，随同而行持。
恒常利有情，即利汝自己。

第三品終

第四品　国王行为

难知忍不忍，故王行非法，
或作非理行，属下多赞叹。
于他有利语，逆耳尚难说，
况于君王你，僧我何须言？
为令汝欢喜，亦为悯有情，
利你纵逆耳，唯吾定呈白。
佛言于弟子，慈悯应时说，
真柔合意语，是故出此言。
坚稳若宣说，无嗔谛实语，
如沐浴妙水，理当闻受持。
我为汝宣说，现后有利事，
知己应修行，自他有益法。
由昔施乞者，得利若不施，
忘恩起贪著，后世不得利。
今生做事者，无薪不负粮，
乞者未付薪，后时成百倍。
恒发广大心，喜行广大业，
由依广大业，生诸广大果。
国王当广行，下者难思事，
法事三宝依，而具大名声。

若做何法事，他者毛不立，
死后无美名，大王宁不为。
为诸广大事，离慢生欢喜，
能摧低者怯，乃至诸财尽。
汝弃一切物，无权寻去处，
唯为正法行，方至你面前。
先王诸财富，已属新王有，
岂成先正法，安乐名声否？
享财此生乐，布施他世乐，
未享未施耗，唯苦岂安乐？
临终臣走狗，轻汝重新王，
望其慈爱者，无权不予施。
是故在位时，财速做法事，
常住死缘中，如狂风中灯。
先王所兴建，寺院等道场，
他造彼一切，依照前轨护。
令不害行善，守戒慈新来，
实语忍无诤，恒精进者行。
盲人病弱者，孤苦贫残疾，
不遮彼等众，平等获衣食。
具法前无求，居于他国境，
亦当予摄受，如应尽力为。
一切法事主，应委精进人，
聪明不浪费，如法皆不损。
明规具法亲，贴心净不嗔，
族贵秉性贤，感恩任大臣。
慷慨无贪勇，柔和适度行，
坚恒不放逸，具法委将军。

法轨清净为，识事通君规，
如法平等柔，任命耆宿首。
每月于彼等，亲自听收支，
听已当吩咐，法等一切事。
汝政为正法，非为名欲妙，
彼极具胜果，反之无实义。
人君现世界，多数互吞并，
汝当如实听，政法两其美。
智耆宿贵族，知理警罪业，
善良见必要，汝常多委任。
罚逮殴打等，合理亦莫为，
妙以悲悯润，恒常作摄受。
于造极重罪，一切诸有情，
王汝亦恒常，唯生悲利心。
于造重罪者，尤当更悲悯，
彼等自受损，大士悲悯处。
一日或五日，释放诸轻犯，
余众亦如应，非皆不释放。
汝无释放心，彼生非律仪，
由此恶戒中，不断积罪业。
何时囚未放，尔时理发师，
沐浴及饮食，医药令安乐。
如于不肖子，指望成大器，
怜爱行惩罚，非嗔非为财。
极嗔行杀人，观察详知己，
不杀不损害，而当摈出境。
所辖诸境内，派专使视察，
恒以不放逸，正念行法事。

自于功德境，广供敬承侍，
广大随顺行，余亦如应为。
国树具忍荫，盛开恭敬花，
博施硕果累，民众群鸟栖。
若王好施舍，威风众欢喜，
如豆蔻胡椒，所包砂糖丸。
若依理观察，不失汝王位，
不成非应理，成法离非法。
王位非他世，带至不带去，
依法所得故，不应行非法。
国位如资本，苦资相辗转，
尽量不成彼，国王当策励。
王位如资本，王位资相传，
尽量获得彼，国王当策励。
纵得四洲地，然转轮王乐，
唯一仅承许，身心此二已。
身体之乐受，痛苦伪装已，
心想之自性，唯由分别改。
世间一切乐，唯苦伪造已，
仅是分别故，彼乐实无有。
洲境处及家，轿垫衣卧具，
饮食象马女，一一而享用。
何时心趋入，尔时称之乐，
余者不作意，尔时乐实无。
眼等五种根，缘取五境时，
若无分别执，尔时无有乐。
何时任何境，何根了知时，
余非缘余境，尔时无有境。

由根缘境时，若于过去境，
意缘而证知，则自以为乐。
此即由一根，了知一对境，
境无根亦无，根无境亦无。
犹如依父母，方说出生子，
如是依眼色，方说产生识。
过去未来境，有根无外境，
此二别无故，现在亦无境。
犹如眼错乱，能执旋火轮，
如是依诸根，能取彼对境。
诸根及诸境，许是大种性，
大种各无境，此等实无境。
大种若各异，无薪应有火，
和合成无相，其余定如是。
大种二相中，无境聚无境，
聚合无境故，色法实无境。
识受想及行，一切皆如是，
各体无境故，胜义中境无。
犹于苦伪造，真乐起我慢，
如是于乐毁，痛苦亦起慢。
现无体性故，舍弃值乐爱，
及离痛苦爱，见此而解脱。
若谓谁见心，名言中说心，
无心所无心，实无不许俱。
如是真如中，知无众生已，
犹如无因火，无住取涅槃。
菩萨具如此，而许定菩提，
彼唯以悲心，受生至菩提。

佛于大乘中，宣说菩萨资，
于彼了不知，极嗔而诋毁。
不晓功与过，或功作过想，
抑或嗔功德，致使谤大乘。
明知损他过，利他乃功德，
诽谤大乘人，称之嗔德者。
不顾自利益，一味喜利他，
功德源大乘，嗔彼遭焚毁。
具信以误持，嗔恨另一方，
信士尚说焚，何况由嗔离？
如医术中说，以毒能攻毒，
小苦除大苦，如是何相违？
共称一切法，意主意先行，
虽苦以益心，行利岂无益？
苦利后尚为，何况为自他，
安乐与利益，此法是古规。
若舍小安乐，能见大安乐，
愿王见大乐，抛弃小安乐。
设若不安忍，医师为病愈，
予药于患者，此非应嗔处。
凡成损害者，智者见有益，
一般与特殊，论中皆赞许。
大乘之中说，先具大悲行，
无垢之智慧，有心谁谤彼？
于极深广义，懈怠未修行，
自他之诸敌，由痴谤大乘。
施戒忍精进，禅慧悲体性，
彼即是乘故，此岂有谬论？

施戒行利他，勤忍为自利，
禅慧解脱因，总摄大乘义。
二利解脱义，略言佛圣教，
唯六波罗蜜，故此是佛语。
菩提之大道，福智之自性，
佛说大乘教，愚盲不纳受。
功德如虚空，说佛德无量，
佛陀殊胜性，大乘说忍此。
圣者舍利弗，亦不知戒蕴，
故佛优胜性，无量何不忍？
大乘说无生，余说尽空性，
尽智无生智，实同故当受。
空性佛陀体，如是依理观，
二乘智者前，如何不等同？
如来密意说，非易了知故，
说一乘三乘，中立护自身。
中立无成罪，嗔罪不成善，
故欲己善者，切莫嗔大乘。
声闻彼乘中，未说菩萨愿，
行为及回向，岂能成菩萨？
加持成菩提，佛陀未曾说，
此义较佛胜，正量他谁有？
加持四圣谛，及菩提分道，
共同声闻中，佛果以何胜？
住菩提行义，彼经未曾宣，
大乘中说故，智者皆当受。
犹如声明师，令先读字母，
佛陀为所化，宣说堪忍法。

有前为遮止，罪业而说法，
有前为造福，有前说依二，
有前俱不依，深法疑者畏，
空悲藏授予，有修菩提者。
如是诸智者，切莫嗔大乘，
能成圆菩提，故当尤诚信。
倍信大乘者，依彼所说行，
证无上菩提，兼得一切乐。
施戒安忍法，特为在家说，
大悲精藏法，应当稳固修。
若由世蛮横，依法难持政，
为法与名誉，汝应作出家。

第四品终

第五品　僧俗学处

尔后出家者，初当敬学处，
多闻别解脱，戒律勤择义。
次知细微罪，应断诸过根，
所宣五十七，努力而观察。
忿令心烦乱，随彼心怀恨，
覆即藏罪业，恼即执罪恶。
谄为极虚妄，诳即心不正，
嫉以他德忧，悭畏舍施性。
无惭及无愧，不顾自与他。
傲为不恭敬，造罪由怒染。
骄矜则放逸，不行一切善。
慢相有七种，彼即细分说，
骄傲自满者，下下平平等，
平等胜平等，此性即称慢。
认胜或平己，此即为过慢。
认为胜过胜，思更高过高，
名为慢过慢，厉如疮上痈。
所谓之近取，五蕴本空性，
愚昧执为我，彼即称我慢。
未得果思得，即名增上慢。
称赞造罪业，智慧知邪慢。

谓无所作为，轻毁自己者，
称之为卑慢。简略说七种。
诈现威仪者，护根为利敬。
谄媚奉承者，柔语为利敬。
旁敲侧击者，为得赞他财。
巧取讹索者，为利面讽他。
赠微博厚者，图利赞前得。
说过即他错，再三而重复。
无悦不观察，内起忧愁心。
遍贪自劣具，劣贪即懈怠。
异想自他想，贪嗔暗遮障。
凡是不作意，说心无见解。
于诸如法事，懈怠失恭敬。
师不作佛想，许为恶劣士。
耽著小缠缚，彼由欲贪生。
遍耽即由欲，所生大缠缚。
贪即于己物，具有贪欲意。
耽著他之物，名谓非理贪。
贪爱所断女，赞即非法贪。
欲罪无功德，诈现具功德。
大欲极贪婪，反之为知足。
得欲自尽力，令他知己德。
不忍即不堪，作害及痛苦。
无规即不敬，阿阇黎师事。
不乐法谏者，不恭如法语。
联系亲属念，于亲更眷恋。
如是爱对境，评说其功德。
不死分别念，死怖不忧虑。

随知之分别，尽己所能令，
他晓自功德，思维作上师。
爱他之妄念，于他起贪恋。
害心而接触，思诸利不利。
不喜无坚固。欲合乃追意。
懒惰无精进，身体懈怠事。
变由烦恼牵，身语皆变化。
食欲不振者，过量身不适。
心极下劣者，说为心怯懦。
贪结即希求，五种妙欲境。
害心我伴敌，三时皆无义。
心身沉重故，离作即萎靡。
睡眠掉举者，心身极不静。
悔由懊作恶，后由忧恼生。
于谛三宝等，三心二意疑。
菩萨断此等，戒师尤应断。
已离彼诸过，诸德轻易依，
略说菩萨德，布施及持戒，
安忍与精进，定慧慈悲等，
布施舍自财，持戒利他行，
安忍断嗔恚，精进即乐善。
定一缘无染，慧择谛实义。
悲于诸有情，哀悯一味慧。
施财戒安乐，忍美精进威，
定寂慧解脱，悲成一切利。
无余此七法，同依波罗蜜，
获不可思智，世间之怙主。
声闻乘中说，声闻有八地，

如是大乘中，菩萨之十地。
第一极喜地，菩萨欢喜故，
已断除三结，生于佛种族。
彼之异熟果，施度最殊胜，
震动百世界，成为赡洲王。
二地名离垢，身语意十业，
纤尘不染故，自守彼等故。
彼之异熟果，戒度最殊胜，
成为七宝主，利生转轮王。
三地名发光，智放寂光故，
禅定神通起，永尽贪嗔故。
彼之异熟果，胜行忍精进，
明智大天王，遣除欲贪者。
第四名焰慧，放正智光故，
一切菩提分，尤为修行故。
彼之异熟成，离诤之天王，
萨迦耶见生，尽毁乃智者。
第五名难行，诸魔难胜故，
善知圣谛等，微细深义故。
彼异熟感成，兜率之天王，
能除诸外宗，烦恼恶见处。
第六名现前，现前佛法故，
修行止观已，得灭增上故。
彼异熟感成，化乐之天王，
声闻不能夺，能息高慢者。
第七名远行，数具远行故，
刹那刹那间，入于灭定故。
彼之异熟成，他化之天王，

现证圣谛故，成大阿阇黎。
第八童子地，不动无念故，
不动身语意，行境不可思。
异熟果感得，一千梵天主，
罗汉独觉等，择义不可夺。
第九名善慧，犹如王太子，
因得无碍解，此地慧善妙。
彼之异熟成，二千界梵主，
有情心疑问，罗汉不可夺。
第十名法云，降妙法雨故，
菩萨蒙佛陀，光明灌顶故。
彼之异熟成，净居之天王，
无量智境主，殊胜大自在。
如是彼十称，菩萨之十地。
佛地与彼异，广大不可量，
于此简言之，具足十种力。
彼力即一一，如众不可量，
诸佛之无量，如诸方虚空，
地水火及风，笼统宣说已。
设若因仅此，未见无限量，
于佛之无量，不起诚信心。
故佛像塔前，抑或于余处，
一日三时诵，如此二十颂。
诸佛正法僧，以及菩萨前，
恭敬皈依毕，顶礼应供处。
忏悔罪恶业，广修众福德，
有情之福善，一切皆随喜。
我稽首合掌，请转妙法轮，

乃至众生存，请佛久住世。
愿以我作福，已作及未作，
有情悉皆具，无上菩提心。
愿众皆无垢，根圆离无暇，
行为有自在，正命悉具足。
愿诸有情众，手中具财宝，
资具皆无量，无尽至生死。
愿凡诸女人，恒成大丈夫，
诸有情慧目，戒足悉具足。
愿有情具色，形妙大威光，
见喜无病疫，长寿具大力。
愿皆通方便，脱离诸苦痛，
勤向三宝尊，富有佛法财。
愿修慈悲喜，弃惑平等住，
施戒忍精进，定慧作严饰。
愿圆诸资粮，相好极鲜明，
不可思十地，不断而经行。
愿我亦具足，彼德余诸饰，
解脱一切过，倍悯诸有情。
愿诸有情心，意愿皆满足，
恒常而遣除，一切众生苦。
愿遍诸世界，恐怖之士夫，
听闻我名号，极度畏惧消。
愿以见忆我，闻名诸众生，
不乱住本性，定得圆菩提，
生生世世中，获得五神通。
愿于诸苍生，恒常行利乐。
愿诸世间界，欲行罪恶者，

悉皆无害心，恒常顿遮止。
愿如地水火，风药旷野树，
众生于恒常，随意而受用。
如命爱有情，胜过爱自我，
众罪成熟我，我乐予众生。
纵有一含识，未得解脱间，
我虽得佛果，誓愿住三有。
如是所说福，设若具形色，
尽恒河沙数，世界不能容。
彼是世尊说，理由此亦明，
有情界无量，利彼亦复然。
如是我为汝，简要所说法，
你如恒惜身，当以珍爱之。
何者重彼法，实为爱自身，
若需利所爱，彼成法作用。
故如己依法，如法而修行，
如行依智慧，如慧依智者。
清净慈具慧，由辩利益说，
谁虑己恶劣，彼亦毁自利。
善知识法相，略说当了知，
知足悲具戒，有除烦恼慧，
彼等若教诲，汝应知恭敬。
依此圆满规，成就最胜果。
于众实柔语，安详具威严，
具理不轻毁，自在善妙言。
善调离随眠，庄严心寂静，
无掉不拖延，无谄决定行。
决定如满月，光彩如秋日，

深沉如大海，坚固如须弥。
脱离诸过咎，严饰诸功德，
有情生存因，成就遍知果。
此法非独为，国王一人说，
亦欲如应利，其余众生说。
为令自他众，成就正等觉，
国王于此论，日日当思维。
持戒敬上师，安忍无嫉妒，
离悭无所求，具足利他财。
利济贫困者，胜摄弃非胜，
恒常持正法，为得大菩提。

第五品终

中观宝鬘论广释

喇拉曲智仁波切 著

索达吉堪布 译

喻那莫萨瓦革热德得瓦白！

如所尽所万法汇集一汪洋，
周匝意吉祥结无尽虚空界，
悲云中降利乐无边众生雨，
等界未动事业周遍佛前礼。

清净胜身皓月界空入定中，
除恼法海圆满语密遣黑暗，
佛海意之菩萨三有一尊汝，
善缘顶戴以此妙音青莲供。

依佛圣教真实意镜中，
无余映现圣者深现证，
折邪说以正道赐慰藉，
任成就地龙树师前礼。

何者尊容甘露之光辉，
触及心间百瓣之莲花，
享受醍醐能消迷现热，

恩重如山上师前敬礼。

诸佛自现智慧现人相，
智悲自成众多善说法，
普皆盈盈充满自相续，
一切传承先师赐吉祥。

见谛圣著宝鬘论，内容浩如虚空界，
依真实义以教理，尽己所能净心释。

顶礼能令轻易成事的殊胜对境福德无量，因而在篇首抛撒了赞颂的吉祥鲜花。

接着于所讲的对国王所明示的深广教言——此中观宝鬘论分四：

一、论名；二、译礼；三、论义；四、末义。

甲一、论名：

梵语：绕匝巴热嘎塔绕那玛累

藏语：嘉波拉丹夏瓦仁波切创瓦

汉语：教王宝鬘论

在印度圣地，共有梵文(天语)、巴利文(土语)、毕合遮文(癫鬼语)、阿婆商夏文(讹误语)四大语种。这四种语系前前退化而演变成后后。本论的梵文：绕匝巴热嘎塔绕那玛累，与汉文相对照：绕匝即为“国王”；巴热嘎塔为“教授”；绕那即“宝”；玛累即“鬘”。关于藏语，则如《藏语语法三十颂》及《音势论》。由于此论主要是教诲乐行王的，因此称为“教王”；又因为本论宣说了《中观理集六论》中满足众生一切所欲的深广法理，故而称“宝鬘”，就像(从深广两方面入于《中论》的)《入中论》一样。关于命名的方式与必要当从其他论典中了知。

甲二、译礼：

顶礼一切佛菩萨！

以往的诸位智者译师在将论典翻译成藏文时，按照国王赤热巴坚规定而作顶礼，由此可表明或认清本论属于经藏的范畴。

甲三、论义分三：

一、入论分支；二、所说论义；三、宣说结行。

乙一、入论分支分二：

一、顶礼句；二、立誓句。

丙一、顶礼句：

解脱诸过患，众德庄严者，
众生唯一亲，佛前我顶礼。

自利圆满：所断之特点，以不复再生的方式解脱了由实执补特伽罗与蕴之无明所生的贪等，及二取迷乱分别妄念的习气所知障这一切过患；所证之特点，以与声闻、缘觉等共不共之力等一切功德所严饰，故称庄严者。“者”字是主人词。他利圆满：以大悲心引发而救度一切有情脱离所有过患，赐予一切善资。以上是从断证两方面，赞叹堪为众生暂时与究竟的唯一至亲——无与伦比的殊胜导师。作者在以二利为主、通达尽所如所一切法的遍知佛陀前作礼。

以怎样的方式顶礼呢？以三门毕恭毕敬的方式。顶礼者是谁？是作者龙树我。如云：“我弃余师后，皈依世尊汝，其因唯有您，无过具功德。”其中间接说明了其他本师没有离开损害众生的行为。比如：自在天焚烧三层城市，遍入天摧毁十八

部军队；裸体外道徒声称触而生畏的细微生灵充满虚空，并在摈除弟子时令其还戒(即通常所说的舍戒)；有些仙人诅咒、火焚国王及携同的四大军队……而佛陀的智悲力已远远超胜他们。

丙二、立誓句：

王为汝修法，宣说唯善法。
堪为妙法器，修行将成就。

为了令随信行与随法行的两种法器学修论典，作者首先顶礼殊胜对境而积累福德，接下来以呼唤的口吻称道：国王，出于为了你修法的目的，(我)即将宣说初中末净善、不堕轮回恶趣、始终如一善妙的这些正法。如果对所谓的法进行分类，则有十善等以及证悟真如的智慧两种。此二法的果分别是人天果位与三菩提圣果。本来，"法"所涉及的内涵有十种，但此处的"法"是指二种因法，由于依此二因法能成就果法的缘故。之所以特意劝勉国王而宣讲是因为，如果诸位先贤对堪为妙法器者宣说，则对方修行能得成就。国王你具足四轮、三功德，因而堪为法器。所谓的三功德，如云："质直慧求义，说为闻法器。"为此，作者才对具足如此法器功德者讲法。

乙二、所说论义分四：

一、总说增上生与决定胜之因果；二、教诫修学无上菩提之因——二资粮；三、教诫修学国王无过之行为；四、教诫欲得解脱之出家菩萨广行学处。

丙一、总说增上生与决定胜之因果分二：

一、分别说增上生与决定胜之因果；二、轮番说增上生与决定胜之因果。

第一品　别说因果

丁一、分别说增上生与决定胜之因果分二：

一、总说缘起；二、真实宣说。

戊一、总说缘起分四：

一、二因资粮之次第；二、归纳而认知因果；三、二因之差别；四、宣说法器之法相。

己一、二因资粮之次第：

先增上生法，后得决定胜，
因获增上生，渐至决定胜。

首先宣说增上生之因十六法，关于十六法，下文中有明示。（听闻者）如理如实修持之后，才该讲解获得决定胜之道的所缘空性等法门。原因何在呢？因为需要连续得到增上生的果报方可渐渐达到决定胜的果位。除了接连投生为人、天的身份以外，依靠恶趣的身份无法获得解脱。听闻者最初获得了所传的教言再进一步实修，当相续成熟时才可为他讲授空性深义。否则，闻者可能颠倒执著空性之义而诽谤因果，结果会导致舍弃空性而堕入恶趣，诚如本论下文中所说"（若误解此法，毁坏诸愚者，如是无见者，沉落不净中，另外邪执此，愚起智者慢，）性情极粗鲁，倒堕无间狱"。假设必须宣说空性，就要不危及业果而结合业果来讲解。

己二、归纳而认知因果：

增上生许乐，定胜许解脱，
彼因若略摄，信心与智慧。

所谓的“增上生”被认为是人、天人相续所摄的安乐与行舍[1]；所谓的“决定胜”，被承许为依靠证悟无我的智慧而无余断除苦集的离系果——解脱，因为是具备断而不复返之法相的“离系”。善趣与解脱两种果位的因虽然有许许多多，但归纳而言，根据刚刚所说果的定数为二，最主要的因也有两种，概括地说，即是对三宝、四谛、业果等的清净信、欲乐信、诚挚信以及证悟诸法实相空性的智慧。

己三、二因之差别：

具信故依法，具慧故知真，
此二主为慧，前行即信心。

正如人们所说的“信根极稳固”一样，信心是一切法的根本或门扉，由于具有信心的因，故而才能诚心诚意地依止、奉行增上生之因——十善及皈依等法门，因为具足不愿离开善法的精进即是具有信心的标志。由于具备能证悟甚深空性之因——智慧的缘故，才能了知实相真实义。对于无倒的实相以诚挚信而获得体验即是具有智慧的标志。在这两种因当中，主要的还是智慧，因为只有依靠智慧才能明晓三有之因、解脱业惑之缚。《摄集经》中云：“以慧彻知法自性，真实超越诸三界。”如果不具备信心，那么就无法生起闻慧等智慧，因此智慧的前行就是对业果等的诚挚信心。倘若没有具备这一前提，则无法依靠智慧摧毁烦恼。如(《宝性论》中)云：“自然之胜义，依信而证悟。”又如云：“胜义当依信心而证悟。”信心被称为间接解脱之因；智慧称为直接解脱之因。

---

[1] 行舍：即平等舍，于身于心无损害故不欲远离，无利乐故不欲值遇，平等正直无功用住，十一善心所之一。

己四、宣说法器之法相：

谁不由欲嗔，怖痴而越法，
彼谓具信者，定胜妙法器。
谁能善观察，身语意诸业，
知利自他已，恒行即智者。

那么，堪为法器的具信者到底是什么样的人，具慧者又是怎样的人呢？

由于贪图肉、皮等而进行杀生等抛弃正法，是以贪心或欲望而越法；诸如，由害心等驱使而杀生，是以嗔心而越法；害怕国王的惩罚而舍法是以怖畏而越法；秉持诸如为了父母等杀生无有罪过而舍法，即是以痴心而越法。任何所化众生，远离以上四种越法后不以欲望、嗔恚、怖畏、愚痴而违越正法并对业果等诚信不疑，这种人称为具信者。正由于此人能逐渐被引向解脱，因此堪为决定胜的殊妙法器。在讲到“不越”之时，诸如，为了谋求食财的皈依，虽说也没有离开四种越法，但也可以称为“具信者”。

任何人认真全面观察自己身口意的善、不善、无记状态后，断除一切不善与无记法而奉行善法，完全回向无上菩提以成办众生之利，了知这是对自他二者今生来世有利之事后持之以恒地进行取舍，就称为智者。逆行倒施者，纵然通达五明也不能称之为智者。

总之，明确三士道的次第，进而如理如法身体力行，这样的人就叫做具信者与具慧者。

戊二、真实宣说分二：

一、宣说增上生之因果；二、宣说决定胜因果。

己一、宣说增上生之因果分二：

一、广说；二、摄义。

庚一、广说分三：

一、增上生之法；二、奉行之方式；三、奉行之果。

辛一、增上生之法分四：

一、宣说增上生之十六法；二、宣说他宗无有彼等正法；三、倒行彼等之果；四、别说善不善业之果。

壬一、宣说增上生之十六法分三：

一、遮止之十三法；二、奉行之三法；三、摄义。

癸一、遮止之十三法分二：

一、遮止十不善业；二、遮止余罪。

子一、遮止十不善业：

戒杀断盗取，远离他人妻，
真戒妄两舌，粗恶及绮语，
彻底断贪心，害心与邪见，
此十善业道，相反即恶业。

杜绝以杀心杀害人类及盗取他众执为己有的财物，远离他人执为我所的妻室，这三种是所遮止的身不善业。妄语是指以想转变他人想法的心态而说虚伪不实的谎言；口出挑拨离间之语就是所谓的两舌；刺伤他人感情的粗鲁语言为粗恶语；信口开河的无稽之谈是绮语。真正戒除这一切就说明制止了语言的不善业。彻底断除贪图他人财物而想据为己有的贪心、图谋不轨陷害他者的害心与抹杀因

果的断见以及外道的恶见这三种意不善业。

这些正确的业道叫做十善业道，因为能带来称心合意的果报，特殊善业是指放生等。与之截然相反的就是不善黑业，之所以叫黑业，是因为它们的异熟果报不悦意的缘故。关于这些业的基、意乐、加行等道理，当从其他论典中得知。

子二、遮止余罪：

戒酒行正命，不损诸有情。

如果有人想：（所遮之法）就仅有上述这些而已吗？

并非如此。无论是在家还是出家人，都不可饮用令身不由自主的酒类。《圣雄长者请问经》中说：“戒酒之功德，无有昏厥，无醉无迷，言词不乱，无骄无躁，无掉无散，安住正念，具足正知。”饮酒的过患则与之相反。诸位在家人要断除短斤少两等欺骗行为，诸位出家人务必断绝五种邪命，依靠正当的生计。断除身体用石头棒棍击打、口出恶语谩骂等损恼众生的言行。以上三种也属于遮止之法。

癸二、奉行之三法：

敬施供应供，修行仁慈心。

对下施舍财物等，为敬施，对上供养亲教师、轨范师以及其他具有功德者，叫供应供。于一切对境，满怀恭敬，自己亲手奉送等与以身语意的慈爱为主的四无量心，即归纳为奉行之法，此处的布施也包括观修施身、法施、财施、无畏施。

癸三、摄义：

简言法即此。

概括而言，增上生之因的十六法就是以上所说的这些法。

壬二、宣说他宗无有彼等正法分三：

一、步入歧途而害自他；二、入歧途之补特伽罗；三、明示入歧途之过。

癸一、步入歧途而害自他：

唯一折磨身，如是无正法，
未断损恼他，利他绝非有。

如果有人问：难道你们不承认依赖苦行等也是道吗？

依靠绝食、五火等折磨身体的所有道只是令身体徒生痛苦而已，暂且不说解脱之因，甚至连增上生之因的正法也不会到手，因为依靠这样的道，丝毫没有制止、断除损害其他众生之事，也绝对不可能直接间接饶益他众，因为这只是令自己走向恶趣的因，而不具备利益他众的能力。

癸二、入歧途之补特伽罗：

布施戒安忍，正法之大道，
不敬逼恼身，如牛奔歧途。

上述的这十六种法可以归属在三法之中，是哪三法呢？贪图受用将导致生不起菩提心、失毁戒律的后果。因此，以清净的意乐、加行而施舍所拥有的财物；具足一切功德的根本——断除恶行七所断的戒律；嗔恨摧毁善根，与有情发生抵触。经中说：断除嗔恚，成为不退转者。这里的安忍就是人们众所周知的三种安忍。以此三种为主的所修正法是一切佛陀的通衢大道，毫无错谬。愚痴无知外道徒等不敬、舍弃此道而逼迫身体，就像由经险地等而行的牲畜后面其他旁生也随之而行步入歧途一样，如同经行歧途之牛般的这些愚者也只是自欺欺人，不仅葬送了自己，也

牵连了盲目跟从他的人们。

癸三、明示入歧途之过：

难忍轮回旷，剧苦众生树，
惑毒蛇缠身，长久而流转。

背离正法、误入歧途的外道徒等众生就像牲畜迷入丛林茂密、难以通行的荒郊之中一般，堕于遍满无边难忍三恶趣苦的三有轮回旷野之中，被视蕴为我的坏聚见等恶见稠林所笼罩而无有现见解脱道的机会，流浪在充满各种各样颠倒过失密密麻麻的杂草莽林中，被贪欲等所有烦恼毒蛇紧紧缠缚、啖食，这一痛苦身体要在极其漫长久远的岁月中流转、停留于此轮回之处。因此，凡是想自己日趋完善的有情都应该依止殊胜的怙主而弃离形象之道，踏上正道。

壬三、倒行彼等之果分三：

一、不善业之等流果；二、异熟果；三、善业之果与其相反。

癸一、不善业之等流果：

杀生感寿短，损害多灾难，
偷盗乏受用，邪淫敌共享。

那么，不善业的果报到底是怎样的呢？因为杀生而在他世中将要感受的等流果即是短命等；用利刃伤害他众所要感受的报应就是后世的身体灾难重重；偷盗的果报就是在生生世世中受用贫乏、不稳固，并且与他众共同享用等；由邪淫所感，妻子恶劣，或者自己没有自主权而与怨敌共用。

妄说遭诽谤，两舌亲叛离，
粗语闻恶声，绮语言无力。

由妄说感得自己常常无辜蒙受不白之冤；由离间语所感，自己的亲友被自己或者被他人所挑拨分离；由粗语所感，唯独听到恶音；由信口开河说前后毫不相干的绮语感得自己的言词毫无威力、不被视为正量、成为不定的信口雌黄者。

贪心失所望，嗔心招怖畏，
邪见生恶执，饮酒心迷乱。

由贪心而感，得不到朝思暮想的财物而大失所望；嗔心给自己带来各种各样的怖畏。这以上是经中所说的。邪见使得后世中执受断见、四种颠倒见等恶见及多种谄诳等。放逸无度而饮酒感得心思迷乱，心识不能正常安住，就像疯子一样。

不施感贫穷，邪命受欺惑，
骄傲致种贱，嫉妒威德鲜，
忿令貌丑陋，不问智者愚。

不与取或者以吝啬不慷慨布施、不恭敬而施授导致贫穷；邪命感得受到他人欺惑，因为是谄诳行为的果报；以种姓高贵等而骄傲自满，感得生生世世中种姓卑贱；以对他人的美满忍无可忍的嫉妒感得威德鲜少、软弱无力；忿怒感得相貌丑陋等色泽不美；由我慢所致不依止、不请教通晓取舍的智者而感成为不明取舍的愚者。对于以上果报，有些讲法中将短命等作为感受等流果，杀心众多等作为同行等流果，分成这两种，关于成熟在外境上的增上果等详细内容当从他论中了知。

癸二、异熟果：

人道即此果[2]，诸初往恶趣。

[2] 此颂词说是人道，而印度注释及本释中并未提及人道，只是说不善业。

如果有人问:这些不善业的报应仅有等流果吗?

并非如此,这些不善业道所有果报中居于首位的异熟果,是要去往地狱、饿鬼、旁生所摄的恶趣中。《菩提心释》中云:“地狱旁生饿鬼界,诸多真实之痛苦,一切众生遍感受,彼为有情害所生。”《十地经》中说以上品不善业下堕地狱、中品转为旁生、下品投生饿鬼。其密意是说,相对而言,饿鬼比旁生心思敏锐,因而容易解脱。

癸三、善业之果与其相反:

所谓不善业,异熟已宣说,
一切善业果,与彼相反现。

所谓这些不善业的异熟果,正如前文所说,除此之外的一切善业道的果报则与之恰恰相反而出现。同样也需要明白,等流果、士用果也与之相反,异熟果投生善趣等。总而言之,要深深思索业迅速而大幅度增长、不造不会临头、造则毫厘不爽等道理。

壬四、别说善不善业之果:

贪嗔痴及彼,所生业不善,
无有贪嗔痴,及彼生业善。
不善生诸苦,投转诸恶趣,
善业生善趣,世世享安乐。

贪心、嗔心、痴心,后面的“及”字是说不仅三毒体性的不善业,而且由彼所生的业也全包括在不善业的范畴内。由它们所生的身语业是不善业,因为,轮回是胜义不善业,这些不善业成为轮回之因,脱离轮回自性的涅槃是胜义善。相反,不仅

无贪、无嗔、无痴三种根本体性是善业，而且由它们所生的一切身语业均是善业。三门及三毒的一切不善业导致善趣与恶趣的所有痛苦。同样的，异熟果招致所有恶趣。三毒之业可以用下面的比喻来说明：从前，有两个渔夫遇到了水罗刹化现的一个人，水罗刹对他们说：你们一个去点火，另一个准备烹调，我去收集大量的鱼回来，我们好好美餐一顿。于是大家就照着它所说的去做了。同样，贪欲就像水罗刹一样贪得无厌地收摄多种多样的欲妙，积累恶业；嗔恨犹如烹调鱼一样，能被由它所引起的与他众争论不休、刺伤感情等所焚毁；痴心之业如同火借风势般，对贪嗔二者起到推波助澜的作用，由于它能涣散一切取舍，因而应当致力于无有三毒的善根。《华严经》中说："若成无暇，则不可救药……"所以，务必要谨小慎微。三门善业的异熟果，总体来说是一切善趣，分别而言，辗转投生在赡部洲等处，生生世世享受安乐。认真思维这些道理以后理当努力弃恶从善。经中说："死后去往他世界，众生不得力所生，然凡造业不泯灭，黑白如实成熟果。"

辛二、奉行之方式：

当以身语意，断诸不善业，

恒常奉行善，此说三种法。

了解了这样的业果道理之后，就要下定决心、立下坚定誓愿：从身、语、意着手制止一切不善业，甚至连梦中也不造罪，时时刻刻三门奉行善业道。明确了前文中所说的行止十六种法，乃至包括所舍诸法的动机也该严加制止，为此这里宣说了依于三门的三种法。

辛三、奉行之果：

依此法解脱，地狱饿鬼畜，

且得人天中，王位圆满乐，

禅无量无色，能享梵等乐。

依靠刚刚所讲的引业之法这一善道，其异熟果能脱离地狱、饿鬼、旁生这难以忍受的恶趣，转生在善趣的六欲天及四洲的人类中，既拥有健康无病等美满的幸福，又获得转轮王等显赫国政的权势。不仅如此，而且由修行四禅、四无量、四无色定所感果报，还可以经劫享受梵天等上界的安乐。或者说，这十善法是禅天色界等果的本体。

庚二、摄义：

增上生此法，彼果已略摄。

断除上述的应止十三法，奉行应行三法的增上生之因这十六种法以及其果已简明扼要地宣说完毕。

己二、宣说决定胜因果分二：

一、经说之理；二、教诫国王亦学修。

庚一、经说之理分三：

一、略示佛说之法；二、广说彼义；三、广说决定胜之摄义。

辛一、略示佛说之法分三：

一、如何宣说；二、智愚生畏与否之差别；三、佛说畏惧来自我执。

壬一、如何宣说：

决定胜诸法，深奥微妙现，

寡闻之凡愚，生畏佛所说。

证悟无我智慧所缘的人无我与法无我这些决定胜之法，由于其他一般平凡之士与名言之识难得通达，故称微妙，由于难测其堂奥，故为深奥，在智者前才明然呈现，作为不具备修行深广缘起真如的薄地凡夫愚者来说，则会惊惶失措、恐慌不已，这是如来亲口宣说的。也就是说，谁通达了这一点即能决定获得解脱法（决定胜）。对此，一切经中运用了大量的比喻而加以说明，圣天论师也说："不知无怖畏，遍知亦复然，定由少分知，而生于怖畏。"

壬二、智愚生畏与否之差别：

谓我不成无，我所非非有，
愚者如是怖，智者无所惧。

如果有人问：凡愚畏惧、智者不惧空性的情形到底是怎样的呢？

如果宣说空性之义，则有些凡夫愚者就会口出此言：我现在自性成了不存在的，其他后世也就不会有我存在，我所拥有的蕴也虚无缥缈，后世也同样不复存在。从而忧虑我与我所为断灭，致使一切愚夫这般惶恐不安。智慧浅薄的异生将所谓的"无有自性"理解成绝不存在，于是诚惶诚恐，但实际上，月称论师说："无有自性的含义并不是'没有'的意思，而是指执著它纯属一种迷乱的意思，称为虚妄欺惑性。"

如果不持受若现则空不合理、若空则现不合理这种现空相违的观点，而了达现空双运真实无二无别，那么就说明已经通达了中观道的精髓。对于完全领悟了真如义的智者来说当然也就无所畏惧。

我们要明白，尽管轮涅的一切法自性为空性，全然无有断除轮回、获得解脱，但名言显现存在并不相违。比如说，光明与黑暗二者虽然全无自性，但以光明能遣除黑暗，此二者并存也是子虚乌有。同样，智慧与无明二者虽然皆为空性，但在名言中以智慧能够遣除无明，并且二者刹那也不会并存，这是经中所宣说的。

壬三、佛说畏惧来自我执：

无余此有情，皆源于我执，
具我所执众，佛唯利彼说。

依赖于近取五蕴而假立的这所有异生无余来源于我执与我所执的烦恼，恰恰是由于这一点所致，他们才对宣说无我心生畏惧，正是为了避免此种现象，使一切凡愚从轮回中得以解脱，即唯一利益具有我与我所执的芸芸众生，佛陀才于一切了义经中广说了空性。

辛二、广说彼义分三：

一、建立我执与我所执为虚妄；二、遮破束缚解脱自性成立；三、宣说诸法远离常断之边。

壬一、建立我执与我所执为虚妄分四：

一、真实宣说；二、说明断彼而得解脱；三、以影像之喻说明彼二；四、宣说证悟空性为解脱之因。

癸一、真实宣说：

谓有我我所，胜义中颠倒，
彻知真如者，不现彼二故。
我执生诸蕴，我执实虚妄，
虚妄之种子，所生岂能真？

如果有人问:无我的道理究竟是怎样的呢?

我们务必要认识到,仅仅在名言中我与我所存在也单单是名称,而事实上,所谓"我与我所都真实存在"的这一执著在胜义中是颠倒的,实属虚妄的迷现。其依据是什么呢? 理由是:所谓的我与我所如果实际成立,那么于究竟之义不欺的圣者根本慧定理应现见,可是现量彻知诸法实相真如者的所见前并未出现我与我所。

建立此为虚妄,由我执的烦恼所生的诸蕴并非真实,因为我执在胜义中不成立,故而是虚妄的。这又是为什么呢? 作为因的种子是虚妄的,它生出的果又岂能真实,不可能真实,因为虚妄的因中根本不具备产生真实果的能力。

癸二、说明断彼而得解脱:

由见蕴不实,即可舍我执,

我执断除已,后蕴则不起。

如果对蕴这般加以分析,就会发现蕴为恒常性、唯一性等绝不真实。倘若再进一步修行,那么现见依之而假立的我与我执自性不成立后便可舍弃我执与我所执,因为生起了与执著相直接相违的智慧。我执一经断除,由彼所生的一切业惑必将泯灭,其后苦蕴也将永不再现。以上已说明断除我执我所执的利益。《根本慧论》中云:"内外我我所,尽灭无有故,诸受即为灭,受灭则身灭。"

癸三、以影像之喻说明彼二分二:

一、证悟补特伽罗与蕴无实而断苦集之顺行喻义;二、逆行喻义。

子一、证悟补特伽罗与蕴无实而断苦集之顺行喻义:

犹如依明镜,虽显自面影,

然彼真实性,少许亦非有。

如是依诸蕴,我执成所缘,

犹如自面像，真性中毫无。

有眼翳者前的毛发以及眼前现量显现的影像，这二者是能遣除实执恰如其分的比喻：犹如依靠清洁的明镜，虽然在其中映现出自己面容的影像，但是那一影像在真实性中如显现那样成立少许也是不存在的。同样，尽管依赖于诸蕴而使我执成为所缘，但实际上就像自己面孔的影像虚妄一样，真实性中补特伽罗与设施处的蕴这些一丝一毫也不成立自性。正如镜中面容的某某部分少许也不存在一样，补特伽罗与蕴虽现为真实，然而一切部分均不成立真实。对于表面显现的影像不成立这一点，作为稍懂名言的世间老人也能现量通达，依靠此比喻容易了达意义。因此，我与我所所摄的诸法需要通过比较精细的智力屡屡加以抉择，从而圆满领悟。这样总说一般情况之后再来看特殊情况，只有断除苦集才是解脱，可见，即使单单获得解脱，也需要现量证悟人无我。如果进一步通达了蕴的无常性与众多性，则我所执也会荡然无存，因而经中所说声闻、缘觉也证悟了法无自性的密意也在于此。关于这种特殊情况，在一切场合里都应该分析而了知。

子二、逆行喻义：

犹如不依镜，不现自面影，
不依于诸蕴，我执亦同彼。

犹如不依靠显现的对境明镜就无法显出自己面容的影像一样，不依于设施处的诸蕴我执不会产生也与之相同。如果认识到补特伽罗是依于蕴而假立的，蕴仅仅作为缘，那么便可通达甚深缘起，进而领会我与我执均无自性。我们必须要清楚，声闻、缘觉证悟无我也是一种缘起，就像有“长”之因，就有观待它的“短”之果一样，仅仅是在非理作意的驱使下，依于蕴而产生的迷乱缘起，实际不成立。由我执无明烦恼之因中产生行蕴之果，可见，如果我执已消除，那么就不会再执著蕴为我所，因为因果二者是随存随灭的关系。“补特伽罗仅是蕴而已”的主张会招致常无常的过失，因此轻易便可证悟无我。这是在下根者的论典中宣说的。

所谓的体性空就是法无我的意思，一切万法体性是空性，因为是缘起而现、遍

计的体性不存在之故。我也是体性的异名，体性也是我的别名，如同帝释与天王。这以上是在上根者的大乘论典中阐述的。

癸四、宣说证悟空性为解脱之因：

圣者阿难陀，证得如是义，
而获净法眼，复传诸比丘。

经中记载：圣者难陀现量证悟了前文所说的这样的无我之义，从而证得见道，获得了于诸法远离怀疑的法眼，之后亲自为诸位比丘数数宣讲，所有其他比丘由此也获得解脱。因此，解脱的主因即是证悟无我的妙慧。

壬二、遮破束缚解脱自性成立分四：

一、流转轮回之次第；二、断除轮回之次第；三、证悟空性之功德；四、宣说解脱之自性。

癸一、流转轮回之次第分二：

一、认识轮回之根本；二、依其流转之比喻。

子一、认识轮回之根本：

何时有蕴执，尔时有我执，
有我执有业，有业亦有生。

只要对蕴执为我与我所，也就是说在未以正理推翻俱生我执的耽著境——我与我所之前，始终会有我为自性的执著与蕴为整体的耽著，于此期间，依其而产生的我与我所执也就存在，因为将蕴执为我的坏聚见尚未剥减的缘故。如果有我执无明存在，那么由它所牵便会积累流转轮回的引业。有业就会再度投生三有。可见，轮回的根本就是萨迦耶见。所谓的萨迦耶见就是将蕴视为我与我所，因而才说务必从细微我执开始断除。依此说明需要证悟蕴也是无我，密意是说，了知无常如泡同样是指唯一的空性，这也是为了避免声闻诽谤空性，对此下文中也有说明。菩萨乘中，需要通过十六空性的方式来证悟蕴等一切万法无基离边的意义。所有大乘主要开显法无我，而声闻乘则是以“色法如泡……”稍微提及法无我的。一切声闻由于没有圆满修行法无我，因而对法无我未加安立，这是印度大疏中阐述的。所以说，声闻缘觉没有圆满证悟法无我。

子二、依其流转之比喻：

三道之轮回，无初中末转，
犹如旋火轮，彼此互为因。

如果不致力于从烦恼、业与生的染污性缘起三道中得以解脱之道，那么轮回不仅无有初始，而且边际、中间也将无有了结之时，就这样由烦恼造业，由业生苦，从中又会萌生它的同类与烦恼等，如此辗转往返生起。因此说，轮回就像旋火轮或者轮子一样彼此之间相互为因，具有我执无明之因并且积累由彼所生的善恶行业，由行生爱，由爱生取，取中结出果时的识……具有十二种缘起的这位补特伽罗将接连不断地流转。所以，应当认清轮回的根本并且努力奉行能灭尽这种根源的随解脱分善法。

癸二、断除轮回之次第：

于彼自他二，三时亦未得，
故能尽我执，业与生亦尔。
此见因果生，彼等泯灭已，
不思真实中，世间有无性。

此种缘起,自己、他者与自他二者以及在三时中自性不生,因而得不到或见不到生的有实法。由此可见,通达了依于蕴而假立的缘起无生后再加以修习,便能灭尽由坏聚见所产生的我执及其种子。随之,善法等业与蕴结生的生也就消失无余。如此见到轮回的因果产生与此等因果穷尽而通晓万法真如性的有情,根本不会认为真实性中世间此蕴自性存在以及名言中少许也不存在,这是因为他们了知缘起远离常断之边。如果领会了缘起的含义,那么就能遣除苗芽等有无之边执的过患。《慧海请问经》中云:"智者证诸缘起法,悉皆不依边执见,了知有因具缘法,无因无缘法非有。"

这般分析缘起法的六类中,前三类(自生、他生、共生)简单易懂,后三类中过去不生,犹如烧坏的种子;未来不生,犹如石女儿;现在也不生,因为如同刹那性无有空闲。既然三时均无自性,当然由其所生的真实事物就了不可得。

在这里应当稍加分析,印度诸大祖师的密意不可能不一致,因此《理集论》中说声闻缘觉也需要证悟法无自性,这是有必要的,是为了制止声闻部耽著自道为至高无上以及舍弃大乘的过患。并非是说声闻、缘觉有遍知的究竟解脱道。小乘承许四谛十六种分类当中的空性无我只是补特伽罗独立自主的实体不存在,应成派不单单承认粗大的无我,而且已明确地指出:将蕴假立的我本身法相不成立,这是细微无我,如果未通达此理,就不能断除无明我执,倘若未断除无明我执,就不能获得穷尽业惑蕴的解脱。密意是指如果没有通达色等也不成立常有、唯一、整体的自性,那么我所执就有存在的可能,而不是说必须像大乘所说那样证悟的意思。大乘的七种特法中,所缘大就是指《般若十万颂》等,由于声闻不能证悟这些,但是无我与单空从法界的侧面来讲一模一样,因此四谛十六相的安立并不是实际的真如,只是为了对资粮道中次第成熟相续、圣者后得断除其他增益引生定解才各自分开的,而真实解脱道即是如实证悟不染增益之戏论的无我或空性实相,比如,分别猫眼珠的种种颜色与无常等差异的分别念虽然次第生起,但一个无分别识现量见到一切对境行相并不矛盾。声闻部没有通达这一点,《六十正理论》中说:"法智之末尾,于此有差别……"如果承认见道之智慧无常、自相等有着各不相同的差别,那么尚未通达微小的缘起实相也无自性,更何况大部分的缘起实相呢?你们的观点有圣者也未见依我假立之缘起实相一味性的过失,因为四谛的一法性存在各自分开的部分。”就是为了遮破于圣谛一现观执为若干次第的戏论，也为了遣除将无我实相执为有实以及我自性有生复自性灭的见解。同样，《四百论》中所说的“一者向恶趣”，意思是说，恶劣士夫舍弃空性，或者对空性颠倒执著，另一种人将空性执为真实，只有证悟的殊胜士夫才能抵达寂灭涅槃的法界，如云：“胜者趣涅槃。”

如此一般情况讲述完毕之后再来看特殊情况，即是说胜劣两种补特伽罗的寂灭之道——法无我与人无我，这两者只是从反体的角度，才有见解的高低之别，而法界的本体并无不同的分类，比如，汪洋与瓶中的水除了多少的差别以外，仅在水的方面无有差别，并且作用也同样是解除干渴的逼恼。之所以说是一切圣者之母、一切圣者究竟遍知之一乘，也是由于所见的法性无有丝毫高低等之别，是“寂灭不二门”。对具德月称论师在《入中论》的本颂及自释中所说的一切内容也唯一要按照这种方式来掌握。龙树师徒显示种种方便来摄受诸声闻学人，因而说：“假设他们对大乘有胜解心，即便不能修成，也可避免诽谤，不致于失毁相续。”

另有些人说：“《四百论》中所说的‘以一法空性，即一切空性’……是指如果证悟了依于补特伽罗而假立本身不成立的空性，也就能证悟万法皆空的意义。

实际上，这是针对特殊补特伽罗而言的，而并不是其他补特伽罗，应成派凭借众多理证阐示了缘起性空的含义，诸位声闻学人却不能通达并且予以否定。不仅如此，而且经中说：“圣者马胜讲说一遍缘起的四句，舍利子便通达，舍利子对目犍连讲了两遍，他方领悟。”更何况说所有钝根的声闻行人了。假使对于一切人来说智慧都无有差别，那么安立根基的利钝、乘的高低、果的胜劣也就毫无意义可言，结果一切都成了应成派。

有些人声称：《根本慧论》中说：“佛能灭有无，于化迦旃延，经中之所说，离有亦离无。”因此，诸位声闻也是证悟了远离四边的无我才遣除常断的。

即便有迦旃延这样的教言，但是所有声闻并不一定都能证悟，假设他们一致承认这一教言并通达，那么为什么不承认一切大乘中所说这般不可估量的教义是佛说，因为他们是如来的弟子之故。可是，他们不但一口否认还妄加诽谤。即使他们承认这一点，也不一定是通过证悟而遣除常断的。如果他们证悟了离边，那么就不会有堕入寂灭边的现象了。印度的堪布烟拉番巴等许多大德以及自续派以下的论师在诸声闻面前承许，只需独立自主实有的补特伽罗为空性便可，而无需加上无实的鉴别，不必要证悟蕴无自性。他们的密意是指：如果不执著我，那么也不可能执著我所，由此便可断除我执、灭尽业惑，从而无有障碍、无有欺惑获得自利解脱。而且，实执和执著自性成立是所知障，所以声闻、缘觉无需断除。就像斩断舌头而不能执味一样，断掉我执，从而对身体受用任何事物都不会执为我所，如果单单在五蕴上宣说染污法与清净法，那么贪著色等而品味是染污法；认识其过患后出离即是清净法。了知色等为无常与痛苦从而解脱耽著世间与世间的受用，达到金子与粪便平等的境界……如前引用《根本慧论》中所说“内外我我所，尽灭无有故，诸受即为灭，受灭则身灭”的教证。所以，对补特伽罗加上无实的鉴别，证悟它的方便就是需要通达蕴无常等，这是应成派的特法。

有些人说：这只是讲说宗派的差别，而诸位圣者证悟无有差别。

驳：如此一来，佛陀与阿罗汉也无有差别了，因无有差别，果必然需要相同。一般来说，三类种姓界性与根基摄受的差别、上下乘的所诠等方面差异极其悬殊，因此，大乘唯识虽然也被称为有实宗，但此宗只是耽著二空的智慧而已，在胜解行位从数量与时间的方面提前修行，仍旧历经数劫兢兢业业地积累二资粮而断除粗分所知障有什么障碍呢？因为他们自宗也承许要转依的缘故。尽管对有些利根声闻来说不一定，但作为钝根平凡者以微不足道的智慧在短暂时间里修行无我，结果获得圣道及证悟万法无自性这一点也是不合理的。

如果对方说：这一点是承认的。

驳：那么，就像他们在胜解行位以总相的方式分析无我进而修行那样，对法无自性也同样分析而修行是合情合理的。虽然你们不承认这一点，但实际上成为圣者以后仍旧需要修行，因为证悟的智慧需要递进。如果在没有借助多种正理抉择的情况下就证悟了法无自性，那么人无我也需要变成这样。不仅如此，而且除了菩萨的悲心与回向等殊胜方便以外的法，声闻缘觉也不同程度地具有，他们为什么不像大乘圣者一样，圆满二资粮后成就遍知果位，因为能够成就的缘故。钝根菩萨虽说不能迅速通达一切深广法义，但是通过修心轻而易举便可证悟。《华严经》中云：“浅慧不能知，此等一切法，依清净慧眼，方入此之理。”此外，三乘需要获得见道以及成为一乘，因为见解无有差别的缘故。如此一来，应成派也堕入寂灭边了。

如果对方说：由于声闻不具备悲心与回向等，因而无有过失。

驳：当然，应成派不具悲心、堕入灭边这一点是见所未见、闻所未闻的事。

如果对方认为：即使证悟了法无自性但却没有修行。那么，人无我也同样不修行，或者，需要讲出理由不同。

如果对方说：这是由根基下劣所致。

驳：事实并非如此，因为他们比菩萨更为利根。如果说最初就是这样的种姓，那么，并不是从一开始就是宣说法无自性的法器，也不是能通达与修行的种姓。因此，如果像佛陀所指定的那样，互不混淆而安立三乘次第，则善妙无过。

假设认为：有声闻、缘觉圣者未证悟的法存在，那么以他的入定可现见吧？

因为他们不能衡量法无我而能衡量人无我。再者，声闻圣者不应该以业惑在欲界中受生，因为他们已经证悟空性的缘故。《宝性论》中云："圣者已根除，生病衰老苦，以业惑投生，无有故无彼。"如同焚烧种子一样，以智慧火烧尽烦恼，就不可能再生业果。这明显与《四百论》中所说的"如见种有终，然彼非有始，如是因不具，故生亦不起"与"见谛无引业，无爱取无有"相违。

如果对方说：不相违，尽管证悟了空性，但由于没有从数量、时间方面修行，并且没有以广大资粮摄持。

驳：如果证悟（了空性），还需要修行以理成立，这一点前面已论述过。只是说不曾积累无边资粮就不能证悟空性，而并没有提到证悟空性以后再依赖断除业惑、积累资粮。通过理自在（法称论师）所说的"依空见解脱，修余即为彼"也可以遮破对方的观点。

如此长篇大论之后，现在言归正传。

癸三、证悟空性之功德：

听闻尽诸苦，此法无妄执，

怯无畏处者，不知故恐惧。

如果通达以上道理，则听闻这能灭尽诸苦及苦因、具足功德利益的中观法缘起真如性以后对实相义无有妄执或错乱的诸位智者无所畏惧，因为对于非为所惧

之处的对治法本不该畏惧。对于甚深之义心怀怯懦的所有愚者由于全然不知实相义才导致惊恐万分。

癸四、宣说解脱之自性分四：

一、于无余涅槃之时永尽烦恼不应畏惧；二、灭尽边执称为解脱；三、正见与邪见之差别；四、宣说有余涅槃之时亦尽戏论。

子一、于无余涅槃之时永尽烦恼不应畏惧：

涅槃中无有，此等汝不惧，

于此说无有，汝何生畏惧？

如果对方说：这是恐惧之处，因为空性否定了我与我所的对境，由此而生畏惧，获得解脱时永不存在蕴，则无有所得与能得，因而惊慌不已。

驳：声闻部你们也必然承认，一切无余涅槃都不存在有漏的这一切蕴，那么对此，你们为什么不害怕呢？因为理由相同之故。如果对此不惧怕，那么此处说无余涅槃的阶段无有三种烦恼，完全符合事实，对此，你们为何畏惧？实在不应畏惧。因此说，千万不要害怕对治法的空性，否则就像不惧疾病而怕妙药一样。

子二、灭尽边执称为解脱分三：

一、无实自性成立解脱不合理；二、解脱是有实法不应理；三、真实之义。

丑一、无实自性成立解脱不合理：

设若如是许，解脱无我蕴，

于此破我蕴，汝等何不喜？

如果对方说：灭尽痛苦的解脱自性成立，因而我们不畏惧。

解脱既无人我，也不存在自性成立的蕴，假设自他都需要承许解脱是遮破我与无我等一切戏论之边，那么对于此处破析我与蕴自性不成立而决定是空性，你们声闻部为何不高兴，因为你们承认解脱之时不存在蕴。应成派认为，寂灭涅槃与胜义谛意义一致，《普明现前菩提经》中云："谁不知空性，彼不晓涅槃，故实无实灭，故而知空性。"

丑二、解脱是有实法不应理：

涅槃尚非无，岂是有实法？

如果对方说：灭尽蕴的解脱是有实法。

驳：涅槃的灭谛尚且不存在自性成立的无实法，又岂能是自性成立的有实法？绝对不是。《根本慧论》中云："若有不空法，则应有空法，实无不空法，何得有空法？"

丑三、真实之义：

尽实无实执，当知真涅槃。

所以，我们务必清楚，执著有实、无实自性成立的一切戏论如薪尽之火一般灭尽于法界中，这才是真正的涅槃。否则，如果将无实执为有实，就如所说的"若许有实法，猛烈贪嗔起"以及"若得任何处，依动惑毒蛇，所持谁之心，无住不被捉"。此外，如果承许涅槃为有实法，则成为有为法的教证在这位阿阇黎的论典中也有出现。在有些印度注释中，将这两句解释成非抉择灭。声闻部承许三种无为法常有、有实法实有的这种观点不应理，实际上，只不过是对无有触碍的色法而假立为虚空；仅是对一种有为法在外缘不齐全的情况下不产生这一点而命名为非抉择灭；依靠对治的智慧远离一切有漏法称为抉择灭，因为这些不存在成实的事物。

子三、正见与邪见之差别：

简言无见者，谓无业之果，
非福恶趣因，称之为邪见。

略摄有见者，说有业之果，
福德善趣因，称之为正见。

如果有人说：倘若涅槃也无有自性，难道不成了断见吗？

简而言之，认为三宝、四谛、业果的关联等在名言中也不存在，即是无见（即断见），声称善等业及业果不存在的诽谤是不善业，在因位时，称为非福德之业，在果位时，能令投生恶趣，故而称为恶趣因。为此经中说："此即是妄执甚至名言中也不存在之邪见。"

正见，略而言之，对于仅在名言中业果等存在的见解诚信不疑，称为有见，说业果存在的观点是善业，也是福德业，它的等流果为善趣等，能结出丰满的果实，经中称之为正见。如颂云："世间大正见，谁者已拥有，彼于千劫中，亦不往恶趣。"意思是说，如果具备这种正见，则成办善业。

子四、宣说有余涅槃之时亦尽戏论：

以智息有无，故越罪与福，
彼离善恶趣，佛说即解脱。

不单单是无余涅槃，即便是有余涅槃者，也通过了达不缘我与无我戏论的实相而息灭一切无见与有见，因而超越不善恶业与福德善业等，这样的补特伽罗依之而摆脱所有恶趣与善趣，圣者如来说这就是解脱。《四百论》中也说："执我不解脱，执无离善趣……"息灭因果有无的见解、中断流转善恶之行，安住于涅槃中。声缘阿罗汉不结生三有也是由于灭尽了我执所生的轮回因果的缘故。

壬三、宣说诸法远离常断之边分四：

一、广说；二、无有成断灭之过；三、宣说离边为佛陀之不共特法；四、遮破有实自性成立。

癸一、广说分四：

一、破因果自性成立；二、断除与共称相违；三、证悟无二之义而解脱；四、依据之比喻。

子一、破因果自性成立分二：

一、对方说因果离有无边；二、中观破其自性成立。

丑一、对方说因果离有无边：

由见具因生，是故超离无，
由见具因灭，故亦不许有。

对方说：以量可见产生痛苦具有我执之因（因）。超离了你们中观宗声称的“轮回因果在名言中也无”之见，因此不存在断边（立宗）。以量可见灭尽苦及苦因具有道谛之因（因），也不承认永恒存在，因此无有常边（立宗）。

丑二、中观破其自性成立：

前生及俱生，非因实无因，
假立与真实，生皆不许故。

无论因在果之前已经产生或者与果同时产生，还是在果之后产生，于胜义中都不是因，按次序来说，灭尽或无观待及所生能生均不合道理，由于成了果无因及因无果的缘故，实际上因自性根本不成立。而且，由于因果体性不成立，因而站在以胜义量观察的角度及真实以名言智慧观察，自性成立的生都全然不成，了不可得，因而无所承认。《圣宝源经》中云：“诸法空性无觉知，如同空中之鸟迹，一切体性毫非有，彼永不成他之因……”

如果有人说：倘若否定了因果自性成立，也就推翻了此缘起性，如此一来显然

与世间共称相违。

并不相违，这是从经不起理证观察的角度出发的，我们并不承许显现许在名言中只是相互观待而安立也不存在这一点，除此之外自体成立的法丝毫也不存在。

子二、断除与共称相违：

有此故有彼，如有长有短，
此生故彼生，如由灯有光。

世间中共称的比喻是这样的，由于无明之因存在，依其缘使此行得以产生，比如，如果观待处——“长”存在，观待它的“短”就有立足之地。由于此无明生起，结果就产生了此行，就像点燃油灯而放光一样。说明二者依缘起而假立、相依而产生的缘故，本体不成立。如果自体成立，那么观待就不应理了，比喻也是如此。圣天论师也（在《四百论》中）说：“宁在世间求，非求于胜义，以世间少有，于胜义都无。”也就是说，在名言中不加分析而按照世间建立或共称，如此一来，无有断灭的过失。《梵胜心请问经》中云：“清净如虚空，谁知此世间，即成依共称，世间之显现。”意思是说，本体虽然是空性，但显现不灭。

有长故有短，非从自体有，
如无灯现故，光亦不显现。

再进一步广说以上喻义：如果观待事“长”不存在，那么观待法“短”就无有依靠，自己的本体并不成立。同样，因果相互依存而假立也是如此。生也是一样，绝不是不依赖因而以自体存在，因为自性成立的生不存在之故。再如，油灯没有燃起或者不存在，那么它的光也就不会出现。同样，因果也不成立常有，因为所有的因就是为了生果，果一旦产生，因即灭亡。

子三、证悟无二之义而解脱：

由见因生果，依于此世间，

许由戏论生，不许成无者。
灭非戏论生，即成真如性，
不成有许故，离二而解脱，

我们中观宗的观点，绝不承许因果不存在，也就不是无之见解，因为《方广庄严经》中云："若有种芽生，芽非种子性，亦非非他故，非常断法性。"如是以名言之识现见由因生果，如同种子生芽一般。按照此世间的观点而承认因果是由分别念的戏论所生，因为并不否定在妄念戏论的驱使下显现，以及依靠名言之识所认定而有果这一点。"名言不承许，我等不可说"说明我们也不承许绝对不存在。不承许有，也不会变成以自性成立方式存在的有见，因为在胜义中否定因果并不是分别念戏论所生。如果承认在自体真实成立的真如性中自主存在，为什么不成为有见者呢？即便作为有见者，也不承认这样的道理。以此理由，通达不依于二边离边之真如的人将解脱一切束缚。《梵天请问经》中云："知法自性已，亦不坏世间，诸蕴无自性，此即世法性。"因果轮回的一切法皆由分别念所生，经中说："有情世界器世界，种种心性所散射，众生无余由业生，除心之外业非有。"《中论》云："业烦恼灭故，名之为解脱，业烦恼非实，入空戏论灭。"

子四、依据之比喻分三：

一、证与未证万法真如之比喻；二、破蕴自性成立；三、若未断有无之见则不解脱。

丑一、证与未证万法真如之比喻：

远处所见色，近见更明了，
阳焰若是水，近处何不见？
如是诸远者，见此世间真，
近者则不见，无相如阳焰。

以比喻说明刚刚所述的这些道理，从远处所见的色法，靠近者则见得更为明显，阳焰本不是水，假设它是水，那么与它接近的人们为何不见呢？应当见到，因为它是水的缘故。如是距离证悟真如甚远的所有异生见到此世间轮回真实成立，（倘若果真如此，那么）与见近距离的色法相同，趋近真如的诸位圣者更需要见到世间的有实法自性成立。可事实上他们没有见到，是因为圣者入定中蓝黄形形色色之相丝毫也不显现的缘故，犹如到达近处就能知晓阳焰水的形象实为空性。

丑二、破蕴自性成立：

阳焰现似水，非水非真实，
如是蕴似我，非我非真实，

迷乱的事物阳焰本不是水，迷乱显现似乎为水，其实并不是水，如果在真如实义中观察，那可以说根本不存在水或者不是水。对于本不存在水而误认为水的迷乱能够予以遣除，同样，对迷惑的根本——蕴，如水那般误认为我，但实际上并不成立我，如果真正观察，则自性并不成立，体性为空性。虽然我不存在，但误以为存在这一点能够予以推翻，因而遣除所谓"'无有'不可遣除"的说法，能推翻实执而宣说了阳焰的比喻。

丑三、若未断有无之见则不解脱：

阳焰思谓水，是故往彼处，
设执谓水无，此即愚痴者。
如是似阳焰，世间说有无，
此执乃愚昧，有痴不解脱。

对于阳焰，有些人思维说"这就是水"而奔赴近前，如果执著说水原先存在，现今杳无踪影，对于根本不存在的东西执为"有"或"无"，实在是极其愚痴之举，因为水原本就不存在。同样，在现而无自性的名言中恰似阳焰水般的世间轮回近取蕴从一开始就不曾有自性，因而说它"自性存在"或者声称"先前自性存在后来消失"，执为有无、常断，也同样愚昧至极，颠倒荒谬。如果对真如义执迷不悟，则无法

从轮回中得解脱，因为没有断除轮回之因的缘故。

癸二、无有成断灭之过分三：

一、得解脱需证无二；二、破证悟离边说为有无之见；三、通达离戏者无有过失。

子一、得解脱需证无二：

无见堕恶趣，有见趋善趣，
如实知真义，不依二解脱。

抹杀因果的断见者，以此过失所感而趋向恶趣，因为否定了善趣之因。具有所缘之毒而诚信业果的有见者依此而趋至善趣。然而，仅仅依靠此种有见尽管不能下堕恶趣，但也只是步入轮回而已。如实现量彻知实相真义而不依于有无两种边见的诸位圣者才得解脱，因为依靠无分别智对究竟义不愚昧。

子二、破证悟离边说为有无之见：

如实知真义，不许为有无，
是故若成无，何故不成有？
若言破有故，实则此属无，
如是由破无，为何不属有？

如果有人说：如实彻知实相真义的中观宗，既不承认因果在名言中存在，也不承认自性存在，这难道不是成了断见者吗？

驳：那么，为什么不成为有见者呢？因为也同样不承认因果不存在之故。

假设他宗承许说：由于破除了自性存在，实际上中观宗归属断见者中了。

驳：那么，同样由于中观宗也破除了说因果不存在的观点，为什么不归属为有见者呢？理当说归属。这是以同等理而遮破的。

子三、通达离戏者无有过失：

不许全无性，不行心亦无，
菩提所依故，岂说彼等无。

如果对方说:通达离边的中观宗实际上并不承认在名言中也全然无有业果的无自性,口中也不吐露这样的言谈,因而并不认可,但却身体力行了。

驳:制止身体的一切恶行而持梵净行的缘故,身体也并没有与断见者相应而行。

假设对方说:那只是由于担忧失去名闻利养而不行持,但心中始终怀有不存在业果的想法。

驳:如果认为业果不存在的心也无有,那么这样的分别念怎么会有自性成立呢？根本不会有。

我们为了获得无上菩提智慧而依于菩提道的广大行为,因而必须无倒取舍业果,又怎么能说这些业果在名言中也不存在呢？绝不应口出此言。颠倒误解不共之此义的人们才会这么说。承认实有与否定名言的中观宗绝不存在。你们虽然暂时没有趋入此无上乘,但是归根结底只有一乘是以教证成立的,这一点毋庸置疑。作为获得暂时自利的解脱者也务必要承认“不依二边才得解脱”。

对于中观宗这般宣说万法于胜义中为空性,有些声闻部认为“这是无有业果的见解”。以上内容正是为了否定他们的这种想法而作的阐述。

癸三、宣说离边为佛陀之不共特法:

于称人与蕴，世间数论派，
鸱枭裸体派，问说离有无。
是故诸佛说，无死甘露教，
甚深离有无，当知乃特法。

其实，除了中观宗以外，其他宗派并不具有这一不共法，有些内道与多数外道声称补特伽罗实体存在、蕴成实存在。而没有证悟甚深离戏法义的世间外道、随学声称所知二十五谛的淡黄仙人的数论派；认定大自在化身为鸱枭的弟众承许的鸱枭派、吠陀派与胜论派说一切所知归纳在六句义中；裸体派承许所取能取空性之识恒常、实有。倘若以上所有宗派中存在万法自性超离有、远离自性不成立之无实、离戏缘起之义的说法，那么就要追根问底，结果他们丝毫也说不出符合实际的观点。心里始终持着一个“有”，词句上表面似乎说是超离有无，以及紧持“无”而声称现似存在，都通通属在这类观点中。因此，欲求解脱的人们务必要认识到，远离承认有为法自相成立、无为法恒常实有等一切所缘。这就是此法甚深的原因所在。为此，诸佛亲口教诫道：“能赐予无死甘露果位究竟安乐之道超离一切有无所缘、深不可测，远离一切戏论之网。当知为不共之特法。”

癸四、遮破有实自性成立分四：

一、宣说轮涅来去自性成立等性；二、破有为法三相成实；三、顺便破他宗观点；四、破刹那成立。

子一、宣说轮涅来去自性成立等性：

灭无去无来，刹那亦不住，
超越三世体，世间实存耶？
二者真实中，无有去来住，
故世间涅槃，实有何差异？

所谓的世间，如果有少许自性存在，那么需要住于三时之中，因而灭时不去某处，生时也不从某处而来，并且出生之后同样是刹那也不住留，由此可见，完全是超离安住三时的本性。世间蕴界的一切有实法如此这般显现，事实上，有什么自性成立的呢？没有。关于“耶”字，印度注释中解释为“仅在名言中存在”。理由何在呢？世间与涅槃二者在真实义中，无去无来无住，是自性不生的等性。正是由于这种原因，世间与涅槃二者实际上根本不存在自性空不空的任何差异。关于详细内容，当从《中论·观去来品》以及所说的"涅槃与世间，无有少分别；世间与涅槃，亦无少分别……"来了知。《三摩地王经》中云："蕴无自性为空性，菩提无性为空性，所行亦即自性空，智者了知愚者非。"

子二、破有为法三相成实：

无有安住故，生灭真实非，
生住以及灭，焉能真实有？

假设此有实法存在住，那么生灭这二者也有可能，但由于本来未生，自性安住不存在的缘故，是无生，因为无生，所以灭在真实性中不成立，因此也就不存在先后顺序。如此一来，所谓对世间本不存在而假立为存在的"初生、中住、末灭"这些又岂能成实？根本没有成实，只在名言中以相续运用而已。

子三、顺便破他宗观点分二：

一、破胜论派所许微尘常有；二、破遍入天派所许神我常有。

丑一、破胜论派所许微尘常有：

设若恒常变，岂非刹那法？
设若无迁变，焉能转为他？
一方或一切，穷尽成刹那？
未得不同故，彼二俱非理。

胜论派声称：承认一切有实法能生灭会导致上述的过失，然而我们承认微尘恒常，因而无有过失。

驳：请问你们，一切有实法，到底有没有阶段性变异而得他法的情况？按照第一种情况，由于暂时恒常变异的缘故，如何是非刹那性的常法，应成不是非刹那性的常法，理由如前所说。非刹那性的有实法不存在，如同心、声音及火焰一般。假

设按第二种情况，承许无有阶段的变异，如此一来，就成了自性成立，现量见到的青年及由他变成老朽等形象岂能有截然不同，不应该有不同，因为你们承认阶段恒常稳固之故，犹如虚空。

如果对方害怕有这一过失，于是说：有实法自性刹那存在。

如同承认恒常的微尘在有些阶段为无常一样，请问你们承许一方或一部分灭尽而变化，还是一切部分完全穷尽而变成刹那性呢？不管怎样，都需要见到一切有实法后一半等变化而前一半一如既往的不同现象，由于以智慧得不到有如此不同的现象，因而以上两种情况都不合道理。恒常而无增长，所以即便由诸多微尘造成须弥山，也如先前的微尘一样，以根不可得。

丑二、破遍入天派所许神我常有：

刹那无整故，岂能有陈物？
常故非刹那，怎成陈旧物？

遍入天派声称：我们的遍入天是无始无终、恒常古老的神我，因而不存在上述观察自性与阶段的那些过失。

这种说法不合理，原因是，如果遍入天是有实法，则需要是刹那性，如果是刹那性，则处在自己形成的第二时刻中一个整体就不存在了。先前存在的有实法本身在后时住留的陈旧物怎么可能存在？根本不会存在。假设因为是恒常、稳固的有实法的缘故，不是刹那性，但先前存在的有实法与后来也存在的所谓陈旧物直接相违，怎么会有这样的事物呢？绝不会有，因为陈旧物决定变异。

子四、破刹那成立分四：

一、刹那决定有分；二、破有分自性成立；三、以离一多因破有实法自性成立；四、佛不说世间有边之原因。

丑一、刹那决定有分：

刹那有后际，如是观初中，

三刹那体故，世刹那非住。

有些人说:刹那性生而不灭停留在第二时刻绝不会存在,因此是无常的,而一刹那是自性安住的。

就像需要承认刹那成为自己之部分的后际存在一样,需要观察而承认初中也同样存在,因为无分的事物不可能存在。如此可见,由于是成为自己部分的三刹那之体性,因而器情世界一刹那也不是自性安住的。

丑二、破有分自性成立:

初中后三际，若如刹那析，
初中后三者，亦非自他成。

如果对方说:初中后三际各自分开自性安住。

驳:这种说法不合理,因为对初中后三者,如果也像观察一刹那性一样来分析有分无分,则各个都具有初中后三个部分。所分之刹那的初中后如果也是有实法,那么就离不开产生,如果少许产生,则不是由自他何者中自性安住而生。以上内容是破斥遍入天派有实法无分的观点而对自性成立加以否定。不仅如此,而且如果它们三者各自分开存在,则成为多种本体,由此就已经不是一刹那安住了,所以这种观点也不合理。

丑三、以离一多因破有实法自性成立:

异方故非一，无方丝毫无，
一无多亦无，有无无亦无。

诸如瓶子之类的色法也具有不同的方位、瓶口、颜色等许多部分,因而一体并不真实,此理由是成立的,因为不可分割为不同方向的色法丝毫也不存在。如此无情色法一个微尘也有地等八尘,像不相应的一个生也有生生等八个部分,诸如眼识一个识也是观待十大地法等诸多部分而安立的,除此之外根本不存在一体成立及

本体成立。

如果说：多体是实有的。

驳：并非如此，因为能组成多体的“实一”不存在之故，一不存在，也就无有多，无有多，也就不存在一。以色法为例，一切所知如果以离一多因寻觅，则根本得不到真实的一与多。

如果说：色法实空自性是存在的。

驳：色法自性不存在，色法无自性实空也就无有成实性可言，因为这两者是观待而安立的缘故，原本无有而执著为有的见解完全颠倒。《三摩地王经》云：“无边一切皆非生，当知有实与无实，一切凡愚随心转，百俱胝世受痛苦。”

若坏或对治，有亦可变无，
有者非有故，坏治何改变？
是故依涅槃，不成灭世间。

如果问，由于一切法自性超离有无二者的体性，一切有实法是自然灭亡还是像瓶子以锤而摧毁等一样，是以对治而使自性存在变成不存在的？

对此加以观察，从一开始有实法自性就存在，这在名言中也是不可能的，因此认为自性存在的有实法又怎么会自然坏灭或以对治摧毁而变成不存在呢？绝不会变成。《中论》云：“若法实有性，后则不应无，性有异相，是事终不然。”正因为这样，依靠获得涅槃不会使原本自性存在的世间轮回重新灭尽，因为本来自性不曾存在，所以是为无增无减的法性。

丑四、佛不说世间有边之原因：

世间有边耶？问时佛默然，
如是诸深法，非器前不说，
故诸智者晓，佛陀为遍知。

当宣说轮涅二者自性不成立时，他宗将六十二种恶见归为十四边，而向佛陀

提问：我与世间有边吗？当他们这样发问时，佛陀默默不语而住。为什么呢？因为一切法自性无生，不能授记差别事人无我的差别法具不具有边等，由于照见他们不能堪为宣说无我等法门的法器，于是才没有授记，原因是：以蕴的迷乱作为根本，经久串习所生而自以为是地将它称为我，它成为爱的本体而由爱的力量推动的"众生"，如果没有长期修习耽著此的对治法，那么很难以打破这种耽著。正由于此极其深奥之法暂时在非法器众生前没有宣说，也正是因为这一点，诸位聪明的智者就能知晓由于现量照见所有应说与不应说的缘故大能仁佛陀为遍知。佛陀并不是不了知，因为佛陀已为他众详细宣说了万法的真如。如颂云："诸法恒常体性空，所有佛子灭实法，一切世间皆空性，单空外道所假立……"

辛三、广说决定胜之摄义分三：

一、甚深法乃佛所说；二、于此畏惧之过患；三、教诫国王亦应通达深义。

壬一、甚深法乃佛所说：

如是定胜法，深无执无住，

此乃见一切，圆满佛所说。

这样的决定胜法，难以通达、深不可测、对任何边全然无有执著，无有自性成立之安住或所依，如果通达了如是道理并进一步修习，则可获得三乘之果，此道是照见一切的圆满正等觉在《三摩地王经》等中宣说的。声闻、缘觉的见解也归属在其中。《三摩地王经》中云："若知无边一切法，彼等人众恒安乐，于法非法无分别，一切以心戏论分……"

壬二、于此畏惧之过患：

惧此无住法，众生欣乐住，

未越有与无，凡愚徒遭损。
怖畏非畏处，自损亦殃他。

对于以相执如何耽著也无住之此法心怀畏惧的众生，由于无始以来耽著我的力量所致，欣乐贪执无而现为有的自性成立之安住，执著本来实有以及前有后无，以致于未能越过常断之见，沉湎其中，对缘起离边之义全然不知的愚者们必将以颠倒执著而遭受祸殃，就像抓住黑蛇身体的中央一般。再者，惧怕本不该惧怕之处甚深义的这些愚夫，如果阐明是自性空性实相之义，则认为是遮破现相的断见而妄加诽谤，倘若开示万法的本性中不成立善恶，结果有些人就认为只要修行真如就可以，而弃业果于不顾。并且，对他众也如是宣扬，而将所有愚昧之辈领入邪道，结果不能获得任何善趣与解脱，因此，既是自我损毁也殃及他人。静命论师的《中观庄严论自释》中说："捕杀鸟类等，只是杀害了对自他利益微不足道的有限生命，而舍弃空性，则已经损害了遣除一切众生无明黑暗之灯的法身因，因此，诸智者对此当小心谨慎。"

壬三、教诫国王亦应通达深义分三：

一、教诫若证深义则无损恼；二、认清深义；三、宣说二无我。

癸一、教诫若证深义则无损恼：

国王尽己能，避殃如此行。
为王汝不恼，如实依教说，
出世间法理，不依二真性。

作者教诫道："国王啊，尽己所能避免颠倒受持空性的这些祸殃之因殃及自他的方便即是这样的，如果了达空性缘起之义，就会明白现空无违。如果不了达，现空之间就成了相互排斥。如若是缘起，则务必要承认自身成立为空性。因为自

性成立与缘起相违，所以依因而生果等名言的安立丝毫也不合乎道理，认识到这一点后，通达二谛仅是以名称而安立，应当如此而行。”因此，为了国王你不遭祸殃，而今依照如实的理证和可信的教证为你宣说：出世间甚深法理，即是了义经中所说的不依于二边的真谛。《慧海请问经》中云：“智者通达缘起法，于诸边见皆不依，了知具因有缘法，无因无缘法非有。”这一教证前文中也引用过。

癸二、认清深义：

超越罪与福，具有深解义，
怖畏无住处，自他未品味。

成为轮回之因的罪恶与福德法实际不成立，因而超越了罪与福、甚深经典中全面解释阐明的大义，外道他宗与自宗内道的声闻决定钝根种姓、畏惧不该怖畏之处的学人们不能如理了知、未能品味到的深义，应当为你讲解。

癸三、宣说二无我分二：

一、讲解人无我；二、讲解法无我。

子一、讲解人无我分二：

一、六界不能堪当人我；二、以五相观察破人我自性成立。

丑一、六界不能堪当人我：

士夫非地水，非火风虚空，
非识非一切，此外士为何？
士六界聚故，非为真实有，
如是一一界，聚故真性非。

世间或轮回即大种及大种所造的色蕴，心与心所聚合本体的受蕴等，将这些耽著为男人女人。然而，如果对此分析，则无真实性可言。也就是说，仅仅依于六界聚集而假立以外，六界聚集体、每一界及其不同本体的任何法都不能充当士夫。士夫本身不是肉——地界，也不是血——水界，又不是暖——火界，同样不是气——风界与虚空孔隙，不是明知之识，这就说明六界中每一界都不是补特伽罗，否则一个人我会成为多种的缘故。“非一切”六界聚合体不是人我，因为除了每一界以外不成立聚合。在每一界与聚集二者以外，士夫到底是什么呢？与一切界无有他体之法，因为安立的因不存在，不可得。在此，关于所谓的人我是对蕴相续假立的释词，《教王经》中云：“人为何是五蕴续，因即业惑充满已，有漏果蕴彼之我。”因此，所谓的士夫，就是依赖六界聚集而假立的缘故，如果寻觅假立之义，则不成真实。如同观察人我一样，每一界都是依赖微尘多分聚合而假立的缘故，它及它的本体在真实性中不成立。这里所谓的士夫是由业和烦恼牵引而能投生到他世，与命根相联而生存，所以由命或养、意为主导而生，结果“我”的名称有力生或意生等不同的十二种，只要以七相车理否定了一，一切别类也就不攻自破。

丑二、以五相观察破人我自性成立：

蕴非我无彼，蕴我非互依，
非如火薪融，是故何有我？

如果说我派声称：尽管假立之因一切界不存在，但我是存在的。

这种说法不合理，如果像上面那样经过一番寻觅，我蕴不存在五种相。（一）蕴与人我不是一体，因为会招致我是无常、众多、忆念生世不合情理等过失。（二）我也不是像盘中有枣一样依于蕴，蕴也不是这样依赖我，因为这两者以可现不可得因能予以遮破。（三）也并不是蕴不存在而我随意可得，因为如此一来，二者就成了毫不相干的他体，由此具有我不存在而有生灭之蕴法相可得的过失，如云：“设若蕴外法，成无法体相。”（四）我蕴二者也不是像水乳交融般浑然一体，因为所谓的所近取和能近取不成各自分开。（五）或者说，我与蕴二者也不是如同火薪一样混在一起而不分彼此，一切有实法决定有自他的缘故，这种情况也不符实际。

如果有人问:那么,以业力所牵而前往善趣、恶趣难道也不存在了吗?

这仅仅是无明的迷现虚幻缘起罢了,因为在真实性中,去者我的实法了不可得。寻而不得就不可能侦察到所谓的“有”,如同在芭蕉树中找寻实质一样。由于这种原因,我又怎么存在自性成立呢?根本不存在,因为经过这般分析而得不到。《优波离请问经》中云:“众生狱怖我已说,成千有情不厌离,然而死后堕恶趣,彼等众生永非有。”如是补特伽罗依于蕴而命名,如同零件聚合而取名为车一样,本体成立的所谓此法丝毫也无所寻得。《六十正理论》中云:“世间无明缘,因诸佛陀说,是故此世间,分别何非理?”世间此近取蕴由具烦恼的无明所引起而积业,从中形成痛苦。由无明分别而对蕴假立为人我,对色等也如此假立进而耽著的一切迷现,依靠离一多因等来抉择后通达仅是影像而无自性时,我与蕴所摄的诸法,所承许的有实法一丝一毫也不存在。比如,将蕴假立为人我如同将绳子假立为蛇一样不成立,蕴也如绳子一般,如果对聚合假立的每一个部分加以剖析,则任何部分也不成立,结果只剩下缘起虚幻的显相而已。如果通达了这样的道理,那么不可能不对以无明为缘的一切众生萌生悲心与菩提心。所以说,这就是遍知大菩提不可或缺之因。这一点在下面讲法无我时也会了知。

子二、讲解法无我分二:

一、破色蕴自性成立;二、类推其余诸蕴。

丑一、破色蕴自性成立分四:

一、破大种自性成立;二、破大种所造自性成立;三、类推他法;四、破虚空成实:

寅一、破大种自性成立分四:

一、一多不成立;二、是故大种不成立;三、积聚不成立;四、破能立。

卯一、一多不成立:

三大非为地,非为互依离,

一一亦如是，故大如我妄。

由于明示了“如同我与生命不存在一样，地等也与之相同”的缘故，三大种与地大不是一体，否则有地大具全其余三大种之法相的过失，并且法相就成了紊乱。三大种并不依赖此地大，地大也不依于其余三大种，否则有法相紊乱与异类并存等过失。由于一切不存在成实，因此不成立有所依能依的关系。并且，所谓“水等依于风轮”的说法不能充当此处的依据。其余三大种不存在而地大也不会存在，因为它们是观待安立的缘故。如果对水等每一大种也同样予以观察，则不成立，所谓的大种不成立整体，而是对设施处微尘聚集而假立的。如果对一切大种加以分析，则正如我自性根本不成立一样，实际上均是虚妄的，就像能蒙蔽孩童的彩虹一般。

卯二、是故大种不成立：

地水火及风，各皆无体性，
三无一亦无，一无三亦无。

因此说，地水火风一切各个都无有可成立的体性，为什么呢？因为三者不存在，每一个也就无有，无有一也就不存在三，因为无有组成之基础的缘故。

卯三、积聚不成立分三：

一、真实宣说；二、若分别存在则成无观待；三、遣除答辩之诤。

辰一、真实宣说：

若无三无一，无一亦无三，
则各自非有，如何聚而生？

假设无有三而不存在一个，诸如一个火大不存在，也就无有其余三大种，因此，一切大种各自本体并非自性存在，理由如前。如此一来，又怎么能以一切混合或积聚而成为自性生呢？绝不会。有实法各自分开不成立，也就不可能存在积聚

的问题。

辰二、若分别存在则成无观待：

如若各自有，无薪何无火，
动碍及摄收，水风地亦尔。

如果对方说：由于分开的各自本体存在，所以聚集成立。

驳：如果四大种互不观待而各自本体单独存在，那么没有薪柴为什么火也不存在呢？应成有火的过失。再者，动摇、坚硬或阻碍、粘合或摄收这些法相即便不存在，它们的名相水、风、地这些大种也应成了每一个都单独存在。由于在互不观待的情况下各自本体存在的缘故，就像对火的观察一样。

辰三、遣除答辩之诤：

唯火乃共称，余三何自有，
三大亦不应，与缘生相违。

假设对方说：唯有火在无有薪柴的情况下不生，这是众所共称的，因此是观待的，而其余三大种在无有观待的情况下自体存在。

如同火一样，其余三大种也需要依缘而生，既然此火大不观待其余三大种而无有本性，那么你们的其余三大种也应成在无观待的情况下自体不存在。其余三者也不应当与依因存在而产生相违，因为观待他法之故。另外的原因，由识为缘而形成所谓的名色，而果色四大种也是依赖因色四大种而生。如果火本体单独存在，则由于唯有其余三者一同产生，势必导致与缘起相违，这是讲解所谓的“不应”。

卯四、破能立：

分别自体有，如何相互存，
分别自体无，如何相互有？

假设对方说：虽然一切大种相互观待，但还是以自之本体存在的。

答复：由于一切大种分别自体成立而存在的缘故，这些大种如何相互观待才得以存在呢？存在显然不合理。如果以各自本体存在，就无需观待而同时存在，如同牛角一般。假设所有大种不是以各自分开的自体存在，那么它们如何相互观待而存在呢？不应该存在，因为所观待与能观待不成立，如同兔角。

若谓自体有，一有余皆有，
不杂非共存，杂无各自体。
诸大各不存，岂有各自相？
自无分亦无，法相谓世俗。

假使对方说：不是以各自分开的自体存在，而从某一事物来说，诸如存在一个地大，则其余三者也都以自体存在，因为具有它的法相。

驳：那么，请问四大种是自性混合在一起而存在还是不相混杂而存在？不相混杂不应理，因为不相混杂的一切法住于同一个对境中相违，所以根本不存在。而自性混合在一起存在也不合理，因为混杂在一起，就说明不是以各自分开的自体存在，如同水乳交融一样。既然分别开来的自体不存在，而作为事相的所有大种各自的法相又怎么可能自性成立呢？绝不存在。

如果对方说：虽然相互混杂，但也有大小之别，因为法相大小可以得到的缘故。

驳：由于在不观待的情况下各自分开的自体不存在，因此聚合之时法相部分大小也就无有立足之地，声称“大部分即是其本身而其余法存在”仅是立宗而已。

如果对方说：《俱舍论》中明明已宣说了各自的法相。

驳：如是宣说的那些法相，是考虑到在世俗名言中存在，唯名称唯表示法，才宣说的，而并不承认成实。此外，《三摩地王经》中也说：“世间虚空之法相，虚空本亦无法相，是故证悟其义者，世间之法不沾染……”其中宣说了许多无相的道理。通达了此理者也不会被世间所害。彼经云：“数百劫中虽尽燃，然如虚空永不焦，若知诸法如虚空，彼存火中永不焚。”应当以火为例而了知也不被其余大种所毁

灭，如同释迦佛与莲花生大士（由证悟如虚空般的诸法而远离四大损害）一样。

寅二、破大种所造自性成立：

色香及味触，彼等同此理。

承许八尘混合的大种所造色、香、味、触任何色法，它们自性也同样不成立。因为此等也同样可以凭借破大种自性成立的正理方式来类推。（只要将颂词更改成）"三色非为触，非为互依离，一一亦如是，故色如我妄……"便能遮破。这些也仅是对大种微尘聚积而假立的，实际上本体分开或聚合等均不成立实有。

寅三、类推他法分二：

一、真实宣说；二、自性空之依据。

卯一、真实宣说：

眼识与色法，无明业及生，
能作业所作，数具因果时，
当知长短等，名有名亦尔。

通过宣说如是大种与大种所造体性均不成立的正理来说明色法与非色法的万事万物也同此理。

为什么呢？原因是，以所依眼根为例包括耳等在内、对境色为例包括声等在内的一切均是大种微尘分积聚的体性，能依眼识为例包括耳识等在内一切识也是心与心所、所依能依等聚合的体性，因此分开或积聚、自法、他法、无观待、自性观待等均不成立。同样，无明虽然是识的从属心所，但由于它相应于根本烦恼及其余随眠烦恼，从中产生轮回，因此它是主要的。也就是说，由于是非理作意的颠倒分别所生的缘故，具体分析如前一样。所谓的行业也并不是蕴以外的他法，依赖无明等前面的因而产生后面的蕴，即是所作业。具有无明、业、爱、取、有之因的蕴即是生，具有自主的能作是作者，即五蕴的体性。它的业与所作是一切悦意及不悦意

（苦乐）。所作、能作与作业三者也是蕴积聚的本体。这些也如前一样进行观察，详细道理当从《中论》中得知。

"一"等数目也不是所数以外的他法，实体与他体结合即相遇或具有也同样不是蕴外的他法，称为聚合，能生的因、外在的种子与由它所生的果、未来与过去等三时，这些也都不是除蕴以外的其他法。《俱舍论》云："彼等亦称时言依，以及出离与有基。如是有漏法亦称，近取之蕴及有诤，痛苦及集与世间，见处以及三有也。"还要了知，形色所包含的长、短、更长，"等"所包括的四方形、圆形，假法、实法与能起作用等的名称及设施处有名一切都是集聚的本体，因而用观察我与大种的这种方式来分析，则如前一样，实际是虚妄不实如水泡与芭蕉树一般。也就是说，对无而显现的法凭借什么来了知即是它的所知。所谓的"了知什么"就是它的作业。了知者即是作者，如此所作、能作与作业三者的名言不可否定。色等不存在成实即指明法无我，了知者无有成实即是说明人无我，这是依据具德月称论师的言教。

卯二、自性空之依据分四：

一、略说诸法无自性之义；二、广说；三、运用能立（因）；四、无有成断见之过。

辰一、略说诸法无自性之义：

地水火及风，长短粗细性，
善等智前灭，此乃能仁说。

粗法容易抉择，因而按照顺序，地水火风、长短粗细以及善法，还有"等"字所包括的不善与无记法，这些自性均不成立，如果它们有自性，那么在圣者的入定前需要存在，颂词中的"智"字表示无分别智慧，在此智慧的境界中即灭尽，这是大能仁在诸大乘经中亲口宣说的。如云："各别自证无量之行境，无可言表尽断诸名言，远离争论乃为胜义法，彼即超越寻思之对境。"

辰二、广说：

识无所表明，无边遍主前，

地水火及风，安住不可见。

于此长与短，粗细善不善，

于此名与色，无余皆泯灭。

“识”即无分别智慧，是由各别自证所觉知的，而不存在所表明的其他所谓此法，驾驭无边所知之实相的遍主堪为“能知之最”的智慧境界中，地水火风的法相自性安住或成立丝毫也不见，因为这些在究竟的智慧前不成立之故。而在未加分析者面前，凡夫的分别念前显现如魔术般不灭而存在，可是在圣者的入定阶段，名言假立的长短、粗细、善不善等一切均灭尽无遗。不仅如此，而且此时名色等也无余灭尽消失，由此可见，自性空性成立，如果自性成立，那么需要成为实相，因为在堪为正量的圣者智慧实相前需要存在之故。关于这些结合遍知位的内容在印度注释中有阐述。我认为颂词中的“遍主”与《入中论》中以睡眠的比喻说明灭尽愚痴睡眠的佛陀前不显现有实法自相是一致的。

辰三、运用能立：

不知故未见，智前本有者，

知彼故识前，后成如是灭。

许智火之薪，器情一切法，

具辨真如焰，焚烧而寂灭。

如果有人问：是由无分别智毁灭一切有为法而为灭的，还是自体原本即是寂灭真如？

本来自性无生之义原本具足，然而如同眼翳者前的毛发一般由无明遮蔽而全然不知的缘故，致使异生未能了知或未能现见，而圣者之识前显现本来存在的缘起性空，完全现量重新了知的缘故，在识前现量照见实相的智慧之后，一切增益之有法的戏论才如是灭尽。而并不是照见先前自性存在后来无有，否则圣者的智慧成了灭法之因而不是照见实相。经中说：“不空少许若有则如来，毫未授记未说无迁变，各自之前永恒而安住，能增全然退失皆无有。”承许如火般的修所生智之薪柴，

即是器情所摄的所知法与能知这一切，被无倒辨别此等的实相真如，具足证悟的智慧光明相达到顶峰的熊熊火焰无余焚尽而达到寂灭，如同水融入水般二取之戏论隐没于法界，因为此宗承认圣者的根本慧定是无现。

辰四、无有成断见之过：

不知先假立，后即决定彼，
尔时不得实，岂能成无实？

如果对方说：由于你们唯一承认不存在，因而成了断见者。

驳：并不会成为如此，原因是：由具有染污性的愚昧不知所致，原先无有而假立为有，后来抉择自性空的真如而加以确定，通达有实法自己的无改实相。而将有损减成无的过失丝毫也不存在。

如果对方又说：那么，你们由于遮破了有实法成实而建立实空，因而属于有见。

驳：我们只不过是破斥由愚痴而进行的增益，事实上，有实法本来即无实，因而并不存在以破立遮破、建立的问题。

假设对方说：如果破法、无实在胜义也不存在，那难道不是又成了有实法存在吗？

这种不可能出现的观点是谁说的，我们务必要了知有、无是观待成立的，何时，所依有实法本体少许也得不到，尔时依于它的无实法又岂能变为成实存在？绝不可能。所谓的成实法与在名言中也不存在的石女儿相同，而无实法如同石女的儿子根本不存在死亡的情况一样。《智光庄严经》中云："文殊，所谓空性即破耽著不空之异名；文殊，于此所谓胜义空之法丝毫不得。彼即除佛外他者不能开显。须菩提等宣说，即是依善逝之加持力。"执著先前存在是增益的分别，而执著无有的对治实际上也是增益，但它是与所断执著相相违符合实际的分别念。然而，究竟的见解真实胜义并不是这种，因为它没有超离戏论，是以伺察意耽著空性。《宝积经》中说："迦叶，何者缘空性而分别空性，彼等已极度失毁我之此等经教；迦叶，若出离一切见解即是空性；迦叶，单空之见不可救药，此乃我说。所谓见解，即实执有无……”意思是说，认为分析之时才是所谓无自性与空性而并不是名言假立，执著所证空性真实存在……另有经中说：“听闻空性见，彼者未灭见，不可救药见，如医弃患者。”

如果有人想：畏惧对治法空性而舍弃罪大恶极，相反，欣乐依止空性无有过失。

对此解答：身为初学者取舍所断与对治，不叫过失，而生起觉受定解之后这种妄念就不合理了，因为将执著法性的耽著与其他取舍的耽著也说为能障的缘故。诚然，空性的确是耽著有为等有实法的对治，认为遣除所断的方便对治就是空性的分别念虽然有，但是证悟方便生空性之后于耽著对治的习气也需要断除，就像渡江河的方便需要航船，但已经越过江河后还是要舍弃它。《金刚经》中说：“汝等比丘，知我说法，如筏喻者，法尚应舍，何况非法。”

如果有人想：那么，否定妙观察慧、诽谤业果，因此是汉地和尚宗了。

并非如此。获得智慧的明相而了知业果无自性而并非否定名言。真正了知曾经来到藏地的和尚摩诃衍见解之堂奥的人又有几何？他所撰著的《禅定睡眠论》，其实这是能遣除理证妨害之见解的纲要，《禅定之堤》与《禅定重堤》两书，能遣除教证之妨害的大乘八十经藏等许多可靠的经典中有的一切，在藏地并没有。有人见到《解深密经》中说观察修空性的方法后便说这不是佛语而断然舍弃。像莲花戒论师的《修行次第》中引用对方的观点那样，这种情况都容易出现。禅宗论师的一只鞋成为谁的顶饰还说不定。我们也应该想起《罗睺罗赞般若经》中所说的：“若见汝束缚，未见亦束缚……”可见，说和尚否定因果的实情原本是这样的，没有以出离与方便智慧摄持的善与不善之果能感得苦乐，因而如同云的颜色一样虽有差别，但二者均成为轮回之因，就像白云黑云在遮蔽虚空方面无有差别一样，这样的善恶也同样障碍解脱。这种说法丝毫也无有相违之处。《般若摄颂》中云：“佛说享杂毒妙食，缘取白法亦如是。”关于安立不思一切，实际上在一切经续注疏中也宣说许多“不作意一切、不分别一切……”，这说明证悟实相自然智慧远离勤修之瑜伽士的特法。莲花戒论师的《光鬘论》中云：“胜义之分别，智者亦不住，善不善之念，分别岂能有？”《集量论》中说：“何者若经寻思道入法性，远离能仁之教亦失毁。”无等至尊阿底峡的《遗教》中说“实修最好者舍弃恶事”，密意是说舍弃分

别念。

如果有人说:倘若按字面来承认这些,难道有些不是成了断见吗?

驳:那么说,对无实法性执为有实、将业果执著为名言量成也存在着有些为常见的顾虑。一般来说,妄言诋毁说汉地和尚宗是断见也显得难以立足。佛未出世之时诸位菩萨以善巧方便的事业在世间着重宣说十善与四禅色等摄受所化的方式在《般若八千颂》等经中有宣说。并对具有前世修行宿缘的有些补特伽罗如是开示,甚至比续部的甚深直指法更优越,因而被视为不可思议之处。然而,不区分一般人与瑜伽士的差别而共同宣说,结果会导致有些人迷惑不解,所以莲花戒论师以及藏地的堪布酿·花扬、绕·意西旺波、酿罗·意西云讷等诸位大德一致予以谴责。

以上随意旁述这些也就可以了。

寅四、破虚空成实:

色法唯名故,虚空亦唯名,
无大岂有色,故唯名亦无。

假设有人说:无为法虚空是存在的。

驳:由于一切色法都依赖一个设施处而仅是假立名称的缘故,虚空也只是对无有触碍的部分假立的,唯一是名称以外不成立实法。

如果说:那么,有阻碍的色存在吧。

驳:因色——一切大种无有自性前面已经分析完毕,由此,这些果色又怎么会有自性存在呢?根本无有,如同遮破因的果一样。理由何在呢?轮涅的一切法唯名本身也不存在自性成立,因为有名的一切有实法不存在之故,犹如兔角。

丑二、类推其余诸蕴:

如是当思维,受想行识蕴,
如大种及我,故六界无我。

如果有人说:其余诸蕴是存在的。

驳：并不存在，如是苦乐等受蕴、形形色色相的想蕴、心所等行蕴以及识蕴也应当如前面分析四大种那样，观察有我无我，由此便可通达不存在成实而是自性空，因为，如果这些体性或自性成立，则以上述的离一多因等正理寻觅，则丝毫也得不到成实之法，仅是喜爱戏论的一切凡夫所假立而已。所以说，正如补特伽罗一样，六界也不成立为我。《方广庄严经》中云："三有众生如梦境，于此无生亦无死，众生名命皆不得，诸法如泡如芭蕉。"《文殊游舞经》中说："善女，当如何观六界？善女言：文殊，譬如三世间若以劫末火焚烧，甚至灰迹亦无有。"

本品正文宣说完毕。

教王中观宝鬘论中，别说增上生决定胜因果第一品释终。

第二品　轮番说因果

丁二、轮番说增上生与决定胜之因果分三：

一、决定胜之因果；二、宣说增上生之因果；三、复说决定胜因果。

戊一、决定胜之因果分二：

一、破边执见；二、甚深难证之理。

己一、破边执见分三：

一、以比喻能忆念前述内容；二、以教理真实遮破；三、是故佛未授记四边。

庚一、以比喻能忆念前述内容：

犹如芭蕉枝，尽析无所有，
倘若剖析界，士夫亦同彼。

比如，为了观察芭蕉树枝聚合而成的一堆有无实质，而分别加以剖析寻觅，所谓芭蕉树的实质一无所有。同样，被称为各种界的补特伽罗或士夫也是如此，如果观察剖析六界，以智慧分别开来，则如同上述比喻一样，所谓的士夫微尘许也不成立实有。经中云："如于潮湿芭蕉树，为求实质士剖之，然诸内外无实质，一切诸法

如是知。”

庚二、以教理真实遮破分三：

一、我与无我自性不成；二、有实无实自性不成；三、遣除未授记轮回后际非理之诤。

辛一、我与无我自性不成：

诸法称无我，是故诸佛说，
六界皆无我，即为汝抉择。
如是我无我，真实不可得，
故大能仁遮，我与无我见。

从圣教的方面来说，一切法成立体性无我。为此，三世诸佛说，由此缘故，诚信圣教当观所谓的无我。

如果有人想：六界存在吗？

假法补特伽罗与设施处六界这一切均不成立为我，这里以诸多理由为国王你抉择而宣说，诚如前文中所说，在真实义中，诸法中我与无我二者真实如实不可得，正由于我与无我自性成立是颠倒之见，大能仁佛陀才对这两种边见进行了遮破。《宝积经》中云：“迦叶，所谓我是一边，所谓无我是第二边，此二边之中间，即是无色、无表等中观之义。”其中作了广说。因此教诫我们，遣除有实无实所有见解染污，即是离边之见的真义。

辛二、有实无实自性不成分二：

一、真实宣说；二、未授记四边之理由。

壬一、真实宣说：

佛说见闻等，非真亦非妄，
倘若成违品，彼二实非有。
如是胜义中，此世离真妄，
故于真实中，佛不许有无。

大能仁佛陀说，眼见色法、耳闻声音等六境，并非真实成立也不是本无虚妄的原因在于，前者是从依于真如的角度而言的，后者是指在名言中。

如果有人说：由此可见，真妄二者并不是依靠实空真如而宣说的。

驳：这种说法不合理，即便与有实法自性成立的方面相对立的违品无实法需要自性成立，但由于有实法自性不成立的缘故无实法也不成立虚妄。这样说的理由是，真妄二者并非真实成立之故。《梵胜心请问经》中云："无净之此法，诸佛所宣说，若知世等性，此无真或妄。何者若已得，真或妄此教，边执者成我，无别于外道。"真实显现如果不成立，那么对治法虚妄显现也无法立足，因此耽著它就是过失。见闻等仅是分别而并不真实。《优波离请问经》中云："具眼一切则可见，眼虽可见诸色法，夜无诸缘不可见，是故离聚乃分别……"可见，如果从胜义的角度出发，现有一切世间界本来即超离自性成立的真妄。

如果有人问：难道佛陀不也亲口承认名言中存在有无吗？

综上所述，从真实详尽分析的侧面，不见真妄一切，由此佛陀并不承许一概说自性成立有或无。

壬二、未授记四边之理由：

如是一切法，全然皆非有，
故佛如何说，有无俱非俱？

如果有人说：遮破自性存在之后就成了永不存在，或者，遮破不存在就成了永远存在，因为真实存在、真实不存在相违。

驳：真实存有、无二者自性均不成立，由于我与世间一切法在何时何地自性成立绝对有与无都不存在的缘故，遍知佛陀如何开示说“世间有边、无边、二俱、非俱”呢？这正是佛未宣说四边的原因所在。

辛三、遣除未授记轮回后际非理之诤分二：

一、争辩；二、答辩。

壬一、争辩：

过去今未来，无数正等觉，
度生俱胝数，安住三世中。
尽而住三世，非增世间因，
佛何不授记，彼之前后际？

假设有人说：虽然未授记轮回的前际，但对轮回的后际不作授记不合道理，因为：先前已涅槃、未来将出世、现在住世的圆满正等觉共有六十位数[3]甚至更多不计其数，每一尊佛也是变成俱胝数将更多的三世一切众生安置于解脱果位，他们正是为了一切有情才安住于三世来成办将众生趋至涅槃的伟业。前所未有的众生不可能产生，因此众生不存在增长的情况，这是从名言的角度来讲的，而在真如中，众生是尽或无生的本体，佛陀安住三世并不是增长世间众生的因。彻知何时诸法恒常无生，尔时所谓某法产生、某法形成等实空如幻之一切法的佛陀，为什么不授记众生的前际与后际？因为无增无减的缘故或者先前许多已尽、后来无增的缘故。

[3] 六十位数：一的后面有六十个零。

壬二、答辩分二：

一、轮回生灭去来自性不成之比喻；二、轮回唯是假名而已。

癸一、轮回生灭去来自性不成之比喻分二：

一、于非法器莫说成佛之深密主因；二、真实喻义。

子一、于非法器莫说成佛之深密主因：

异生前保密，此乃甚深法，
世间如幻即，佛教真甘露。

对上述辩争进行答复：耽著有实法成实而诽谤真如的寻思者虽然询问了十四边，但佛未予以授记，其原因是，对异生前要保密的是甚深之法，为什么呢？世间在迷乱者前虽显现然而似现不成如幻术一般，这相当于是佛教中的醍醐甘露，并不是被实执所蒙蔽的所有愚者颠倒假立的一切。印度注释中说“这是获得佛果的主因”。

子二、真实喻义：

犹如幻化象，虽现生与灭，
然于真实中，无生亦无灭。
如幻之世间，虽现生与灭，
然于胜义中，无生亦无灭。

犹如由因缘所显现蒙蔽人们视野的虚幻大象，在名言中虽然显现为生与灭，但在胜义中本来就不存在真实成立的生与灭。同样，虽然显现成实，但实为空性如虚幻般的此世间，仅仅在名言识前显现分中并非不显现产生，也显现灭亡而不是恒常显现，可是在究竟胜义中，丝毫也不存在自性生与自性灭。也就是说，如同被魔术蒙蔽视野的人们将幻化的马象执为真实而加以耽著一样，因为没有通达、没有了悟真如而被无明所蒙蔽的所有异生凡夫，耽著似现真实的有实法，而从来没有想到自性为空性；魔术师自己了知虽然显现马象却不真实，而观看魔术的愚者与魔术师尽管相同见到魔术的幻化，但执著方式却迥然不同。同样的道理，异生与证悟真如的诸位圣者尽管相同见到世间万事万物，但凡夫见为实有并执著，而诸位圣者通达如幻无实而没有耽著。也就是说，七地之前清净后得世间智慧所见前，虽然会出现真实显现许，但不存在实有分别念。而八地以上连真实显现许也不出现。

一切了别如果归纳，则有四种，即未入道异生的分别念：三界不清净的心与心所、耽著二取的迷乱识；入道胜解行的分别念：观待圣者而言也不清净，因为本体是世间，具有实有分别念需要上进，而与平庸分别不同，由于作为圣者智慧之因，并通过修行空性总相而稍微感受到法身的明相之故；圣者入定与法性一味，因此无有分别念；后得的分别念也并不是像凡夫那样，因为无有耽著二取的分别念的缘故，也不是像入定那样，因为可能存在细微的二取。这四种分别连带其对境涵盖一切所知。

如同未被虚幻的物品与咒语欺惑的人（补特伽罗）甚至幻化的马象形象也不出现在眼前一样，圣者的根本慧定前，真实显现与二取一无所有。

譬如虚幻象，无来亦无去，
愚心所致已，真实无安住。
如是幻世间，无来亦无去，
愚心所致已，真实无安住。

如果有人说：虚幻的大象由因缘所生也不是真如。

驳：犹如虚幻的大象真实本体无生，因而正当产生时，从何处也不来，最终也不去往何处，然而执著马象自性能去能来只是由于咒语等蒙昧心所导致的，真实性中，丝毫也不存在于真实本体中安住的情况。正如此比喻一样，这些器情世界现而无自性，如同魔术师的幻化一样。因而最初从何处也不来，最终何处也不去。可是，所有凡夫却执著器情的这些法自性能来能去，这只是由无明之毒蛊惑内心所

致，真实性中安住自性丝毫也不成立。我们务必要通达此等道理。《三摩地王经》中云："此等法不住，非有住此等，无住虽说住，自体不可得。"

癸二、轮回唯是假名而已：

超越三时性，唯是名言立，
一切有或无，世间岂实有？

正如刚刚所说的那样，由于在胜义中是超越三时生灭去来的体性，因此唯一是假立名称的名言而已，除此之外，何法先前自性存在或者后来变成无有的一切世间实际上怎么存在成实呢？决定不存在。这些道理有教证作为依据，《三摩地王经》中云："三有如梦无实质，速灭无常如幻术，无来亦无由此去，相续恒空无有相。"又云："出生以及成死亡，然无有生无死亡，何者了知此法理，不难获得此等持。"

庚三、是故佛未授记四边：

佛陀由此因，未授记有无，
二俱非俱边，而非由他因。

遍知佛陀考虑到胜义中无所授记，对有些所化众生宣说无有实义，由于上述的原因，也就是超离四边的缘故，而对世间有边、无边、二俱、非俱所有四种类别没有予以授记，而并不是由于除此之外的其他原因。具体来说，有边：就像顺世外道所承许的那样，今生完结而不转后世，否定后世，因此称摄之见解。无边：数论派所承认的今生的我趋入后世，而观察趋入对境，称为动之见解。有无二俱边：诸如有些裸体外道认为，暂时有边，自性无边，趋入有无二者，称为散之见解。非俱：像犊子部承认的那样，补特伽罗聚合与独立何者也不可言说，全盘否定一切，称为收之见解。轮回自性寂灭岂能存在这样的戏论？《宝云经》中说："大转妙法轮，方寂灭无生，自性涅槃法，怙主汝宣说。"又云："轮回末不得，前际无法相，未来亦当知，

故入业所作……”其中对此也加以阐述了。

己二、甚深难证之理分三：

一、甚深难证之原因；二、能仁于非器不说之原因；三、解说彼原因。

庚一、甚深难证之原因：

此身不净性，粗及现量境，
恒常显现时，心中尚不住，
无住微妙法，极细非现量，
由是甚深故，心中何易悟？

假设有人问：诸法如果是无我，那就说明这是此世间的自性，因此众人为何不通达此理？

驳：事实并非如此，本来，我们的这个身体本体是由不净物所充满，并不断流出肮脏物的色法，因此，是粗大之法，不是比量的事物而是现量的行境，所以容易理解。明明是恒常显现为不净的当时，人们心中尚且不存留“不净”的想法，更何况非法器钝根者难以证悟、无有相执所缘之处决定胜的微妙法了？由于难以通达，所以极其微妙，是利根圣者的行境，而异生需要依靠因来了达因而并非是现量，由于甚深的缘故，愚者的心里如何能容易理解，轻而易举悟入呢？根本不是它的行境。对于不净身体的粗法尚且不能通达，更何况说其实相细微的无我了。轻易了达空性，需要具有利根、大德的教言以及积累无边资粮。《般若摄颂》中云：“乃至善根未圆满，彼士不能证空性。”

庚二、能仁于非器不说之原因：

此法甚深故，知众难领悟，

故佛成道已，默然不说法。

由于远离一切戏边的此法高深莫测的缘故，所化的平凡众生难得轻易了解通达，正是因为了知、照见了这一点，佛陀在成道以后于有些所化众生面前，七七四十九日示现默然不说法。如云：“深寂离戏光明无为法，犹如甘露之法我已得，纵为谁说亦不能通达，是故默然安住于林间。”

庚三、解说彼原因分三：

一、误解深法之过患；二、以比喻说明正误持受之利害；三、教诫通达深法不放逸。

辛一、误解深法之过患：

若误解此法，毁坏诸愚者，
如是无见者，沉落不净中，
另外邪执此，愚起智者慢，
性情极粗鲁，倒堕无间狱。

如果有人说：倘若容易通达，那么也就无需宣说，正因为难以通达，才应当再三明示。

驳：但这并不是指要为不具有理解空性之种姓的众生宣说，因为有令愚者及自诩为智者的人毁坏的过患。愚者受害之理：他们认定所谓的空性在名言中也一所无有，颠倒错误地理解甚深法性二谛无违之义，认为空性是除了此显现的有实法以外一无所有的单空，或者自前显现的事物唯独是空性，而未能通达远离戏论无二无别的现空缘起。结果，对要义一窍不通的愚者们彻底失去了善趣与菩提解脱的机会，不仅无有益处，反而失毁自相续。由视如是业果等不存在的断见所感，将沉溺、堕落在不净的恶趣中。《指鬘经》中说：“呜呼，世间中毁灭妙法之人有二，其一，绝对视空性，其二，世间中称为我见者，即是毁坏妙法、损害妙法者。”因此，我们要依止大德而努力修炼内心。《宝积经》中云：“法界一切相，无变智者证，愚者迷惑彼，修心得真悟。”

自诩为智者受害之理：此外，如果受持空性为一无所有的断见或者颠倒执著具有心肯定的所缘、二谛互为分开等，认为因果了义，将了义转为不了义，始终不放愚蠢的做法，稍稍听闻就装成道貌岸然的智者，而居于智者地位趾高气扬，傲气十足。由于这能导致彻底舍弃空性，因而心不调顺，不具备自利利他的能力，如同死尸一般，断绝善根而趋向恶趣，尽管威仪如何清净，但死后立即会倒头坠入无间地狱。《梵施王请问经》中云：“诸如来教以彼垢，如外道宗存怀疑，彼者损害违正法，无信亦舍诸佛法。”又云：“彼于此教不坚信，仅著法衣称比丘，犹如林间诶那札[4]，彼非在家非比丘……”《宝箧经》中也宣说了“未来僧人舍弃深法而投生无间”等的许多道理。

虽然对奥义没有胜解心，但万万也不可妄加诽谤而应保持中立的态度。经中说：“于说甚深之妙法，纵然不起胜解信，切切不可妄诽谤，当念法性不可思。”

辛二、以比喻说明正误持受之利害：

犹如误用食，招致诸祸害，
善用得长寿，无病力壮乐。
如是颠倒持，导致灾殃至，
善知获安乐，及无上菩提。

犹如进食无有节制，或者误用不良食品而发病，结果会招致面临死亡的祸害；而正确享用优质的食品，有益身体的食物会延年益寿，不会有中毒等疾患发生，身强力壮不会无精打采，身心安乐。同样，颠倒执受空性的补特伽罗会导致永久性的灾难临头，如同前面的比喻一样；如果通达空性缘起显现的含义，正确理解见行或二谛无别的意义，结果将如药食的功效一般获得增上生的安乐与究竟无上菩提。

[4] 诶那札：是一种似树非树的木本植物。

如是入道者了知缘起空性后不分别现相因果之理如幻而行，结果了达缘起无自性现空无别，从而对实相超离因果的法理生起定解，以不离如虚空般的等性义而迅速获得决定胜的安乐。

辛三、教诫通达深法不放逸：

是故当断除，舍此及无见，
为成一切事，策励知真义。

如果颠倒执著空性，则过患严重，倘若正确受持，则功德巨大，因而，断除法界空性绝对存在、绝对不存在的恶见，为了成办正士最有必要的世间利益以及成就出世间的一切正法，要以最大的精进励力无误了知离边实相真义。

戊二、宣说增上生之因果分二：

一、承接文；二、正义。

己一、承接文分二：

一、教诫未证空性而流转；二、教诫乃至未证悟间当致力于增上生法。

庚一、教诫未证空性而流转：

未尽知此法，我执即随转，
而积善恶业，感得妙劣身。

如果没有彻底了达、领悟甚深空性实相的这一妙法，那么该补特伽罗由于没有打破我与我所的妄念所致，我与我所执必然随之而产生。与之相联而积累善恶

业，致使获得善趣的妙身与恶趣的劣身。诸位声闻、缘觉阿罗汉灭尽了轮回的投生，也是由于断除了轮回的直接因——十二缘起支中的无明，也就是认为对蕴假立的我是我以及我执与由它所生的业惑种子。一切凡夫由我执控制而积累善恶业，因此流转三有，尚且获得深法也是阻碍重重，更何况说解脱呢？《念住经》中云："巡逻者前夜亦长，疲惫者前路亦长，于不了知微妙法，诸凡夫前轮回长。"

庚二、教诫乃至未证悟间当致力于增上生法：

是故未知此，遣除我执法，

期间敬奉行，布施戒安忍。

作者教诫道：乃至没有完全了达领悟毁灭、遣除我执及种子的对治法——通达二无我的空性缘起这一甚深法期间，要恭恭敬敬勤勤恳恳奉行布施、持戒、安忍所摄的十六种增上生法。这也并不是指仅仅了知缘起之义就需要抛弃布施等的意思。

己二、正义分三：

一、成办增上生之因；二、断除恶趣之因；三、以弃非法而行正法摄义。

庚一、成办增上生之因分二：

一、总说修学增上生之因；二、修学增上生之特殊因。

辛一、总说修学增上生之因分三：

一、修学具五功德之因；二、修学共同正规；三、断除陋规。

壬一、修学具五功德之因：

诸事初思法，中末亦具法，

如是行国王，世世无损恼。

由法今誉乐，今终无怖畏，

他世乐圆满，故恒依正法。

作者谆谆教诲道：在进行身、语、意的一切事之初，要思维善法，所谓依靠此事成就此法，最初从依止正法而入手。同样，在中间的过程中也具足正法，末尾也具足不杂罪业的意乐、加行善法，这样行事的君主或国王你，今生以及生生世世不会遭受损恼，因为依靠修行正法使得即生中享有盛名，不造罪业而无有后悔，心情安乐。由于无有人与非人的危害，现世无所畏惧，弥留之际也无有恶趣的恐怖。而作恶者在临命终时，担忧后世的痛苦而惶恐不安，并不是有福报之人。不单单是现世，其他世中也能获得增上生的圆满快乐。由于具有五种功德，因而要恒常依止正法。如云：“佛陀顶髻相，依福成妙相，乃至未来际，凭依慧眼见，彼智恒庄严。”

壬二、修学共同正规：

法乃规之最，依法世间喜，

而由世间喜，现后亦无欺。

唯有增上生法才是一切王规的最殊胜策略，正法的作用就是统治一切世间而令举国上下皆大欢喜，由于世间欢喜的缘故，对自他今生来世也不成欺惑，是真实顶戴的规律。因而，应该依止高尚规范。如云：“国王伟业利民众，彼现后世圆满道，喜爱正法王前现，庶民追随人君行。”

壬三、断除陋规分三：

一、依止恶习陋规不合理；二、谴责陋规；三、正法规范殊胜。

癸一、依止恶习陋规不合理：

非法许规范，依彼世不喜，
世间不喜故，现后成忧愁。

如果国王宣扬下流的恶规损害法等而不具备正法，赞许恶论的陋规，以此危害整个世界，致使世人心不欢喜，也有反目成仇的现象，世人心不欢喜也就不会归服，相互之间一直怀恨在心，由此也使自他现世及后世也是忧脑愁肠，互相欺惑，这是必然规律，因而一定要舍弃恶规。

癸二、谴责陋规：

无利恶趣道，欺他苦难忍，
一切错乱慧，如何真明知？

如果跟随不能成办人们所希求之利益的恶规，那么唯一的去路就是恶趣之道。重视或竭力欺骗诱惑他众，只能招致恶趣的难忍剧苦。对高尚正规懵然不懂的一切错乱邪慧又如何能了知人们的利益呢，这是因为唯一对众生颠倒作害的缘故。

励力欺他人，如何具正规？
依彼千百世，唯一欺自己。

此外，趋入恶规的所有国王的事，时时刻刻就是不遗余力地欺骗他人、自己的一切子民等，因而，要想利益人们，就要具足妙规，否则，治国安邦的一切事都成为颠倒。以恶规治国多生累世中都是成为自欺欺人。《十地经》中云："何事国王为，若未行彼事，如象王入池，毁灭自国度。"

癸三、正法规范殊胜：

怨敌纵加害，弃过依功德，
由此自获利，敌亦不欢喜。

假设仇敌以前曾经加害过自己，断除心中对此一直耿耿于怀等一切过失后，反而对他修慈心等，依止高尚正士的功德。依此因不仅对国王你自己无害反而会获得大利；对他众奉行慈爱等法而使众人归服自己，如此对方无法胜伏你，而国王却能制伏他众。这样一来，纵然怨敌再不痛快，自己也不会出现丝毫罪过。因而，理所应当依止这样殊胜无比的法规。《般若摄颂》中云："胜士安忍之铠甲，阻挡蛮人言词箭，变成称叹彼等花，声誉之鬘真悦意。"这是指容忍怨敌即生的利益。

辛二、修学增上生之特殊因分三：

一、修学四摄；二、修学实语等四德；三、依止善缘助伴。

壬一、修学四摄：

布施及爱语，利行与同事，
当依此一切，摄世与正法。

世人喜爱布施，通过施舍财物等而将众生摄受为眷属，增上生决定胜中要说合意的爱语而令人起信，引导他众的方便自己也要身体力行，此为同事，教诫实地行持暂时究竟的功德利益即是利行。应当依靠这所有四摄来成熟内心，进而再摄集暂时世间与究竟妙法，成办弘法利生的大事。

壬二、修学实语等四德分二：

一、分别宣说；二、归纳而宣说。

癸一、分别宣说分四：

一、修学实语；二、修学布施；三、修学寂静；四、修学妙慧。

子一、修学实语：

国王唯实语，令生坚固信，
反之说妄语，最令失信心。
无欺即实语，转心非真实，
唯利他故真，不利故为妄。

身为国王，纵然具有其他许多过失，但如果唯一拥有说实语的美德，那么现世中也值得他人信赖，并可感得令人生起稳固不退的诚信。相反，如果一味说妄言，也是最能令他人丧失信心的主要因素。所以，唯一要言说实语。《三摩地王经》中云："时刻言谈不粗鲁，温和适度且动听，令具缘士起信心，亦生堪为信赖处。"又云："恒常言说真实语，获得世间师言教。"言说不欺诳他众的语言即是说实语，相反则不真实，表面似乎真实，但由转变别人心思或想法所生的不具意义的语言实际也是不真实的妄语。借助具有意义的言词唯一利益他众就是说实语；由于对他不利的缘故，反方面的词语是妄言，表面似乎实事求是，但也并不真实，只对他众有害。所以，绝对要断除妄语。《毗奈耶经》中云："有情说妄语，已违一正法，毁坏其余世，此无不造罪。"

子二、修学布施：

国王之诸过，一施明能遮，
如是悭亦摧，所有诸功德。

即便国王的过咎多之又多，但依靠怀有施舍心而慷慨博施，家喻户晓的这一光明便能隐没其过。同样，以吝啬或悭吝的这一过患也能摧毁国王们所拥有的信心、智慧、名声等一切殊胜功德之财。因此，要断除吝啬之心而竭力布施。

子三、修学寂静：

寂静深邃故，令起胜敬重，
受敬具威信，是故依寂静。

断掉放荡不羁等行为谨护根门，三门寂静、英明勇敢等，令人感到深不可测，由此可使其他众生起无比恭敬之心，如果将心思散乱的面目全盘显露，就不能起到这样的效果。由于备受人们敬重，而使自己具有难以亲近的威严，并且语言也有分量，谁也不敢冒犯。正因为能获得这些功德，所以再难也应当去做，希望（大王）依止寂静。

子四、修学妙慧：

具慧心不动，稳固不随他，
亦不受人欺，故王勤修慧。

具有辨别取舍的智慧，自己的事，他者无法控制，因而心不被他夺；不仰仗他人；心不被是是非非所改变，稳如泰山；不会遭受恶友所欺骗，这四种功德的果，作为国王实该拥有，因此唯一要策励修行辨别取舍的智慧。无有智慧的愚者心被他所夺，而上当受骗。如果拥有智慧，则怨敌也不能奈何。从前，一位居士赴海，当地住的天神准备损恼他，于是显出一副丑相，而问他："比这更丑者在赡部洲有吗？”他说：“造不善业转生恶趣的身体比这更丑陋。”天神又显出一副美丽的形象，如前一样问他(“比这更美者在赡部洲有吗”)，他说：“行善投生到善趣的身体比这更美。”于是天神又显示一捧水，问：“海水与此二者哪个多？”他回答：“一捧水多。”天神问：“为什么？”他说：“因为大海会被劫末火穷尽，如果将这一捧水供养佛陀等，则功德无穷无尽，甚至比海水增上得还多。”由此那位天神生起信心，于是对他鼎力相助。

癸二、归纳而宣说：

实语施静慧，具此四善王，
犹如四妙法，人天共赞叹。

当然还有其他功德。拥有实语、布施、三门寂静与如理辨别取舍的智慧此四胜法并为之庄严的君主，如同具有四种善法的大德一样，则将为世间主尊天神与人类共相顶戴、称颂。因而要力求具足四法。

壬三、依止善缘助伴分三：

一、良友之法相；二、理当随从；三、恒修死亡无常。

癸一、良友之法相：

直言意清净，慧悲纯无垢，
与之共相处，慧法亦恒增。

应当交往增上正法具有四种法相的助缘良友，对国王不阿谀奉承，而一概直言不讳忠言相告，知足少欲、意乐清净、无有谄诳等心态，具有对正法与世间之事见多识广、高瞻远瞩的智慧，心平气和、希望利乐他众，无有损害的悲心庄严而无有违

品垢染，彼此慈爱，在分析问题时，能献计献策，如果与之共处，则常常也是被友伴的善良品性功德力所熏染，依此方便智慧与正法也可与日俱增。因而理当依止，如同长期与妙香共存的平凡之物一样。

癸二、理当随从：

说利语者鲜，听者更少见，
逆耳然有利，随行者更罕，
是故虽逆耳，知利当速行，
为病愈亦服，益我苦口药。

虽然听起来不入耳，但对自己有利、适宜的话语应当听取。说利于他人之语者极其鲜少，难逢难遇，而且能够洗耳恭听者与之相比就更是非常罕见。与此二者相比，想到话虽难听，但具有说有利之语的性质，了知实际有利而迅速遵照执行的人更是少得可怜。因此，大王，如果别人对你说的言语表面听起来似乎刺耳难听，但如果对方的确是想利益你，那么知晓此话具有实际利益之后要快速观察予以实施。例如，为了治愈所患的严重疾病，以好心好意利益我，所给予的苦口良药也要欣然服用。《毗奈耶经》中云："亲友饶益之言语，若不执其为真实，如乌龟口失木棒，彼落千丈受痛苦。"

癸三、恒修死亡无常：

恒思命无病，国政无常性，
后具真精进，始终勤修法。

假设认为：生命等恒常住留的缘故，可以一步一步地做。

然而寿命、健康常常由众多冤家包围、摧毁的现象屡见不鲜，因而自己与国政绝对是无常性，变成怎样、何时迁变都无有定准，认识到这一点后要恒时思量，如果屡屡修行随念死亡，就会明白有为法无有稳固性之言，从而产生厌离，坚持不懈，具备真实的精进自始至终全力以赴修行法与世间中唯一的妙法。《夜贤经》中云："谁知明日死，今日当精进，死主彼大军，岂是汝亲友？"又云："如已熟果实，众生将死亡。"

庚二、断除恶趣之因分二：

一、略说；二、广说。

辛一、略说：

知晓定死亡，亡后罪感苦，
即便暂时乐，作恶非应理。
有时见无怖，有时见恐怖，
设若信其一，何不畏另者？

毋庸置疑，寿命完结便会走向死亡，死后并非一了百了，以杀生等不善罪业所感，善趣满业和恶趣引业、满业，从而必然要遭受痛苦，以智慧照见这一点。颠倒享受妙欲尽管暂时看起来快乐幸福，但最终只会深受其害，所以造杀生等恶业是极不应理的。

如果忆念死亡，就不会造恶业。《念住经》中云："何者起死念，赞为念之最，忆念死主怖，如何心向过。"关于作恶之人的过失，《念住经》又云："何者依罪业，彼尽不吉祥，初中后恶劣，正士所谴责。"由于做某些事，有些人即生见到无有恶果的恐怖，而在后世的某时却将亲睹恶果的巨大恐怖。假设你信赖没有见到畏惧的一种情况，那么国王你为什么不害怕见到恐怖的另一种情况呢？理当害怕，因为理由相同。有些注释中将（有时见无怖，有时见恐怖）这两句讲解成即生之中见到与未见到。

辛二、广说分四：

一、制止贪酒；二、制止贪赌；三、制止贪女；四、制止贪猎。

壬一、制止贪酒：

饮酒世间蔑，误事亦耗财，
痴迷行非事，是故恒戒酒。

饮用具有迷醉能力的酒，在此世间中，首先开怀畅饮的当时也成为他人轻蔑的对象，而且将需要办的一切事忘得一干二净，并且使财物、生计也耗尽无遗。变得放逸无度，由于神志不清而不辨取舍，结果做出许多非理之事。暂且不论后世的过患，就是现世中也有以上这些弊病。因此，国王你要恒时完全戒酒。一般来说，酒是一切罪恶的根源，因此佛陀对在家人甚至草尖许的酒也不开许，而且严禁释迦族的病人饮酒，并在《念住经》等中详细宣说了饮酒的过患。

壬二、制止贪赌：

赌乃贪忧嗔，谄诳涣散源，
妄绮恶语因，是故恒断除。

聚众赌博有九种过患：1、是想把他人财物据为己有之贪心的根源；2、赌博的过程中，始终处于患得患失的心态中而忐忑不安，忧心忡忡；3、由谋害、击败对方的心理而满怀嗔恚；4、5、心中盘算赢得的伎俩而怀着诡诈的谄诳；6、是心思涣散放逸、根门不静的来源；7、8、9、是在没必要的情况下说妄语、各种各样绮语、恶语之因。经中说了这九种过患。所以，恒常要断除赌博。阿育王有个名叫“欢乐”的监狱，诸如非杀不可的所有犯囚也暂时让他们随心所欲悠闲而行，他们耽著于赌博而

不见很快就要面临死亡。同样，在表面的轮回安乐中一直无度沉迷而不见死后的恶趣痛苦的一切愚昧有情也是如此。

壬三、制止贪女分三：

一、以女身不净而总遮止；二、分别遮止；三、修不净观之果。

癸一、以女身不净而总遮止：

多数贪女者，思女色净生，
实则女人身，丝毫无清净。

多数过分贪恋女人者，其原因就是，由非理作意的分别念而将女人本不清净的身体颠倒认为她的容颜清净可爱所产生的。而这并不是她的本体，即使在名言的事实中对女人的身体加以观察，也会明白女身值得贪执的清净部分一丝一毫也不存在，因而极度贪恋实不应理。

癸二、分别遮止分三：

一、破女人分支美丽；二、破有支身体美丽；三、破贪女是乐因。

子一、破女人分支美丽分四：

一、唯是不净自性故贪爱不应理；二、其比喻；三、若贪女身则无离贪之处；四、愚者执不净为欢喜因。

丑一、唯是不净自性故贪爱不应理：

口乃稠唾涎，齿垢不净器，
鼻流脓液涕，眼出泪眵器。

腹内即粪尿，肺肝等之器，
愚者未见女，贪爱彼身体。

女人的口腔是浓稠唾液、齿垢等肮脏物的真正根源或器具；双鼻孔是流出没有成熟为涎液不清净的各种脓液、鼻涕的器具，犹如不净室一般；两眼是漏出眼眵、流淌泪水的器具。各种脏物充满的腹腔全部遍布粪尿、胸腔内有肺等内脏。内心迷惑的愚者没有现量见到女人的身体如此，为什么如鸡犬般颠倒地贪恋她的身体呢？这仅仅是迷惑而已。

丑二、其比喻：

如有无知者，贪著脏瓶饰，
世人由愚痴，恋女亦如是。

如同有些人不知道观察分析而贪执装满不净物、外面由珍宝饰品装点的瓶子一样，世间俗人由于愚昧不知女人的自性而爱恋外在的装饰与容色等的人们也与此相同。

丑三、若贪女身则无离贪之处：

身境极臭秽，本是离贪因，
世人过贪彼，依何引离贪？

口、肾、颈等身体的地方是污秽不堪，如同肮脏至极的粪坑一样，本该是离贪之因，可是，愚昧的世人们如果还要变本加厉地贪爱它，那么依靠什么办法才能将之引向离贪的境界呢？因为他们无有离贪的机会。

丑四、愚者执不净为欢喜因：

犹如猪倍贪，屎尿处呕物，
如是屎尿源，欲者如猪贪。

身城不清净，布满出孔道，

愚者由此于，执为欢喜因，

假设有人认为：如果是这样，世间劣夫为什么要贪爱呢？

就像积存屎尿的这个地方，粪便成堆，而愚蠢的猪却倍加贪执那里的呕吐物而享受着。同样，对于屎尿之源或器、具有贪欲的有些愚者就像贪著呕物的猪一样，异常贪恋平庸的女人。就像将由千差万别的众生所遍及依存之处叫作城市一样，这个身体内部是八万种昆虫所依的城市，布满着流出各种肮脏物的许多空洞或者孔道，对于这样的女人，极其愚笨之人看作、妄执为享受喜乐的因，从而颠倒贪爱女人，这实是稀奇之处。《念住经》中云：“以心寂静意，视贪如刃毒，诸心不静愚，视为欢喜因。”

子二、破有支身体美丽分四：

一、总破贪女身；二、破贪形色；三、故贪女人不合理；四、谴责依止、赞叹女人之士。

丑一、总破贪女身：

汝见屎尿等，各自不净已，

于集彼之身，如何生悦意？

精血混合中，不净种子生，

本知不净体，欲者何贪此？

不净蕴彼湿，由皮所包裹，

与之同卧者，眠女内脏已。

明明你自己已经见到女人洒在地上的屎尿等都是肮脏不堪而视为令人发呕之处，对于由这些不净物聚合而成犹如臭皮囊般的身体，如何会感到悦意可心呢？实在极不应理。明明知道因与本体下劣不净精血混合在一起，不净种子之因中所生的不净色相之果，仍旧一味对此作清净想，所有具贪欲的人们以什么原因爱著女人呢？实不合理。不净之蕴即是不净血、黄水之湿性浸润的自性，外面只是由干燥的皮肤包裹，与之同床共枕，实际上就是睡在女人内脏中而已。《念住经》中云：“皮连骨肉聚此等，生起为妻之想已，一切凡愚生贪欲，不知女人实如幻。”

丑二、破贪形色分三：

一、总破贪女人形色；二、破贪容貌美丽；三、思维与女身相同自身亦为不净。

寅一、总破贪女人形色：

容色美或丑，年老或年幼，
女色皆不净，汝贪由何起？

如果认为：因为女人青春年少、美丽可爱等而贪恋。

女人无论是容颜美丽也好，还是相貌丑陋也好，无论是年迈老朽也好，还是年青韶华也好，实际上女人整个身体都绝对离不开不清净，本来应当说出：“你的贪爱到底是由什么原因而生起的？”可是你无话可说。所以，愚昧的具贪者不应该贪著女人，《念住经》中云：“常为欲乐愚昧者，彼即耗尽善业已。”

寅二、破贪容貌美丽分二：

一、贪爱不合理；二、理当谴责。

卯一、贪爱不合理：

如粪色虽美，新鲜形状妙，
于彼不宜贪，女貌亦复然。

例如说，粪便团陈旧、中等或色美新鲜，光彩夺目，形状好看，无论它有何等多的优点，但有心之人谁也不应该贪执它。同样，女人的容貌无论怎样，都如前比喻一样，作为有识之士也不应爱恋。

内腐外皮包，烂尸此自性，

显现极丑恶，如何未曾见？

身体里面腐败、恶心，而外面用皮肤、衣物包裹以后似乎显得清净，但实际上，与扔在尸林中的腐烂尸体相同，自性真正是污秽肮脏、阴森可怖的。唉，人们为什么不曾见到呢？理当见到。

谓皮亦非粪，犹如宝剑性，

不净身之皮，如何成清净？

假设有人说：女人像外皮一样里面也不是肮脏的，就像宝剑一样单独存在。这只是胡言乱语而已，实际上，皮肤也是不清净的，并没有单独存在，而绝对是以不清净的自性存在着，扔在外面不清净身体的皮肤，被人们叫做人皮，所有人都把它看作是肮脏的东西，怎么会变为清净呢？不可能变为清净。

卯二、理当谴责：

装满粪便瓶，外饰亦厌弃，

不净自性身，脏满何不厌？

比如，装满不净物的瓶子，即使外面擦得干干净净，并用装饰品美化，但也令人感到讨厌。同样，对于由各种肮脏物充满、具有不净自性的身体，为什么不厌弃呢？理由相同之故。理当厌弃而不应贪爱。

若汝贱粪秽，于令净香鬘，

饮食成不净，此身何不厌？

假设你讨厌外面擦拭的不净物，那么将本是清净的冰片等妙香与花鬘、饮食进入它的内部而变成腐烂不堪的不净物，对于这般令人发呕的身体，为什么不加以

厌恶呢？应当厌恶，而绝不该迷乱赞叹、进行沐浴、清理擦拭等。《宝蕴经》中说：譬如，凡愚欲求将炭变成白色而擦拭，结果穷尽而已。同理，愚者虽沐浴、擦拭身体，然亦不能使之清净，死主最终会将之灭尽。

寅三、思维与女身相同自身亦为不净：

> 如于自或他，粪便皆厌恶，
> 自他不净身，为何不生厌？

对于无论是自己还是女人等他者洒在外面的不净物，心里感到不舒服、厌恶无比，同样，自他的不净身体，连同分支、容貌，为什么不厌恶？因为它无有丝毫优点，所以倍加珍重而贪爱实不合理。《吉祥施请问经》中云："如是不净此蕴身，世间慢者谁敬之，具凡愚心彼如前，执持无知呕吐瓶。"

丑三、故贪女人不合理：

> 如女身不净，汝自身亦然。
> 是故于内外，岂非应离贪？
> 九孔流不净，自虽常沐浴，
> 不了身不净，为汝说何益？

作者教诲道：女人的身色从体性来讲本为不净，你自己的身体也与之相同是不清净的，因而从里里外外而言，对他者与自己的身体，难道不应该要远离贪求吗？理当远离。

原因是：根门或九种孔隙中流出各种不净物，即便自己每天都直接沐浴、清洗，但自身仍然是如此肮脏，如果没有通达这一点，那么我对国王你讲说又有什么利益呢？仅是徒劳而已。因而，理应通达身体为不净。

丑四、谴责依止、赞叹女人之士：

> 于此不净身，美语作赞叹，

鸣呼真伪愚，鸣呼士所耻。
无知暗遮蔽，众生数多为，
求此起争论，如为不净犬。

未经观察而信口开河者贪爱不清净的女人这个身体，寻思诗人以诗学的形式加以赞叹，运用宛如莲花、好似青莲诸如此类的词藻，实在令人感到稀奇，真是无有惭愧，矫揉造作。呜呼！愚者由于不了知而蒙在鼓里。呜呼！由于本该极力呵斥反而高度称赞的缘故，唯一是智士所应耻笑的对境。因为颠倒误解真义而不如实了知妙义遮障内心的这所有众生，在欲界世间中，虽然也有其他原因引起，但许许多多或大多数都是为了贪恋女人的欲望，而导致部落首领、亲友等相互之间发生争论。这就像为了不净物，所有狗发生冲突而争执不休一样。自以为是安乐之因，但实际只是罪业与痛苦而已。《涅槃经》中云："罪业根源是女人，彼心即是电本性，具有贪心之男士，畏惧之因即女人。"又《胜月女授记经》中云："贪欲奴隶即砍断，头目手足将断除，以贪堕入众生狱，以贪转生饿鬼畜……"

子三、破贪女是乐因：

搔痒则安乐，无痒更安乐，
具世欲安乐，无欲更安乐。

黄水杂症的类别麻风或皮癣病，如果用手指搔痒，则表面似乎有些许利益的安乐，但搔痒只是暂时舒服，因此认识到搔痒并不是安乐以后依靠药物等去除病患才会真正安乐。同样，具有追求世间五境欲望的人们，享受欲妙表面似乎快乐，但实际上只是痛苦伪装的舒适而已，因此，依靠对治而使恰似皮肤发痒病一样的欲乐销声匿迹则更为安乐，所以应当远离贪执欲乐。《念住经》中云："喜爱欲乐交欢者，彼将恒常受痛苦，摧毁烦恼之欢喜，彼即恒常享安乐。"

癸三、修不净观之果：

如是观则汝，纵未成离贪，
然由贪薄弱，于女不贪著。

假设承认这一点而观察身体不净的自性，那么国王你纵然并没有一开始就成就离贪之果，但依靠稍许串习的妙观察慧，也能使贪欲越来越少而使贪心明显淡薄，由此不会对女人过分贪恋，到最后甚至自己的妻室也能离开。《念住经》中云："此世间及他世界，怖因之中女最畏，恒常远离女人者，此世他世皆安乐。"

壬四、制止贪猎分三：

一、以是今生后世诸苦之因而遮止；二、依止恶行劣友之过患；三、值遇良友生欢喜。

癸一、以是今生后世诸苦之因而遮止：

短命怖及苦，地狱根本因，
以猎野兽例，坚决常戒杀。

如同我们自己在其他生世中以杀生的等流果与异熟果就是损害他众、感受短命，让别人受到畏惧自己也会感受惊惶失措的恐怖，多病、贫穷等痛苦，异熟报应极其漫长，而地狱的因就是狩猎野兽、断除命根等，这是严重的过患，以此为例，恒常要义无反顾坚决行持能断除杀生等一切罪业的对治法。《谛实品》中云："国王汝莫杀生灵，一切士夫最惜命，是故欲求寿无疆，心亦不思杀生命。"

癸二、依止恶行劣友之过患：

如涂不净身，毒蛇极恐怖，
依谁令众生，畏惧彼真恶。

无恶不作的恶友以杀生的鲜血涂抹不净的身体而血淋淋，令人感到毛骨悚然，就像贪婪血肉的罗刹或毒蛇口中流出毒水唯一损害他众一样。依附勤于造罪的凡夫恶友，将令一切众生恐惧、痛苦，真是可恶至极，因而务必要弃之千里。《毗奈耶经》中云："依止恶友人，善妙不得见。"《三摩地王经》中云："恒常随观佛陀教，永时莫依罪恶友，广依一切善友伴。"教诫我们弃离恶友而结交法友。

癸三、值遇良友生欢喜：

如涌大雨云，农夫皆生喜，
依谁令众生，皆悦彼真善。

比如，春季时节，如果雨云纷纷涌现，主要依此而生存的诸位农夫各个兴高采烈，依赖国王等奉行正法之人而得以生存的一切众生将皆大欢喜，真是善妙无比，依之能成为高尚法行，具足一切法行者，因此何时何地都应依止。

庚三、以弃非法而行正法摄义：

故应舍非法，不懈依正法。

综上所述，对于自他今生来世有害的一切非法，务必要断除，绝不能马马虎虎不辨是非，因而恒时要小心翼翼或一丝不苟，刹那也不做非法之事，唯一修行对自他有利的妙法。《因缘品》中云："纵未得漏尽，此时莫放逸，如母兽杀狮，放逸而

遭殃。"《弥勒经》中云："不放逸者证菩提，所有一切佛正法，根本之门法理道，即不放逸与精进。"

戊三、复说决定胜之因果分四：

一、无上菩提之主因归纳为三而学修；二、学修成就佛陀三十二相之因；三、随好因果未广说之缘由；四、转轮王与佛陀相好之差别。

己一、无上菩提之主因归纳为三而学修：

欲自世间众，得无上菩提，
菩提心为本，坚固如山王，
悲心遍十方，不依二边智。

国王如果希望自己与深处轮回其他世界的这所有众生，获得无上大菩提法王之果位，首先如树根般的无上菩提之根本或因即是生起大乘心，而生起大乘心也有四种因，菩萨种姓如果没有发心，则由善逝或其声闻劝请；听讲赞叹圆满菩提及菩提心功德；目睹众生无依无怙等油然生起悲心；亲见善逝之身相后生起欢喜而发心。共有此四种，这是按照《十法经》中所说的。同样，还有依靠增上缘善知识等与积累资粮之力等修成的世俗菩提心即愿行二心，不被违缘所动摇稳如山王。而菩提心的主因即是缘遍及无边的众生而愿他们离苦的悲心和不依二边证悟离边的智慧。所以，要从对这三种主因诚信不疑开始修学。《菩提心释》中云："未生菩提心，永不得成佛，成办自他利，非有他方便。"世俗与胜义两种菩提心或者空性大悲藏是同一含义。这位阿阇黎（龙树菩萨）的其他教言中也说："欲入大乘之法门，消除黑暗息热恼，犹如日月菩提心，经劫精勤方可生。"详细内容当从大乘经典注疏及《华严经》《般若八千颂》等及《入中论》中得知。《慧海请问经》中说："能得佛果之法有一种，即不著自己安乐之大悲也。"这是前行。圣龙树菩萨以缘所有众生的大悲心而造的论典中说：宣说究竟一乘无上菩提之三因这一点，本人在资粮加行位

时通达后获得初地时，现量证悟空性而经行圣道。

己二、学修成就佛陀三十二相之因分三：

一、劝勉听闻；二、真实宣说；三、结尾教诫受持。

庚一、劝勉听闻：

大王若欲求，大士卅二相，
庄严汝身体，如是当谛听。

为了使上面所说的三因在相续中生起增长，务必依赖要积累资粮这样的方便而趋入资粮道。作者称呼道大王，如果要以能表示大士佛陀的殊胜功德的三十二妙相而使你的身体也变成庄严无比的妙相之因与果相，因果相联而宣说，你要专心谛听。

庚二、真实宣说三十二相：

敬佛塔应供，圣者及长者，
感得手足轮，所饰转轮王。

如云："积累一切白法故，弃离一切罪业故，于正等觉出有坏，所谓供依亦赞说。"

一、千辐轮相：这其中的佛陀也运用佛塔之词，因而对装有遗体之藏及佛陀的加持所依，佛塔与应供入灭尽定等圣者僧伽以及《俱舍论》中所说的"虽非圣者然而于，父母病人说法者，最后有者之菩萨，供养功德无有量"，父母、堪布、阿阇黎、病人等以及比自已年长者，恭恭敬敬，尽心尽力承侍，能感得震慑他者之威严的吉祥手足掌千辐圆满轮相严饰的转轮王的福德。

王恒于正法，稳固真受持，
由此当得成，足善住菩萨。

二、足善住相：正如所谓的“以令安住四洲之众转入善法”，希望国王你恒常如实真实履行承诺的誓言，稳固不退真实受持妙法，以此因可以感得成为双足跟平铺而善住的菩萨。因而，应当致力学修。

以施与爱语，利行及同事，
感得成吉祥，手足缦网相。

三、手足缦网相：以对一切众生布施、爱语、利行与同事四摄，具德国王你可以成为具备所有手指中间无有空隙，犹如鹅王般网缦紧连的指纹相者。

施授最上等，极丰之饮食，
感手足细软，七处隆满相。

四、手足细软相：以恭敬施授他众味道鲜美、营养丰富的上等饮食可感得吉祥手足纤细、柔嫩。

五、七处隆满相：身体高大，双手背、双足背及双肩、后脑无不丰满，而饱满隆起，即身七处隆满相。

不害作放生，感身广洪直，
长寿指纤长，足跟广满相。

六、身广洪直相：自己以悲心而无有害他之意，并且解救一切待杀的众生，而感得观不厌足庄严身相，令人赏心悦目，不歪不斜，端直高大。

七、指纤长相：随心所欲住世万寿无疆，一切手指纤长。

八、足跟满相：足四部分外突即足跟满相。

弘扬正受法，感吉祥妙色，
足踝骨不露，身毛上靡相。

九、身金色相：自己真实受持的一切句义，毫不吝啬地加以弘扬，感得非同寻常的吉祥妙色，令人见而生喜。

十、足踝端厚相：足踝骨端厚，不外突不显露。

十一、身毛上靡相：所有毫毛一一右旋上靡。

恭敬受与施，工巧等明处，
感锐利智慧，腨如鹿王相。

十二、腨如鹿王相：自己在学习所知明处工巧等一切事之时，恭敬而受迅速而持，也如此授于他众，你可以成为具有犹如鹿王般股肉纤圆的腨如鹿王相者，并且成为记忆善妙心思敏锐、智慧高超者。

若求己财物，以速施禁行，
感手过膝相，成世间导师。

十三、立手摩膝相：当他者索求自己的财物时，来者不拒，速疾施舍，志坚意决，以此禁行可感得立手摩膝、身体轻快，成为世间之导师。

亲友互离间，真实作调解，
感吉祥阴藏，密而不露相。

十四、阴藏相：真诚调解亲友之间相互不和的关系，使之和睦相处，可感得如同大象与神马一样阴藏相。

博施诸精舍，及舒适卧具，
感得如纯金，极其柔滑色。

十五、皮肤细滑：慷慨施授殊胜受用、美妙精舍、舒适卧具，可感得宛若无垢纯金般极其柔滑的金色。

予以无上权，如理随上师，
感一孔一毛，白毫庄严相。

十六、身毛右旋相：授予国政等无上的权力，如理依师言教奉行，可感得一一毛孔唯生一毛。

十七、眉间白毫相：眉间白毫庄严。

言说美悦语，随顺他善说，
汝感肩头满，上身如狮子。

十八、肩头圆满相：听闻时，令人感到语言优美动听，思维时令人舒心悦意，心满意足，随顺他人善说而随喜赞叹，你可感得肩头圆满。

十九、狮子上身相：上身平正端严如狮子。

服侍患者愈，感得肩臂圆。
本性安稳住，感得最上味。

二十、肩膊圆满相：以为一切患者以药等服侍护理等使之病愈，而感得肩膊圆满。

二十一、得最上味相：有条不紊稳重坚固，为病人施药等可感得下劣食品进入口中也变成最上妙味的最上味相，就像商人供养世尊与阿难腐烂马料的公案那样。

引导如法事，汝感无见顶，

犹如无忧树[5]，纵广量等同。

二十二、无见顶相：自己身先士卒引导行持如法之事，由此可感得顶上肉髻善住即无见顶相。

二十三、身纵广相：如同无忧树，顶踵之高等于张臂之长的身纵广相。

长时而言说，真实柔和语，

王感广长舌，且具梵音声。

二十四、广长舌相：以长期为他众无有谄诳而说谛实优美柔和之语，国王你，可以感得舌形广长、展则覆面的广长舌相。

二十五、得梵音声相：言语具无边功德而成具梵音者；或者也可以解说成，梵是指涅槃，与获得涅槃相同之音声。

恒常不间断，宣说谛实语，

感得狮颌轮，具力难胜伏。

二十六、狮子颌轮相：以了知说谛实语的必要后连续不断长久唯一说谛实语，可以感得两颊丰满的狮子颌轮相，具有魔等他众难以胜伏之威力，成为语王。

尤为敬承侍，随理而行持，

感齿极洁白，具泽且平整。

二十七、齿鲜白相：以无有狡猾之心尤为敬重、恭敬承侍众生，随从正理而行持，可以感得所有牙齿极为洁净、白如海螺的牙鲜白相。

[5] 无忧树：尼枸卢树。

二十八、齿平整相具有光泽，无有高下的齿齐平相。

无有离间语，长久而串习，
感得四十齿，悉皆齐而密。

二十九、四十齿相：以不杂离间语、长时修习真实语可以感得上下各具二十齿相。

三十、齿齐密相无有内外参差不齐、平等无有缝隙的齿根密相。

无有贪嗔痴，仁慈视有情，
感得目绀青，睫如牛王相。

三十一、目绀青相：无有对自方贪执、对他方嗔恨、对中等者愚痴的情况，以愿他众得乐的慈心目视众生，可以感得双目具光、犹如蓝宝石般的目绀青相。

三十二、牛王睫相：睫毛浓黑互不混杂的牛王睫相。

庚三、结尾教诫受持：

如是略为因，此等三十二，
狮子大士相，如此当谨知。

以上这三十二相，是大士牛王狮子（指佛陀）久经数劫由众多福德所形成的妙相。因此，要心领神会并加以修行。要想修成此因必须以恭敬加行与恒常加行的方式努力精进。修行因的过程，也是随学先前诸佛的足迹，因果的关系与各果的特点，是以清净愿力衔接的。比如，供养佛时，口诵“善逝如来汝之身，眷属寿命与刹土，殊胜妙相等功德，唯愿我等成如是。”诸如，供养鲜花等，当以“妙好间饰，众相花敷，行境相顺，见无违逆”来印持发愿。以此等为例都要了知。尤其是菩萨的一切修行之先，以上述的悲心菩提心最为关键。《华严经》云：“如剑法之一切因，先以步法为前导。同理，修学遍知果位故通达一切佛法亦先以真实安住为遍知果发

心之殊胜意乐为前导。如幻师之一切事之先应修成咒语悉地，同理，示现一切幻化之佛陀与菩萨一切对境，初当现前成就发心之愿，即悉皆成就。如一切配药以水为前导，同理，菩萨行愿一切积资净障之先以为遍知果发心为前导。如人一切事以命根为先，同理，菩萨真实受持一切佛法，皆以菩提心为前行。”《慧海请问经》中云：“呼气吸气是人之命根前行，同理，菩萨之大悲即是真实修成大乘。”

己三、随好因果未广说之缘由：

随好八十种，由慈等流[6]生，

本论恐繁冗，未于王汝说。

能代表其他功德的八十种随好，即是由愿众生得乐之慈心的同类因所生，关于各自决定的因，唯恐篇幅冗长而没有对国王你详细阐述。有关共同之因的详细内容当从他论中了知。请精进参阅。

一切相好的因——供施、承侍、说真实语等大多数都是由慈悲心所推动。无论上供下施多么广大，也不可能与慈心相提并论。《月灯经》中云：“虽供无量尽其多，铺遍诸刹俱胝数，一切佛前作供养，不及慈心之一分。”由此足可证明，成就相好的主因也是慈悲菩提心。

己四、转轮王与佛陀相好之差别分三：

一、果之差别；二、因之差别；三、宣说比喻。

庚一、果之差别：

一切转轮王，虽有此等相，

净严及明显，不及佛一分。

[6] 等流：指同类因。

如果有人问:既然说转轮王也具有相好,那么他们与佛陀有何差别呢?

积累大福德的一切转轮王虽然也具有这些相好,但与诸佛的相好差距悬殊,由于无有违品之垢染,清净悦意而庄严无比,无有能障,一切的一切部分均十全十美,因而明显、威严,是诸佛的相好,而相比之下,转轮王的相好不及其一分。

庚二、因之差别:

轮王尽所有,妙相及随好,
由于能仁王,一分净心生。
百俱胝劫中,专一积累善,
亦非能形成,佛一毛孔相。

佛陀与转轮王相好之因也有着显著的差别,转轮王的妙相随好尽其所有,也是由对能仁王如海功德自性具有清净心的一分因所产生。转轮王的相好圆满之因,历经百俱胝劫始终如一积累的善根,也无法圆满形成佛身一毛孔的功德。例如,有一个小孩儿因为以对本师佛陀的信心而供养一捧土也转成阿育王,有许多诸如此类的公案。

庚三、宣说比喻:

犹如日光芒,微似荧火光,
诸佛之妙相,微似转轮王。

犹如太阳照耀世界的光芒,与萤火虫的光相互之间只有微少部分相同。而诸佛的一切妙相与转轮王也只是部分相似而已。了知这样的原因后理当对诸佛不可思议功德生起坚定不退的信心。

教王中观宝鬘论中,轮番说增上生决定生因果第二品释终。

第三品　积菩提资

丙二、教诫修学无上菩提之因——二资粮分六：

一、成为资粮之理；二、是何果之资粮；三、教诫积累二资不懈怠；四、二资之本体；五、二资之分支；六、积累二资生功德之理。

丁一、成为资粮之理分四：

一、劝勉国王听闻；二、福资无边之理；三、智资无边之理；四、彼二之果无边。

戊一、劝勉国王听闻：

不可思福中，出生佛妙相，
大乘圣教说，大王如实听。

从大菩提之主因的角度而言，上文中已宣说了三种，所有无边资粮可归集在二资中，因而在此讲解。虽然已经宣说了“如若具足如是身语业而获得佛果后成为具如是妙相者”，但却没有解释以何等福德才能成就这些，所以接下来该加以宣讲：由不可思议的福德资粮中出生佛陀的一切妙相的道理前文中并没有作阐述，为此作者以劝勉的口吻称呼道：大王，要再度谛听。应当依照大乘的所有圣教中如何宣说，而如是宣讲。

戊二、福资无边之理分二：

一、真实宣说；二、虽无量但于所化前说为有量。

己一、真实宣说分六：

一、独觉等十倍福德资粮能成就佛陀一毛孔；二、成就所有毛孔之百倍福德成就一随好；三、形成所有随好之百倍福德成就一妙相；四、形成所有妙相之千倍福德成就白毫相；五、形成白毫相之十万倍福德成就无见顶相；六、形成无见顶相之千万倍福德成就六十梵音相。

庚一、独觉等十倍福德资粮能成就佛陀一毛孔：

能生诸缘觉，有学及无学，
无余世间福，如世无有量。
以此十倍福，成就一毛孔，
佛陀诸毛孔，皆与彼同成。

能产生一切世界中安住的所有缘觉、小乘的一切有学圣者及无学阿罗汉的福德以及能产生所有世界无一剩余之善趣的一切福德，如同世间界无量一样，也不可估量，以此等福德的十倍数，能成就佛陀的一毛孔，佛陀的所有毛孔均是与之相同福德而形成的。

庚二、成就所有毛孔之百倍福德成就一随好：

能生诸毛孔，所有之福德，
以彼之百倍，许成一随好。

尽彼福德数，感得一随好，
究竟即如是，直至八十间。

能生成所有毛孔的百倍福德承许为成就一随好，尽其福德所有数量，才能形成一随好，直至最终，都是如此类推，乃至究竟形成八十随好之间。

庚三、形成所有随好之百倍福德成就一妙相：

成就八十好，所有福资粮，
以此百倍成，大士一妙相。

成就八十随好的所有福德资粮，再换算成百倍，以此成就大士的一妙相。

庚四、形成所有妙相之千倍福德成就白毫相：

成卅二相因，乃是大福德，
此等千倍成，满月白毫相。

成就三十二相的因是广大的福德，将这些福德再换算成千倍，以此能成就大士额头眉宇间舒展量达一肘、如海螺般右旋、色如满月的一白毫相。

庚五、形成白毫相之十万倍福德成就无见顶相：

白毫相之福，十万合为一，
能生无见顶，怙主之肉髻，

能形成白毫相的这些福德换算成十万倍，合而为一，能生如何观看也不现、如何衡量也不能尽、怙主佛陀的无见顶相。关于无见顶相，有这样的历史：从前，有一

名叫持力的圣者，其神变于上方无量世间界已到尽头，但仍不见能仁的顶髻之巅。

庚六、形成无见顶相之千万倍福德成就六十梵音相：

成顶髻相福，广大千万倍，

当知能生一，十力者法螺。

以成就无见顶相的福德广大千万倍可以成就十力者佛语深密具六十分支的梵音声中的一支。大目犍连去往西方无数世界也听得到佛陀的语声。由此也可了知这种功德。

己二、虽无量但于所化前说为有量：

此福虽无量，然如说十方，

世界皆十倍，略言具限量。

如是成就佛陀功德的福德虽然无有限量，但正如上述的世间福德十方无边无余周遍说成是它们的十倍一样，佛陀的功德尽管不能定量一概说成“仅此而已”，然而相应所化众生的意乐，只是为了令他们生起信心、趋入解脱道，而大略说具有限量罢了。

戊三、智资无边之理：

佛陀色身因，亦如世无量，

尔时法身因，如何有所量？

何时佛陀的色身之因也如世间无边无际一样，不可衡量，尔时，具二清净的法身因——智慧资粮又如何能有所衡量的呢？因为无边之故。

戊四、彼二之果无边：

一切因微小，尚生广大果，
佛因无有量，难思果有量。

譬如，无忧树或尼枸卢树的种子如芥子般微小，但从中能生出枝繁叶茂、树荫可容纳国王及四大军队乘凉其下的大树，同样，一切果的因尽管微乎其微，但尚能生出广大之果，那么成佛之因不可估量，实在难以想象果有限量，因为以思维无法估量"至此为止"。比如，依止殊胜对境的善法无论如何微小，但能出生无穷无尽的果报，统治四大洲的我乳国王曾在三十五代与天王帝释分享天界的荣华富贵，据说也是供养七颗豌豆的果报。成佛的因是菩萨与菩提心，菩萨以善巧方便使一切事无不成为资粮，如《经庄严论》中云："具诸大方便，惑成菩提支……"总而言之，堪为菩萨方便与智慧之本体的二资粮不是由方便、智慧单方面所成就的，智慧以外的布施他众等五种及四摄等方便的一切资粮称为能摄集修行刹土、成熟众生、眷属受用广大、神通、幻化等一切增上生法的善根，智慧是能肯定、清净此等方便无倒自性的因。尤其关于以菩提心普皆回向的善根增长力，《宝箧经》中说："文殊，种种妙药以四大摄持而得增长。文殊，如是善根若皆以菩提心摄持而回向遍知佛果，则得以增上。"以这种方式在无数劫中积累资粮的果报谁衡量也无法测度。

丁二、是何果之资粮：

诸佛之色身，由福资所成，
法身若摄略，由慧资所生。
是故此二资，获得正觉因，
如此总言之，恒依此福智。

对于某果安立某因，上述诸佛的色身是以无缘智慧作为俱有缘，由近取因有缘福德资粮所形成，因为是历经多劫积累资粮的果报。法身之因虽然不可估量，但归纳而言，即是由多劫修行无缘甚深智慧资粮所生。为什么呢？因为十力、四无畏等一切智慧本体的法，成办一切利益，如身体般而称为身，其近取因是智慧资粮，其他资粮的一切事也是俱有缘。

因此，浩如烟海般的这二大资粮，是获得无上佛果之因，欲求迅速获得佛果依靠这样的因而成就。总而言之，希望恒常依止这些福德、智慧资粮。

第一颂是表示是何果之因，第二颂教诫依止二资粮，应当按照《六十正理论》中所说的回向偈而了知。如《无恼龙请问经》中云："依何缘生彼未生，彼生自性并非有，依缘之法彼空性，谁知空性即智者。"阿阇黎龙树菩萨在《正理集》中所阐述的诸法唯是缘起如幻所有的内容，归纳而言，如此来推理：所知（有法），自性空性（立宗），是缘起故（因），如影像般（比喻）。无自性也就是，无而显现无欺缘起，如同影像。务必要通达远离承认"绝对有、绝对无"二谛无别的真如。之后缘成办二利之果而互不分离，反反复复修行缘显现许的布施等福德资粮以及无有耽著三轮等分别念、证悟离戏之智慧资粮，犹如良种的苗芽一样。以成就所成的无欺缘起能获得二身双运任运自成之果。

有些对此颇为精通之人承许说："基中观二谛双运、道中观二资双运、果中观二身双运。"如果是中观，就是离戏，而绝不是无遮单空。所谓的戏论，就是说耽著有无、三时的心境，缘起显现许如是不成立，因此说，除显现许外单独的中观或空性不存在。

丁三、教诫积累二资不懈怠分三：

一、略说；二、广说；三、摄义。

戊一、略说：

由正理教说，令得安慰因，
成就菩提福，于此勿懈怠。

由无需感受身心的众多痛苦、能轻而易举积累资粮的正理和以三观察清净、能赐予定解的诸多大乘教中所说的发心与积资能使补特伽罗获得欢喜与安慰的这一原因，将对积累资粮生起莫大的喜悦之情。由于福德资粮决定是成就无上菩提的因等，因此，作者教诫道：对此，切切不可怀有"如果仅积累无边资粮则不能成佛"的怯懦心理而懈怠。依靠如上所说微小的因，能生广大资粮的道理以及慈悲菩提心随喜他者的善法、普皆回向等菩萨的善巧方便的不共特色，无有困难而集聚资粮。如果生起懈怠的对治法——精进心，则依靠人的身份迅速可成就大菩提。经中说：妙臂，此外，菩萨如是真实回向，成为狮子、猛虎、豺狼，甚至变成蚊蝇之此等众生尚且亦将成就真实圆满正等觉，何况已转成人，纵为生命何故退失获得圆满菩提之精进？万万不可。《宣说梦境经》中云："功德纵然何等微，以胜心摄得菩提。"与其他众生相比，转生为人更为荣幸，堪为了知方便的殊胜法器，因而如果内外顺缘具足，那么轻易便可成佛。正是考虑到这一点，（至尊弥勒菩萨在）《经庄严论》中说："转为人众生，无量一刹那，得圆满佛故，切莫甘怯懦。[7]"

戊二、广说分二：

一、教诫于福德资粮不懈怠；二、教诫于积二资粮不应懈怠。

己一、教诫于福德资粮不懈怠分三：

一、发菩提心之福德无边；二、以彼因而易得佛果；三、因具四无量故易成佛。

庚一、发菩提心之福德无边：

诸方虚空地，水火风无边，

如是许苦难，有情无边际。

[7] 唐译为：人身及方处，时节皆无限，三因菩提得，勿起下劣心。

菩萨以慈悲，于彼无边众，
救离诸痛苦，决定置佛位。

如《普贤行愿品》中所说："乃至虚空世界尽，众生及业烦恼尽，如是一切无尽时，我愿究竟恒无尽……"不可估量的所有十方，虚空无量无边，如是地水火风都是无边无际，同样承许，苦难重重的轮回有情也无边无际。大王，诸位大尊主菩萨以慈悲心驱使（发心），付诸行动（加行），将所缘境不可思议、茫茫无边的有情从轮回与恶趣的痛苦中解救出来，直接、间接必定安置到佛陀的果位。

从发殊胜菩提心开始就要披上坚韧不拔的盔甲，再这样去身体力行。此外，关于菩萨的擐甲精进至高无上，《无尽慧经》中云："不以'于此数劫中披上盔甲，于此数劫中不披盔甲'劫数计算希求菩提，而披上不可思议之盔甲，仅此轮回之如此多前际成为一日，如是十五日为半月，三十日为一月，十二月为一年，以此年数计算，于十万年间，发一菩提心，见一善逝阿罗汉真实圆满正等觉，以此数计算发恒河沙数菩提心，见善逝，而了知一众生之心行；以此数计算亦为一切众生发心，见一切善逝纵成了知一切众生之心行，然不怯而披盔甲乃菩萨无尽之铠甲。"《经庄严论》中云："佛子以大勤，成熟有情众，为他一善心，百亿劫不厌。[8]"菩萨的甚深密行不是他众的行境，以这样的誓愿而行。《华严经》中云："宁愿唯我受痛苦，而我不愿令一切众生堕入恶趣，纵然我于此自投罗网，也应从地狱、旁生处、阎罗主手中赎回一切众生。我为一切有情，愿将一切痛苦受蕴自身感受。我于有情说正直真实语，愿为众所信赖，真实不欺。我不舍一切有情，何以故？我缘一切有情发菩提心，如是为一切众生悉皆解脱，非贪自乐而真实趋入无上真实圆满菩提……"其中（对菩萨大愿）作了广述。

庚二、以彼因而易得佛果：

如是坚定者，无论醒或眠，
自真实受起，纵有放逸时，

[8] 唐译为：久劫行上勤，利物心无退，令生一念善，况欲善无量。

有情无边故，常积无边福。
由彼无边因，不难证佛果。

我们要清楚，立下誓愿的菩萨如此坚定不移，无论醒觉还是睡眠，从真实受此誓愿起，纵然有心不专注善法而放逸的情况，但由于轮回的一切有情无边无际的缘故，如同众生无边一样，菩萨也成了恒时积累无边福德。因为具有无边的因，所以具无边功德的佛果不难获得。也就是说，我们必须尽心尽力立下不舍发心的誓愿。《吉祥鬘狮吼经》中云："谁为菩提而精进，彼等犹如山王般，高耸极坚不动摇，切莫舍弃所立誓。"关于发菩提心的功德，《吉祥施请问经》中云："菩提心福德，设若有形色，遍满虚空界，较彼更超过。"详细内容当从《华严经》等中了知。菩提心誓言坚定者所作的善根相续不断，《华严经》中云："我若为利乐无边群生而披上盔甲，则缘利乐一切有情无边的善根无边，纵放逸或沉眠，然于昼夜中心之刹那始终增长至圆满。"这是因为菩提心的习气存留在意识中而不间断随从的缘故。此论和《入行论》第一品中所说的一切内容都来源于此。

庚三、因具四无量故易成佛：

谁住无量时，为无量有情，
求无量菩提，欲无量善法。
菩提虽无量，以四无量资，
无需长久时，何故不获得？

任何菩萨在轮回不间断期间安住无量劫，为了无量有情脱离痛苦，而欲求获得具无量功德的大菩提果，想成办二资粮所摄的无量善法。尽管大菩提果不可估量，但以上述的四种无量的无边资粮，不历经长久时间为什么不能获得呢？必定能获得，为此不应该畏惧经劫漫长与众生无边而要生起欢喜心。《未生怨王除悔经》中记载："从前，威严佛及二位大弟子化缘途经路边，有三个孩童在玩耍，他们对佛生起信心而供养各自的装饰品，两个小孩缘二大弟子而发愿说"愿我们变成他们这样”，一个小孩缘佛而发愿说“愿我变成他这样”，结果这个小孩先成佛而成为释迦佛，另两个小孩成为他的二大弟子，依靠佛陀讲经说法才获得阿罗汉果位。当时，世尊说：“倘若欲求迅速涅槃，当为遍知佛果而发心，快速之乘即是大乘。”这说明，供养对境与供品虽然相同，但是由发大乘心所牵引导致果有着天壤之别。亲睹佛陀的身色后起信心而发菩提心也是如此。《般若摄颂》中云：“菩萨欲求久流转，勤众生利修刹土，厌心尘许亦不生，彼精进度无懈怠。”

己二、教诫于积二资粮不应懈怠分五：

一、总说以二资能消除身心痛苦；二、以福德消除身苦；三、以智慧消除意苦；四、无有于积资生厌之因；五、宣说大悲之威力。

庚一、总说以二资能消除身心痛苦：

依于无边福，以及无边智，
迅速能消除，身心之痛苦。

对于修行大菩提懈怠实不合理，原因是，从无始以来迄今为止，只是为自利而乐于成办轮回的琐事，才给自己带来无边的痛苦，而成办二利的方便丝毫也不具备。虽然没有迅速获得佛果而在资粮道、加行道，尽管也会因以前的业力以及眼前所犯的堕罪而导致痛苦，但菩提心的威力非同寻常，正如以劫末火的比喻以及英勇护送者的比喻等宣说利益的那样。作为证悟诸法无生的圣者来说，不存在由业力牵引等情况，因为具有无边福德资粮与智慧无边资粮的对治力，能无余快速消除菩萨的身心痛苦，所以要万分喜悦而精勤。

庚二、以福德消除身苦：

罪感恶趣身，遭饥渴等苦，

彼止恶修福，他世无苦楚。

积累资粮不会感受身苦的道理是这样的，造罪而投生恶趣，身体遭受饥渴、寒热等无量痛苦，菩萨不造罪业而以积资的福德如果投生其他世间，则唯一享受安乐，而丝毫不会遭受恶趣等苦。经中云："福德能得解脱胜，福德世间得美名，杜绝恶趣获善趣，是故无上寻福德。"

庚三、以智慧消除意苦：

由痴生意苦，贪嗔怖欲等，
彼依无依慧，迅速得消除。

积累二资也无有意苦的忧恼，对一切万法远离有无边见离戏实相之义愚昧不知而导致意苦，追求对境的贪心及对魔障等的恐怖、希望获得他财的欲望等无有止境地萌生而心烦意乱，菩萨积累资粮而无有迷现的痛苦，他凭着通达诸法之根本、基、所依无有自性之实相义的智慧而遣除愚痴，再以获得稳固之力也就能快速断除意苦。如同了知幻化的军队一样。正如《般若摄颂》中所说："知众迷如兽入网，智者如鸟翔空中。"菩萨尚且对灭谛的安乐也不贪著，更何况说轮回的快乐呢？由于了达苦乐的事物无实，也不会对痛苦心惊胆战。《月灯经》中云："不应贪安乐，不应拒痛苦。"

庚四、无有于积资生厌之因：

若以身心苦，全然损无害，
乃至世间际，引世何厌离？
苦短尚难忍，何况时久长？
无苦安乐时，无边有何妨？

无有痛苦所恼者，正像刚刚所说的那样，根本无有身心痛苦的损害，也就不存在丝毫心生厌离的原因。假设菩萨乃至世间流转期间一直安住，而引导所有世人脱离轮回苦海，怎么会生起厌离心呢？绝不会厌离。《经庄严论》中云："观法如知幻，观生如入苑，若成若不成，惑苦皆无怖。"例如，对于被身心痛苦所折磨的人们来说，即便时间很短暂，尚且也觉得漫长而难以忍受，那么长期受逼迫就更不言而喻了，就像重病缠身者的昼夜一般。菩萨无有身心痛苦，始终享受安乐，纵然在遥遥无期的时间里安住又有何妨呢？完全心甘情愿而无有一丝一毫的不情愿，因而不容置疑，理所应当兢兢业业积资而不应懈怠。如同健康之人的昼夜一样。为什么呢？一旦由修成一劫显为一刹那并能接受痛苦的同类因可以获得苦转为乐的等持。《父子相会经》中说："世尊，具有于诸法转乐之等持，何者获得此等持，彼菩萨于所缘之诸法皆感乐受，亦不曾感受非苦非乐之等舍，虽遭有情地狱折磨，也安住在乐想之中……"其中有广说。

庚五、宣说大悲之威力：

既无身之苦，岂有意之苦？
彼悯世间苦，长久而安住。

如果有人问：那么，菩萨丝毫也无有内心的苦恼吗？

自利的痛苦丝毫也无有，既然不存在身体的痛苦，又怎么会有内心的痛苦呢？少许也无有，理由前文中已经说明。然而，菩萨以大悲力悯念世间不离痛苦而伤怀，这是殊胜善举而不是不情愿之义。菩萨是以大悲而长久住于轮回中，《入行论》中云："恶断则无苦，智巧故无忧，福德引身适，智巧令心安，为众处生死，菩萨岂疲厌？"菩萨为利益他众而安住轮回的原因仅是怜爱可悲的有情而已。

戊三、摄义：

故成佛经久，智者不懈怠，

为尽罪功德，恒常当勤此。

由于远离身心二苦的缘故，希望遣除众生痛苦的异生位者虽说获得成佛时间经久，但所有具有智慧的人应该坚持不懈，为灭尽罪恶、获得功德，要恒常精勤积累二资，得地之后便具有一刹那也能积累多劫资粮的方便，因此获得“若想则七天即可成佛；若想则可获得累劫安住”的自在。如果证悟轮涅等性的见解，那么轮回就成了寂灭的安乐，以大悲心安住在如梦有情为迷乱显现的痛苦所逼迫的轮回中毫不费力地积累资粮。关于此理，《经庄严论》中云：“自德利众喜，故意幻化生，（自严及自食，园地与戏喜，如是四事业，）悲者非余乘。”此外，如果不喜大乘的见行并惧怕轮回于是背道而驰，则尽管仅仅舍弃轮回的因果也将堕入寂灭之边。彼论又云：“舍发心之士，得利他心法，见胜大密义，弃乐趋寂灭。[9]”

丁四、二资之本体分三：

一、教诫离违品而依本体；二、三毒与相反之果；三、真实二资。

戊一、教诫离违品而依本体：

了知贪嗔痴，是过尽断除，

知无贪嗔痴，是德敬依止。

作者教诲道：了知平庸而贪求欲望之对境的贪心、怒气冲冲的嗔心与不知取舍的痴心是众多痛苦的来源而成为大过失后要彻底予以断除；了知无贪、无嗔、了达实相而无痴的善根是一切功德的源泉后要恭敬依止。

戊二、三毒与相反之果：

由贪转饿鬼，以嗔引地狱，

[9] 唐译为：思利及得方，解义亦证实，如是四时乐，趣寂则便舍。

痴多成旁生，相反得人天。

以上述的一切罪恶仅说是堕恶趣，而于此具体分析来说明：

贪执受用等而转生饿鬼界，以加害他众的嗔心而引入地狱，以愚痴虽有引至善趣的情况，但大多数投为旁生。以与之相反的三种善根则获得天趣及人趣。断除三毒所生一切业的善法暂时获得天、人身份，究竟得证菩提。《三摩地王经》中云："以不净观常息贪，以安忍力除嗔恨，依智慧力遣愚痴，将获佛赞之菩提。"

戊三、真实二资：

舍过取功德，是增上生法，
以智尽执著，乃决定胜法。

舍弃三毒的一切过失，取受三种善根的功德，暂时是摆脱恶趣增上生之法，成为以菩提心所引发的福德资粮，无误了知缘起之义而尽除对万法之实执的一切方便，是决定胜之法，称为菩萨智慧资粮。我们应当认识到贪等所生的不善业及无贪等所生的有漏善业等如梦之理，《宣说诸法无生经》中云："不缘贪心如是嗔，痴心永时皆不缘，了知诸法如虚空，谁知此理成君主。"

丁五、二资之分支分二：

一、略说；二、广说。

戊一、略说分二：

一、福德资粮之分支；二、智慧资粮之分支。

己一、福德资粮之分支分三：

一、兴建应供境；二、供养应供境；三、遮止供非应供境。

庚一、兴建应供境分二：

一、新建应供境；二、供养已有应供境。

辛一、新建应供境：

兴建起敬仰，佛像与佛塔，
壮观之经堂，广设敷具等。
诸宝所铸造，形状极庄严，
佛像端坐于，精制莲花上。

国王你要大力兴建令人肃然起敬、由珠宝等材料所造的佛像，装有殊胜舍利的佛塔、诸多经典存放的僧众经堂，要做到材料美观、布局雄伟壮观，广泛铺设僧众所坐的敷具，并且安排管理员等，饮食用具要应有尽有。暂且不说珍宝材料所造的大型佛塔，甚至由下等材料造小泥塔，哪怕中柱只有针大小、顶盖仅有松树叶大小，福德也不可估量。《白莲经》中云："何者壁面色图画，百福德饰圆满身，自绘抑或令他绘，彼等皆将得菩提。"

精心建造由种种珍宝所成的佛像、形状庄严，端坐在能工巧匠精心绘制的精美图案莲花垫上，由所有宝珠庄严得赏心悦目。《华严经》中说一切文字经函是法身的舍利，也就是色身。一切佛像等是由众生的福报、缘分（和佛陀菩萨的）愿力及大悲而化现的。《白莲经》中云："化现诸多佛像已，饶益众生行善法。"所谓的泥塔小像，是殊胜法身的影像或者真正色身、工巧所成，遇到这一切，就等于现见佛陀，而智慧法身不会显现于我们前眼。对此，经中云："善逝无穷尽，善法如影像，

真如善逝无，世人见影像。”自己的心如果能平等起信，那么所依无论怎么也好，都会获得真佛的加持，这样的教证与公案多之又多，因而应当心生欢喜。如《绕塔功德经》中云：“供养现在我，供未来舍利，平等起信心，福德无差别。”

辛二、供养已有应供境：

殷重而护持，正法比丘僧。

殷重而护持先前已有的正法经典与比丘僧众，使之饮食、资具免遭怨敌损害。经中说：如若恒常不断修法施、无畏施与慈悲心，修复陈旧腐朽之所依，则暂时也获得长寿、不为魔害等广大利益。又云：“现见佛塔已，何者复修造，是故具大力，身高无畏惧。”

庚二、供养应供境：

黄金宝璎珞，佩诸佛塔上，
金刚金银花，珊瑚及珍珠，
帝青吠琉璃，蓝宝供佛塔。

如云：“世间所有乐，皆供三宝生。”以许多精美金顶、珠宝璎珞佩在所有佛塔上。金银材料所做的美花与金刚宝、珊瑚、珍珠各种奇珍异宝、帝青宝，及由这所有珠宝所成的吠琉璃、蓝宝石供养佛塔，在佛塔上系上美花等，涂敷妙香，如此这些的等流果暂时长久获得的利益，经藏及律藏中有许多公案。《花积总持经》中说：“游戏狮子当知，善逝阿罗汉、真实圆满正等觉具无量功德，是故供养其之异熟也无量；游戏狮子，善逝无论安住抑或涅槃，一切供养者即如是，以三乘中一乘而涅槃；游戏狮子，见善逝阿罗汉真实圆满正等觉而心得清净，以清净心供养、承侍财和妙衣等一切，当知何者若于具善逝涅槃之芝麻许舍利佛塔作供养，其异熟与前等同。于善逝之供养无有分别或他体。”又云：“游戏狮子，供养善逝百年抑或千年，以一

切舒适资具承侍，或者，何者于善逝涅槃之佛塔，以菩提心真实摄持而供养一朵鲜花，或者撒一捧净水，或者香水，或者花片，或者涂香后以欢喜心驻足言‘顶礼佛陀出有坏’，游戏狮子，依此功德彼者经劫或百劫或千劫，甚至十万劫中也无倒堕恶趣之处，于此不应生怀疑、疑惑、犹豫。”

于诸说法师，供养及承侍，
做生欢喜事，六法敬依止。

此外，对修行正法与讲经说法者供养，以妙衣等物品及铺设坐垫等恭敬承侍，做令他们欢喜的一切事，以前面所说的六法毕恭毕敬依止。

事师而恭聆，服侍与问讯，
及诸菩萨前，恒常敬供养。

讲法时，以承侍上师的方式恭敬聆听，做他们的随从等，尽力奉行他们需要的一切事，问讯请安，菩萨无论身份好坏，都是包括天人在内的应礼处、应供处。因此，对于不是为自己讲法的一切菩萨，也要恒常恭敬而以所作所为供养。《东山部律仪》中说：“舍利子言：‘世尊，于初发心菩萨亦应顶礼；甚转为旁生之菩萨亦顶礼。’”

庚三、遮止供非应供处：

莫于他外道，敬供及顶礼，
愚者依彼缘，将执具过者。

大王，你切莫对大自在天等所说的其他外道本师及眷属，心生恭敬，身体作供养、顶礼等。如此一来，不了知功过差别的愚者们依靠你恭敬他们为缘，就会贪执诸如自在天之类具有贪等过患的补特伽罗而弃此佛教而成为外道徒。由此我们也

应该知晓舍弃冒充善知识而宣说颠倒之法的人。《毗奈耶经》中云："二大尊者，了知外道的一切本师颠倒说法后说道：'劣慧颠倒说，共称为劣道，彼法若如是，非法将如何？'"应当按照此中所说而舍弃诸如此类的事。

己二、智慧资粮之分支：

缮写佛经典，彼生之诸论，
先前当惠施，经函及笔墨。

如果有人准备缮写佛陀的经典及以佛陀为增上缘所形成诸如《宝鬘论》一类的所有论典，那么所用的经函、纸张也要相应施予。用于写书如海智慧资粮法身舍利的优质墨汁、笔要提前奉送。《宝积经》中云："于无财物者，施法佛倍赞。"因此，务必要努力奉行。

境内办学堂，师资[10]诸事宜，
田地定当赐，为智得增长。

自己的境内兴办学堂，教授读诵、书写、算术等的教师薪水之事宜，住宅等以及刚刚讲的田地要赐予，以此他们的生活水准与安定住留得到切实保障，这是为了自他智慧资粮全面得以增长的方便，因而要不间断行持。以此将迅速轻易实现一切所愿。《方广庄严经》中云："具福之人成所愿……"《阿育王降龙品》中云："奇哉供三宝，见此果如何，海内安住龙，我调制服也。"又云："自欲得功德，诸天及人众，真供圆满佛，无生无流转……"其中宣说了许多这方面的道理。

戊二、广说分二：

一、福德资粮之分支；二、智慧资粮之分支。

[10] 师资：这里的师资是指教师的工资。

己一、福德资粮之分支分四：

一、施舍自财之十四资；二、利他方便相应施舍；三、布施一切无主物；四、布施求援之特殊对境等。

庚一、施舍自财之十四资：

以十四颂宣说：

为除老幼病，有情之苦恼，
于境医发师，赐田令安居。

一、为了消除年迈老人、未成熟的幼儿、四大不调的病人这些有情的疾患等痛苦，对自己境内治病救人的医生、理发师，将自己拥有的田地部分收入或薪水妥善给予，令他们安居乐业。

旅舍及花园，桥池议事厅，
泉榻食草木，令慧巧匠造。

二、城镇、道路的交通要塞，旅客落脚的旅店，城市中心草坪四周围绕，种植花草树木等的花园、湖泊等内部相互交错等处中间隔开，用石头砌成通道的桥梁，沐浴的水池以及来来往往等聚会议事的总会厅，公共饮用的水泉、床榻、卧具、饮食、草木等所需的用品，命令明确了知或者通晓这些有聪明才智的人来建造。

于诸村寺城，修建集会处。

三、在有一户等的村落、放置佛典的寺院、具有四种姓及商业等的诸城市中要修建总的会议厅。

于诸缺水路，令人造水渠。

四、在缺少水的一切道路，要命人建造水渠。

于病无依怙，苦逼下劣者，
悲悯恒摄受，抚育敬亲近。

五、对于病人等无依无靠、因病而痛苦不堪忧愁可怜、种姓下贱、穷困潦倒、势单力薄等软弱无能的众生，国王你要以悲悯之心恒常摄受、庇护而抚育、保护他们，行为要做到彬彬有礼亲近他们。

应时之饮食，啖食谷水果，
乞求彼等士，施前用非理。

六、适合岁月时节，冬暖夏凉新鲜合意的饮食、啖食、五谷杂粮以及水果，当诸位比丘与乞讨的人前来索求这些物品时，在没有给予他们之前，国王不应该自己先享用，因此要先作供施。

靴伞滤水器，除刺之用具，
针线及凉扇，置于凉亭中。

七、为了方便无有靴子的人、遭受酷热等逼恼者，将靴子等、伞、过滤器、拔刺的用具及零碎的用品，针线、消解热恼的凉扇这些都要放置在水阁亭处。

三果与三辛，酥蜂蜜眼药，
消毒置凉亭，亦书咒药方。

八、诃子、毛诃子、余柑子三果，与生姜、荜拨、胡椒三辛，酥油、蜂蜜，眼药以及消毒药、药布也要放在凉亭处，简略书写仅仅念诵也去病的咒语、四百零四种药方提供给众人。

涂身足头油，摇篮及糊羹，
瓶盘板斧等，请置凉亭中。

九、为了旅客，身油、足油、头油、婴儿的摇篮、像稀粥一样的面糊、取水的瓶器以及盛肉等用的盘子，劈柴等的板斧等，急需的物品，请放在凉亭等处。

芝麻米粮食，糖油皆具足，
净水所装满，小缸置凉处。

十、为了方便煮饭、熬粥等，装有芝麻、大米、杂粮、食品、糖、油的小缸以及装满净水的缸放在无有阳光的阴凉处。

蚁穴之洞口，食水糖谷堆，
恒常记心中，亦为众人行。

十一、有许多蚂蚁出没的洞穴口，要堆积食品、水、糖、五谷杂粮等，恒时不要忘却而记在心中，国王你也随心随力为所有人提供方便。

餐前与餐后，恒常于饿鬼，
犬蚁鸟类等，随意施饮食。

十二、在自己用餐之前及完毕之后，将残羹剩饭布施给饿鬼、狗、蚂蚁、鸟类等，对他们随心随力常常施舍饮食。

灾害饥馑年，压迫及瘟疫，
战败之领地，广摄诸世人。

十三、对于受到敌人怨家等侵害、庄稼遭到冰雹等摧残，此外各种损害纷纷出现，恶性瘟疫、被敌所毁等惨遭失败而成为可怜对境的世人们，以饮食等种种方便广泛呵护、摄受。

于诸苦农夫，摄以种子食。

十四、对于悲惨的农夫，要以种子、食物来摄受。

庚二、利他方便相应施舍：

废除强赋税，分支皆消减，
赈灾而济贫，减免关卡税。

先王强制下令的徭役、沉重的赋税都是不应理的，因此要全部废除。庄稼的所有分支税也要一概减少，要全力以赴赈济因负债累累而受难的灾民们。新王所制定有害他众的船费、关卡税、经过关卡要道等处的旅客们的税收都要免除，过分的关卡税等也要消减。

彼等门前候，苦难亦当除。
自境或他境，盗匪须平息。

商人从他乡而来时，要在财物上盖印，那些商贩在门口等候被拒之门外所受的严寒酷暑等苦难也要予以解除。国王对于自己境内或他地的所有盗贼土匪要千方百计给予平息。

贷润须平衡，价值令合理。

当财物多少均衡之时，不能将价值控制得过高，商品的利润也要趋于平衡。如果(国王发现)物价不平等，就取消(经营者所定的)平等价格。如果价格同等，那么消除低价使之合情合理。

群臣所禀奏，自当皆知晓，
有益世人事，一切应常做。
如凡利己者，汝即有恭敬，
凡谓利他事，如是汝敬之。

对你多费口舌又有什么用呢？你要认真听取群臣的禀奏，当然也可能会有危害世间的启奏，因此对于他们的所有奏折与想法，要全面观察而做到了如指掌，作为国王你自身唯一为世界着想，所以，凡是有利于治国安邦、世界和平之事要恒常成办。对于他人所言与自己的事业也必须三思而后行。《本生传》中云："如汝利益众生者，入于非正士之道，轻视而为实非理，三思而行方合理。虽有过亦现似善，善妙亦见稍非理，未经殊胜理观察，不晓需事之分寸。"如同凡是说"对你自己如何如何利益"，你都予以重视并恭敬一样，对于凡是说"如何如何利益他众"的事情，国王你也应当唯一为他利着想而恭恭敬敬集中精力去做。经中云："见喜菩萨白佛言：世尊，菩萨竭力令众生见即生喜如是当为。何以故？世尊，菩萨非有他所为，普皆成熟众生而行持……"要依照此中所说而行持。

庚三、布施一切无主物：

如地水火风，药草及林木，
自于一须臾，令他随意用。
若行七步顷，怀舍诸物心，
菩萨所生福，无量如虚空。

此外，如同无主人所拥有的地、水、火、风，以及药、林苑的树木随意令他享受一样，大王自己的身体、受用一切如果根本不成立，则也应当于一须臾间，不执为我所而让他众随心所欲享用。《无爱子请问经》中云："于何物不应有不舍心、不布施心。"由于不耽著受用并以舍心布施的缘故，甚至在行七步期间，尽管行为上没有做到，但对受用的一切财物怀有施他舍心的菩萨，所生福德资粮如虚空般不可估量，所以理应如是而行，而不应执为我所。《稀有智慧经》中云："弥勒，普皆依止、修习舍心，若能屡次作意，则将圆满布施。"《宝云经》中云："若问何为布施度，即思维一切财物以及果施舍于他众。"

庚四、布施求援之特殊对境等分三：

一、布施人之依据；二、布施其他求援者；三、合法布施。

辛一、布施人之依据：

貌美之女儿，若赐所求者，
依此分别得，受妙法总持。
往昔大能仁，同时而赐予，
八万装饰女，及一切资具。

如果有人认为：布施女儿是遮止的吧。

并非遮止，如果国王将自己貌美端庄的女儿等以珍宝饰品精心打扮而赐给诸追求者，那么依此布施将分别获得圆满受持妙法之名义的总持。可以这样布施有据可依，大能仁在昔日成为无边称法王等时，将佩带奇珍异宝诸装饰品的八万美女连同她们所需的服饰等一切资具一并赐予他人。因此，这种布施是合理的。《十地经》中云："何时千数转轮王，尔时连同海诸地，四洲珍宝遍充满，我供先前诸佛陀。为彻寻觅法身故，昔日悦意且珍惜，彼等物我无不舍，多劫惜命尚布施。"

辛二、布施其他求援者：

种种光亮衣，及诸装饰品，
香鬘诸受用，慇施诸乞者。

白红等色彩斑斓、各式各样、光彩夺目、亮丽洁净的高档服装及一切装饰品，香鬘饮食等受用，要以仁慈心肠诚挚地给予一切前来乞求的人们。《般若摄颂》中云："一切受用观无常，若自然起大悲心，由从我家施他家，极为应理当了达。施谁彼者不生畏，何物置家彼生畏，不足共用须常护，若施不招罪与害。"

辛三、合法布施：

何者无法义，极度生忧伤，
即刻赐彼乐，此施最殊胜。

任何人如果不具足听闻法义的顺缘，因此而极度忧伤，可怜兮兮，如果你想立即赐给他顺缘，那么没有比这更殊胜的布施了，因为这实际上就是你给予了他所要闻受的正法。经中云："所有一切布施中，法施为最我所说。"

若于谁有利，毒亦作布施，
佳肴若无益，于彼莫施予。
犹如被蛇咬，断指谓有利，
佛说若利他，不乐亦为之。

如果有人问：菩萨该施给他人毒物吗？

答：如果知晓对患者等某些人来说毒物也有利益，那么不仅是其他药物等，就算是毒物也应施予，因为对他者有利必须放在主要位置上。纵然是上等的佳肴，但如果了知对他者不利，则这种食物也不可给予那一对境，因为何时何地都必须要断除损害的缘故。经中说，不成利益众生之事当舍弃。比如，对于被蛇所咬的人，据说如果砍断手指方有利。同样的道理，大能仁佛陀说，如果究竟利他，则暂时不安乐也要为之，就像依药治病一样。

己二、智慧资粮之分支：

共有二十五种，以十二颂说明。

于妙法法师，本当胜承侍，
恭敬而闻法，亦作法布施。

一、对于正法与讲说内明论典及说法者，本应当供以最上等的衣服、饮食等承侍。

二、断除骄傲自满的心态而毕恭毕敬听闻正法，并高度赞叹。

三、经函等正法方面的布施也要慷慨而为。

莫爱世间语，应喜出世言，
如自欲功德，亦令他生起。

四、切莫喜好散乱害他或者无利无害的各种世间俗语，因为会成为正法的违缘。如云："世间悦意语，应时当言说，种种散乱词，畏故永莫言。"

五、应当唯一对出离轮回的方便等出世间忠言心生欢喜，因为能实现国王的一切利益。

六、犹如自己欲求生起闻思修的功德一样，也要令他人生起这些功德。

闻法无厌足，摄义且分析，
供养上师尊，恒常敬呈禀。

七、先前三番五次听受的法，仍旧不厌足，需要在数劫之间广泛求法。

八、所听闻的一切意义要善加归纳，念念不忘而受持。

九、正法的句义、了义、不了义等深入细致加以分析而宣说。经中云："具目若有光，现见诸色法，如是善恶法，听闻而了知。"三学及其果位也是来自于听闻。经中又云："以闻知诸法，以闻去罪恶，以闻断非义，以闻得解脱。"

十、恭敬供养讲经说法等诸位上师各种供品，恒常恭敬陈述所作所为。

莫读顺世论，断除诤义慢，
不赞自功德，评说敌功德。

十一、不要阅读世间顺世派等的所有恶论，因为使智慧颠倒错乱而成为智慧资粮的违缘。

十二、应当竭尽全力断除带有我慢心理而对观点的意义争论不休，因为律藏与《俱舍论》中说一味致力于辩论是外道的做法，也是轮回与恶趣之因。

十三、切莫以贪执自方而在他人面前炫耀赞叹宣扬自己的功德"如此如此"。

十四、不仅是对中等者等，甚至连仇敌也不要诋毁而应评说他的功德。《摄集经》中云："赞自毁他之菩萨，魔摄慧浅当了知。"

莫中他要害，亦莫以恶心，
揭露他过咎，当观己过错。

十五、犹如箭中心脏一般，在展开辩论的过程中或者某一时间，万万不要以宣扬对方的缺点等而击中要害，因为会刺伤别人而成为恶业。《毗奈耶经》中云："恶语伤人之斧头。"其中宣说了说恶语的诸多过患。

十六、在无有利益的情况下，也不要以恶心公开揭穿他人不可告人的过失。

十七、应当一再观察自己三门的一切过错，而予以断除。《宝积经》中云："覆盖自诸错，观察他过失，此二如毒火，智者弃此过。"

他由何种过，常为智者责？
自应尽断彼，有力亦止他。

十八、以何种过失致使别人常常受到了知取舍的诸位智者所呵责，以此为缘，自己不依靠他者而要彻底断除这些过失，如果有能力，还要制止他人而令他无有罪过。如云：“设若过充满，然不观待他，自己知遣除，彼为智者相。”

他害莫嗔恚，应念宿业感，
为后不受苦，自当离诸过。

十九、对于他人无缘无故非理加害自己，应当想到这是往昔宿业的报应，而不要嗔恨作害者，《勇部王传》中说：“度过众流转，大海业为因，是故汝不忍，诸害即非理。”如果以怨报怨、以牙还牙，那么将成为后世痛苦之因而屡屡受苦，因此为了不再遭受痛苦，自己要做到远离嗔恨的过患，如此一来也将灭尽宿业。《三摩地王经》中云：“凡愚非真实，当忍诸打骂，亦受辱拖扯，于诸余菩萨，我曾发害心，昔我造罪业，一切得清净。”

毫不求回报，于他行饶益。

二十、如果发放布施，则无有希求对方回报或者异熟果报，而始终用布施及果报一并来饶益他众，就像自己享用饮食不求回报一样。《四百论》中云：“若谓今行施，当感大果报，为取而舍施，如商贾应呵。”

有苦唯自受，乐与求共享。

二十一、当别人给自己带来痛苦时，这种痛苦自己一人默默忍受，而应当将安乐与乞求者共同分享。如《摄集经》中云：“闻他恶行粗恶语，谓是自乐菩萨喜。”

纵然富如天，亦莫起骄慢，

穷困如饿鬼，亦莫生怯懦。

二十二、不用说以微不足道的小事而傲气十足或者自甘怯懦，纵然获得天人的富足圆满也万万不要趾高气扬，哪怕是穷困潦倒衰败得像饿鬼一样，也切切不可心生怯懦，闷闷不乐。如云："修行解脱者，远离引业故，方现异苦乐，纵兴莫骄慢，纵衰莫怯懦。"

纵说真实语，损己失王位，

恒说为自利，莫言其他语。

二十三、纵然由于言语利益他众的真实语而导致自利方面丧失生命或者失去国政，也要恒常讲说无上真实之法语，纵然由于有损于他而得以生存、拥有王位，实际上也相当于已经死亡或失去了王位，因为失去了正法之故。《十地经》中云："是故国王我，纵舍所惜命，享受世间乐，亦不舍三宝。"因此，除此之外永远也不要说不真实的语言。断除害他、一心利他是菩萨的主要学处。《菩提心释》中云："善趣所欲果，恶趣不欲果，由利诸有情，及害所出生。依于有情得，无上之佛果，梵王护世间，彼等岂有获？"

如此说禁行，恒常依此行，

由此具吉祥，亦成正量者。

二十四、要恒常依照上述所说之言教的禁行而实际奉行。这样去做，在现世中大王你也会一切吉祥，在整个人间，成为众所信赖的殊胜正量之士，因此要坚定不移去行持。

汝恒于一切，三思而后行，

由见真实义，而不随他转。

二十五、国王你时时刻刻要对一切取舍之处，首先善加观察该做不该做而取舍好坏，依靠无误照见真实取舍的一切意义而不随他转，也就是说无需问别人，心稳固不动。关于这一点《本生传》的教证前文中已引用过。

丁六、积累二资生功德之理分二：

一、所生五种共同功德；二、所生二十五种特殊功德。

戊一、所生五种共同功德：

共有四颂。

由法王位安。

一、由于奉行正法所生的这些功德，对国政无害，因而可以使王位安定兴盛。

名声之华盖，广大遍诸方。

二、人们传扬“某某人对弘法利生做了如何如何的事”而使美名的胜幢、华盖广大遍布诸方。

群臣尽敬重，死缘何其多，
生缘何其少，彼等亦死缘。
是故恒修法。如此常修法，
自与诸世间，悉皆心悦意，
以此为最佳。

三、奉行正法能摄受眷属，这是一种规律，由此不仅堪为诸方的皈依处，而且也会赢得自他诸位属臣的恭敬爱戴。经中云:"若以自然美名德,具悦众生之威力,获得伪德恭敬者,燃起难忍嫉妒火。"《解忧书》中云:"如是诸众生,悉皆面临死。"因此,务必要迅速修行正法,因为自己的住宅等无不成为死缘。死缘极其众多,尽管存活的因缘也有微乎其微的部分,但也面临着挚友所欺、房屋倒塌、食不消化等的威胁,虽然自以为积累财产是生存之缘,但诸如为了积财而丧命,实际上这些也没有不成为死缘的。所以,与为了生存而积累财产相比,更应当恒常修行正法。《教王经》中云:"生老病死如磨纹,死主恶魔如信使,死缘思维不可及,无不成为死缘事,此身食养终归亡。"如果能够做到这样恒常修法,那么一切世间与自己,自他二者都会以行法而舒心悦意或者心满意足。这种快乐是最好不过的,并且仅此足矣,因此要如是而行。

也许有人会想:如果恒常唯一修行正法,那么就不需要成办世间的受用了吗?

这顺便可得,因而无需刻意去成办。《妙臂经》中云:"譬如有士为果故,生长稻谷非为秸,得稻谷后无励力,禾秸之堆顺便生。如是有者欲菩提,造福虽非为受用,然而犹如禾秸堆,未成之中成受用。"

由法眠安稳,安乐而觉醒。

四、如果加害对方,结果就会整天顾虑重重,心里怀着"他曾经害过我"的憎恨而彻夜难眠,醒觉时也是心神不安,菩萨的殊胜法就是不加害对方,这样一来也就无有怨敌的畏惧,也不会因耿耿于怀而心烦意乱,依靠正法可心安理得地入眠,并且在安乐的状态中醒来,因而要努力修法。

由内无过咎,梦中亦见乐。

五、意乐清净的内心无有贪嗔等过患,因而验相表现在甚至梦中也见到欢喜快乐的瑞兆。《毗奈耶经》中云:"造福今喜后世乐,二者欢喜极欢喜,诸业成熟见极喜,去处善妙后世喜。"

戊二、所生二十五种特殊功德分二：

一、广说；二、摄义。

己一、广说：

有十九颂。

竭力孝父母，承侍种姓主，
善用忍行施，柔语无离间，
实语始终行，获得天王已，
依旧成天王，故当依此法。

一、主要以大悲为前行而用衣食等孝养父母双亲，自性种族恭敬的诸位主尊也要承侍，善加享用无罪的衣食等自己的受用，修行安忍、发放布施，语言无有粗暴温文尔雅，无有挑拨离间之语，唯一说真实语。只是在这一生期间奉行此八法，以此可感得天王的果报，尔后仍旧屡屡成为天王。因此，要依止连续获得如是增上生人天安乐的正法。据说作百次供施便可感天王果报。

每日三时施，三百罐饮食，
不及须臾间，修慈一分福。
人天等慈爱，彼等亦守护，
意喜身乐多，无有毒刃害，
无勤事得成，感生梵天界，
纵然未解脱，亦得慈八德。

倘若有人心想：如果无有所布施的财物，难道就没有其他办法积累资粮了吗？

二、下面以比喻来说明还有更为殊胜的资粮，三百罐饮食是《鸡豆医疗术》中所说，能煮十斗粥的陶瓷罐，煮三百罐，具有六种味道，舌的境、根、识三者接触即感到舒适的佐料品种，或者具有六十种蔬菜这般丰盛的饮食，每日三时中认真布施，也比不上在一须臾间修愿众生得乐之慈心的广大福德少许的部分。《因缘品》中云："每月千供施，如是行百年，不及慈众生，十六分之一。"修慈心的功德在现世中也成为人天之主尊而受到一切众生慈爱，那些非天也以仁慈护佑，正如慈力王的传记那样。无有嗔恨而常常心旷神怡，身体安乐。无有毒物、人非人之兵刃的危害。无勤当中万事遂意，如愿以偿。后世将转生到梵天世界，《涅槃经》中对相关公案有明确记载。即便他人嗔恨，但由于自己能够修行慈心而心平气和，从而可行持自他二利。经中云："谁知他烦乱，彼前自寂静，彼行自与他，二者之利益。"即便依此暂时没有能从三有中解脱，但眼前也能获得修慈心之法八种功德。

若令诸有情，坚发菩提心，
常得如山王，稳固菩提心。

三、如果能让那些没有发菩提心的有情发起殊胜菩提心，并且想方设法令他们坚定不移，那么依此等流，自己将在今生与后世中恒常获得稳如山王般的菩提心。经中说：于装有佛身舍利之藏、七种珍宝所造、面积等同三千世界之佛塔，每日广作种种供养，远远比不上将一位所化众生安置于大菩提道的福德。这是月称菩萨在《四百论释》中引用的。

由信离无暇，依戒生善趣。
凭依修空性，不执一切法。

四、资粮之中以信心对业果诚信不疑而奉行取舍，结果永远不会转生到无暇之处。

五、依靠持戒转生到人天诸善趣中。

六、凭着修习所通达的甚深空性而感得具有减少功德之违品、不失对治的不

放逸，并对一切诸法无执无著的智慧。

正直具正念，思维得智慧。
恭敬证法义，护法具智慧。

七、以信心十足的清净意乐在闻受正法等时，无有狡猾的心理而保持正直的心态，由此可获得内心正直、具有正念的聪明才智。

八、平时思维正法，可获得智慧藏或大智慧。

九、对于妙法与说法者恭恭敬敬行事可感得通达法义。

十、为使所闻受的一切正法不失去而加以护持，将成为具有敏锐智慧者。

依凭闻正法，施法无障碍，
感得伴诸佛，迅速成所欲。

十一、依靠在闻受正法与平等进行法施的过程中，无有吝惜秘诀等过患的障碍，可感得恒常依止诸佛，承蒙摄受，并且一切所求之事无有阻碍迅速得以实现。关于此等的教证，《迦叶品》中云："恭敬说法者，不求利养也，不思唯偈颂，所闻法示他。"《念住经》中说："听闻演扬妙法已，尽力弘扬之智者，趋至断除老与死，至高无上之果位。"与财施相比，法施更为殊胜，《弥勒狮吼经》中云："三千世界遍黄金，以此布施一切众，讲说四句一偈颂，如是饶益非如是。"关于不忘而受持所闻之一切法的功德，《善逝秘密经》中云："受持妙法之福德，一切佛陀极郑重，俱胝劫中作宣说，然而不能说究竟。"

无贪成法利，无吝增受用，
无慢成主尊，法忍获总持。

十二、不贪著妙欲可成就一切法利，因贪执而破戒后忘失所闻，并以积累妙欲而导致一事无成。

十三、串习舍心而毫不吝啬能使受用增之不尽，这是自然规律。

十四、无有我慢的相续中一切功德自然而然生起，因而成为上上下下众所敬仰的主尊。也就是俗话所说的,傲慢的山冈上存不住功德水。其依据,在《宝箧经》中说:“文殊,譬如大海初存时,首先存于一切大地内之低处,尔后水流将无勤而流淌。同理,无有我慢之菩萨无勤而现前佛陀之一切法。”

十五、以对空性法门无所惧怕而全然接纳的法忍可获得不忘陀罗尼。

以授五精华,及作无畏施,
诸魔不能侵,成大威力最。

十六、将糖、酥、蜂蜜、芝麻油、盐等五种精华恭敬授予他众,作为受到怨敌恐吓者的护送者,解救他们于危难之中而作无畏施,依此可使一切魔众无机可乘,具足无爱子力等成为大力之最的佛陀。

佛塔供灯鬘,暗处置灯盏,
油灯加油汁,依此得天眼。

十七、在佛塔上供酥油灯、花鬘等,在漆黑一片的暗室内放置灯盏,为油灯加油,依此可获得天眼,如阿那律尊者的传记[11]一样。

供养佛塔时,敬献妙乐器,
铃铛螺及鼓,依此得天耳。

十八、在对佛塔作供养时,有条件则献上乐器、铃铛、声音动听的海螺以及妙鼓,依此将获得天耳通。

不举他过失,不说诸残疾,
随护他心故,获得他心通。

[11] 阿那律尊者的传记:阿那律尊者往昔成为盗贼首领,一次因鞋破烂而到佛堂里去补鞋,将供佛的油灯加油,依此感得“天眼第一”。关于详细内容,当参阅《极乐愿文大疏》。

十九、在无有必要的情况下，不揭露他者三门的过失，当面背后从不谈论说瞎子等残疾缺陷，随从护持他心，想方设法不伤别人心，由此可获得了知他众种种心的他心通。律藏等中说，甚至说一般人或旁生的过失，过患也相当严重，经中说尤其是如果评说菩萨的过失，则过患无量无边。《宝积经》中云："何者分别菩萨行，当知彼等乃疯人。"

施履及车乘，服侍羸弱者，
乘骑奉上师，智者得神变。

二十、对一切贫穷者施予鞋、车乘，搀扶无法行走的羸弱者，以乘骑侍奉上师或者供养车辆，侍奉上师得以休息，了知修行如此之因的智者可获得一变多、多变一等神境通。

为法而行事，忆念法句义，
法施无有垢，故得宿命通。

二十一、为了正法而苦行兴建经堂，如是念念不忘而铭记正法的一切句义，对以前听闻的所有法要再三回忆，不图回报的法施无有颠倒宣说等罪垢，依此将获得回忆自他先前诸世的宿命通。经中云："数百劫中极罕见，于此妙法生欢喜，欲解脱求功德者，切莫寻求世间事。"

如实尽了知，诸法无自性，
故得第六通，永尽一切漏。

二十二、如实彻底了知一切万法在胜义中体性不成立，进而加以修习，将获得现量知晓灭尽三界烦恼障的离果与解脱道等的第六通，即永尽一切漏的最殊胜神通。《般若五百颂》中云："尽寻不得法，心不现有实，法性善知故，具慧得菩提。"

为度诸有情，了真如等性，

大悲润修行，成具殊胜佛。

二十三、为了救度一切有情脱离轮回，了知真如的智慧即通达万法平等的智慧资粮，并非是单空而是以大悲浸润，修行证悟空性的智慧与大悲藏，比如，见道圣者的根本慧定一体三智相无余修行完全清净究竟时，三智或布施等一切功德无不齐全而成为具一切殊胜相的如来，也就是成为遍知佛陀，因为证悟轮涅或诸法平等性与大悲紧密相联的智慧即是成佛的主因。

种种愿清净，佛刹即清净。

二十四、十万、无数、十大愿等各种愿力远离自私自利之作意，清净无垢，将来待自己成佛的佛刹唯一出生纯净的有情而得清净。所有世间界直至某尊佛陀调化所化众生的一切世界，即是佛刹。佛刹中具有圆满清净、广大住处和受用也是来源于多发清净愿。经中云：“如龙王显示，云集虚空界，如是佛以愿，出现诸刹土。”

宝献能仁王，得放无量光。

二十五、以珍宝供养能仁王佛陀将获得放射遍及无边光芒的功德。

关于以上所有内容多数来源于诸大经典，当从中了知。

己二、摄义：

故知业果理，随同而行持。

恒常利有情，即利汝自己。

因此，依照奉行上面所说的业果善资则所生果报的因果规律或者随因而生果的道理后实地加以行持，实际上就是要恒常利益其他有情，这自然也就是利益大王你自己。《嘎雅够热经》中云：“文殊，诸菩萨之行为当从何入手，依于何者？文殊答言，天子，诸菩萨之行即从大悲入手，依于有情。”可见，菩萨的无量善行与佛果的无量功德的原因也是由这一甚深方便的威力所生。《菩提心释》中云：“一切声闻离贪故，岂非获得下菩提？倘若未舍诸有情，则得圆满佛菩提。”《摄正法经》中说：“世尊，诸菩萨之身业无论如何，语及意业无论如何，以见解趋入有情，随大悲……思维成办利益一切有情，思维我修行成办安乐之法。”《经庄严论》中云：“愚者勤自乐，未得恒受苦，坚持喜利他，涅槃成二利。[12]”

教王中观宝鬘论中，积菩提资第三品释终。

[12] 唐译为：世间求自乐，不乐恒极苦，菩萨勤乐他，二利成上乐。

第四品　国王行为

丙三、教诫修学国王无过之行为分四：

一、以意义之关联承上启下；二、广说；三、摄义；四、不能学修国王行为则教诫出家。

丁一、以意义之关联承上启下分三：

一、需要了知对国王当面赞毁之利害；二、宣说听从有利之语依本师所说而修学；三、真实劝告听从有利自他之语。

戊一、需要了知对国王当面赞毁之利害：

难知忍不忍，故王行非法，
或作非理行，属下多赞叹。
于他有利语，逆耳尚难说，
况于君王你，僧我何须言？

如果直截了当说出过失，那么无法知道或难以知晓对方能接受还是不能接受。因此，诸位国王即便造罪业，行非法，背离正理，倒行逆施，但臣民等依于国王生存的人们大多数都会对国王当面奉承，而不会诋毁谴责，原因是：虽然本不该赞扬非法行为，但人们认为如果当面说出过失加以反对，势必使国王大发雷霆而招

致灾难，心里怀有这种恐惧。由于在国王面前阿谀奉承而造成迷惑，因而很难洞悉、了知对自他有益与无益的差别。暂且不论国王，就算是对其他一般的任何人来说，谈论过失的刺耳语言纵然有利，但在当面这种非理之事也难以启齿，更何况对于大地上具足圆满财势你那样的国王，像我这样以乞食过活的贫僧就不必说了。

为令汝欢喜，亦为悯有情，
利你纵逆耳，唯吾定呈白。

话虽如此，但一方面为了让你对我心生欢喜，并且你本人也满怀喜悦，另一方面也为了慈悯其他众生，对你来说暂时是讲过失的语言，听起来似乎刺耳难听，可实际上是大有裨益，为此龙树我毫不犹豫地直言呈白。菩萨以善巧方便而有必要呵责，而作为凡夫，不要说是诋毁甚至赞叹也无法与菩萨的诋毁相提并论。《毗奈耶经》中云："智者所呵责，凡愚作赞叹，智责即殊胜，愚赞非如是。"

戊二、宣说听从有利之语依本师所说而修学：

佛言于弟子，慈悯应时说，
真柔合意语，是故出此言。

大王，理当对你如此宣讲，因为世尊亲口说过：唯一利他、真实、温和、具有必要、相合所化众生的心或者不相抵触的称心语言，以慈爱心引发，在有利的时候务必对弟子言说。所以，并不只是为了令你欢喜。世尊在调伏所化有情的时机未成熟时不说，而一旦切合时机，了知其界、根基随眠而婉转调化，或者以神变而调伏等，凡是有利或适宜的语言便应时而宣说。经中云："我见此解脱，种子极微小，然如地内金，以随眠而存。"《毗奈耶经》中云："纵然有大海，离开波浪时，佛陀恒不离，所化诸佛子。"由此可见，实在该说相应场合的这番话语。

戊三、真实劝告听从有利自他之语：

坚稳若宣说，无嗔谛实语，
如沐浴妙水，理当闻受持。
我为汝宣说，现后有利事，
知已应修行，自他有益法。

由于具有精进、等持的智慧稳如泰山，故称坚稳者，这是对国王的称呼。如果怀有慈悯之心而宣说无有嗔恨的谛实语，合情合理阐扬有利的意义，如同相合时间想进行沐浴而遇到妙水一般，理当欣乐听闻，全然接受。作者忠言劝勉道：比丘龙树我对大王你，如应宣说今生与他世值得赞叹的一切内容，希望你心领神会，而修行对自己和其他众生暂时究竟有利的方便法。

丁二、广说分三：

一、国王之规则；二、修学无损而成就正法；三、学修获得解脱不舍大乘法藏。

戊一、国王之规则分五：

一、广兴布施；二、护持道场；三、保护先有之财物等；四、亦摄受不希求者；五、任命官员。

己一、广兴布施：

由昔施乞者，得利若不施，
忘恩起贪著，后世不得利。
今生做事者，无薪不负粮，

乞者未付薪，后时成百倍。

正由于往世对乞求衣食等者作布施，才感得现今获得了国王的财富等布施的果报，如果以后不再一如既往地施舍乞者，那么既不了知以前所行布施的果报，也不懂得以后救济乞讨者等，如此就成了不报恩之辈，贪执受用，后世也就不会得到富裕等一切利益。因此，理当慷慨布施。比如说，现在的这个世界上，给主人自己担负路粮而做事的雇工们，如果没有领到工资，或无有报酬，就无法负荷起路粮的重担，如此一来也不会酬谢主人。由于没有利益雇员，主人自己所想之事也无法实现。同样，自己的衣食等如果施舍给乞丐或旁生等一切低层的众生，虽然他们现在不会背着你自己布施果报的受用而发给你薪水或工资，但是后世的有朝一日，那些曾受施的乞者们必会携带着你现在所施物品的百倍前来奉还给你。因此，理当喜爱乞求者，并喜出望外作布施。《摄集经》中云："菩萨施断转饿鬼，摧毁贫困诸烦恼，用时获得无边财，以施能利苦有情。"

己二、护持道场分三：

一、学修广大心行；二、新兴法事；三、成办特殊法事。

庚一、学修广大心行：

恒发广大心，喜行广大业，
由依广大业，生诸广大果。

时时刻刻不舍善心、不杂违品、主要利他的发心要广大，从加行方面而言，作供养、布施的财物等要广大，对上供三宝下济苦难对境等善事心怀喜悦。由因位时的广大业中必定会产生刚刚所说的一切广大等流果。

庚二、新兴法事：

国王当广行，下者难思事，

法事三宝依，而具大名声。

如上所说，广大善业是应为之事，国王应当广泛奉行较自己势力薄弱、思想狭隘下层人们心里不能容纳、想象不到的大事。总的来说，王室等应该做的事，诸如建立佛教正法的根本成为人们耳闻目睹的道场，修建殊胜三宝的所依，举行广大佛事，由此可以使自己名声远扬、遍及十方，以行法的声誉也能摄集众生并可成办其他大事。

庚三、成办特殊法事：

共有七颂。

若做何法事，他者毛不立，

死后无美名，大王宁不为。

如果任何法事，就是与受用圆满的国王平起平坐或者稍逊一筹者来做，众人对他也是心怀不满，无动于衷，甚至出口不逊，即便是人已死去也不会名垂青史。诸如此类的事，大王宁可不做。这也是身为君主的特法所在。

为诸广大事，离慢生欢喜，

能摧低者怯，乃至诸财尽。

国王兴建规模巨大的经堂等，其余大人物见到，能使他们远离认为“与我不相上下的其他国王相比我更胜一筹”的慢心，令与自己平等的他人对此善举心生欢喜，并想到国王的这一善行实在了不起。同时也能摧毁比自己下等者“岂能成办这等之事”的怯懦心理。或者说，所谓的“离慢”，是指为了毁灭较自己势力强大的国王的慢心，由于国王的一切财物对今生来说也不一定成为安乐的来源，所以希望用在法事上一直到穷尽为止，而护持妙法。《念住经》中云：“犹如孔雀翎，为风吹各方，彼尽故毁坏，安乐源同彼。”《教王经》中言：“当舍我财保身体，财身亦舍护性命，一切财身及性命，悉皆舍弃护正法。”我们应当按照此中所说行持。

汝弃一切物，无权寻去处，
唯为正法行，方至你面前。

再有，务必要迫不及待快速地实行，原因是：大王，你什么时候抛弃一切财物后不由自主孤身一人没有固定性，到了寻找去处之时，眷属受用一切的一切都不能跟随，到那时，一丝一毫也帮助不了，只有为了正法布施受用的善根必定会以依处或怙主的形象来到你的面前。《教王经》中云：“君主恒常莫放逸，寿命常逝不住留，犹如山水飞速行，以病忧老所携迫，唯有善业能救汝。”

先王诸财富，已属新王有，
岂成先正法，安乐名声否？
享财此生乐，布施他世乐，
未享未施耗，唯苦岂安乐？

财产终将留在身后而无有实义。国王以前的一切财物已被新任国王或者被中间人所掌管拥有，但留在身后的受用会成为先王的正法或者安乐或者美名吗？丝毫也不会成为。可是为了财产所造的罪业是绝对要如影随形而感受的。享用自己发放布施所感的财产，在现世中无需积累、守护等，因而安乐，由于布施给他众而感得在他世中受用也是蒸蒸日上，无有他者的损恼，所以安乐。《因缘品》中云：“放逐远处人，安然归自处，亲友临门后，悉皆大欢喜。如是造福人，今世往他世，尔时如亲福，来临真欢喜。是故为他世，当积大福德，福德于他世，成为众生处。”

一切财产，自己未曾享受又不布施给别人，将被大火焚烧等外缘而浪费掉，结

果完全成了痛苦之因，无论对谁也不会成为快乐之因。《般若摄颂》中云："人之诸财如流星，未尽施舍彼成无，勤利有情施何者，无义诸财亦成有。"

临终臣走狗，轻汝重新王，
望其慈爱者，无权不予施。
是故在位时，财速做法事，
常住死缘中，如狂风中灯。

如果有人想：即使现在没有成办，等到临终时再做也不迟。

到那时也就难以成办了，因为那时候，不知廉耻的大臣及其走狗不会重视大王你，为了维护新王情面，讨其欢喜，希望受到他仁慈的人们，对于弥留之际已无权力的你，想作布施也不会给你机会的。《教王经》中云："积财眷属子孙带，是故财物有何用？我极珍惜之此身，命终时如舍破罐。"因此，现在趁着自己有权有势之时，还没有与新王共同掌管之前，自己在位期间，要刻不容缓地将土地等一切财物用于法事上。《毗奈耶经》中云："自主一切乃安乐，依他一切乃痛苦，为共同者所损害，极其难越诸牵连。"寿命是突然性的，不要认为明年、下个月、明天等再做而一拖再拖。国王，你始终都住于死神大军的外缘内，就像秋季果实已成熟的庄稼或者狂风中的油灯一般必定很快死亡，因此不要逍遥自在了。《七女传》中云："众生无常无自主，如为毒蛇群所缚，虽知却贪三有者，彼乃人相实旁生。"到那时，死亡不可能用财产赎回，临终之际财产起不到任何作用。经中云："树木已倒时，枝叶有何用？如是人死时，财物有何用？"

此外，还有必定快速死亡却对受用依依不舍贪执不放的比喻：从前，一个人被大象追赶，堕入万丈深渊，中途抓住一堆草，可是眼看老鼠接近将草吃光，下面是鲸鱼张着大口在等待着，旁边就要被凶猛的毒蛇缠缚，正在这时，从上方的蜂窝里滴下蜂蜜，那人竟然还津津有味地品尝着蜂蜜的甜美。寿命刹那的这一显现下面就是如鲸鱼般的地狱在等候，旁边已接近被好似毒蛇一样的死主的锁链捆绑，眼看如草尖般的寿命就要到了尽头，却一味沉迷在(如蜜汁般)妙欲的些微快乐之中的所有愚者与之一模一样。

己三、保护先有之财物等分三：

一、总说；二、委任管理人；三、平等保护。

庚一、总说：

先王所兴建，寺院等道场，
他造彼一切，依照前轨护。

对于先王们所兴建的寺院、经堂等道场，以及其他人所建造的一切，供养等所有事宜应当不折不扣地依照先前的传统，为了不损坏要加以保护。

庚二、委任管理人：

令不害行善，守戒慈新来，
实语忍无诤，恒精进者行。

委任具备以下八法的人管理寺院等处：对安住寺院的有情与物品不损害，奉行福善之事，守持一分以上的戒律，仁慈善待常住与新来的人士，说真实语，具有忍耐性，无有争论事端的恶习，恒常谨慎精进行善。

庚三、平等保护：

盲人病弱者，孤苦贫残疾，
不遮彼等众，平等获衣食。

作为菩萨悲悯对境——双目失明的盲人、弱小无力的人们、身无分文的乞丐、无依无靠走投无路或者被敌所毁等痛苦不堪贫困可怜的穷人、缺肢少腿的残疾人等寻求衣食时，不经别人劝勉，就不加遮止让他们一律平等获得衣食等。《经庄严

论》中云："依大慈师我，他苦令痛心，安住他之事，轻他极惭愧。[13]"

己四、亦摄受不希求者：

具法前无求，居于他国境，
亦当予摄受，如应尽力为。

对于在奉行正法的国王你面前，不是像前面那样希求财物等之人，以及居住在其他国王境内的难民，也要尽己所能加以摄受，送到其他地方等，尽可能给予不同程度的施舍。

己五、任命官员分四：

一、任命法官；二、任命主谏大臣；三、任命将军；四、任命财物管理员等。

庚一、任命法官：

一切法事主，应委精进人，
聪明不浪费，如法皆不损。

应当委派精力集中、精进不怠、不浪费财物、不损伤眷属等、做事精明、如理如法、反应灵敏、无有是非、安住道场者都不加害的人，作为寺院等一切道场的住持、转法轮的主管者。

庚二、任命主谏大臣：

明规具法亲，贴心净不嗔，

[13] 唐译为：大悲恒在意，他苦为自苦，自然作所作，待劝深惭羞。

族贵秉性贤，感恩任大臣。

了知世间的道德规范或君主法规，并且精通与其他国王和平共处、发放布施、决断国政、调解争端诸如此类的事；不行非法，具足正法；内心调柔，语言温和；对国王有敬畏心和忠心；无有自私自利的垢染，相续纯净；与眷属百姓贴心，胸襟宽广；种姓高贵；秉性贤善；爱憎分明而感恩图报。具有以上九种功德的人，应当任命为主谏大臣。

庚三、任命将军：

慷慨无贪勇，柔和适度行，
坚恒不放逸，具法委将军。

慷慨大度，不贪受用，气魄英勇，性情柔和，对国王忠心耿耿，珍惜国王的财产而运用适度，有坚定不移的稳重，由于不饮酒而恒常小心行事，无缘无故不害他众而具足正法，应当任命这样的勇士作为四大军队的将领。

庚四、任命财物管理员等：

法轨清净为，识事通君规，
如法平等柔，任命者宿首。

作为财物监督管理人员，虽然是在家人，但如果法融入心，性情调柔，大公无私，合乎正法，相续清净，对所做之事有耐心，并且“识事”也就是审时度势（即了知应时之事），精通君规，对做事的顺序也无所不知、如理如法、内心平等，对国王忠心，秉性温和，这样的长者任命为一切长老之首，作为管理财物、负责分发收集僧财的首领。

每月于彼等，亲自听收支，
听已当吩咐，法等一切事。
汝政为正法，非为名欲妙，
彼极具胜果，反之无实义。

仅仅是任命完毕就听之任之还不行，国王每月要亲自详细听取他们有关一切财物的收支情况，听完执行情况后要纵观法事等一切事情，如果开支过大，那么就要稍加削减。假设收入过紧，则仍旧需要补充。国王要亲自吩咐“供养某处”等事宜。其原因是：身为国王的你所拥有的国政如果是为了正法而不是贪执现世的名声荣誉以及妙欲的话，才证明国政的确具有意义。如果目的是为了名声等，那么无有实义，只会导致恶趣的后果。

戊二、修学无损而成就正法分二：

一、修学无损先有之法；二、修学成办前所未有之法。

己一、修学无损先有之法分二：

一、意义关联及劝听受；二、真正之义。

庚一、意义关联及劝听受：

人君现世界，多数互吞并，
汝当如实听，政法两其美。

如果有人说：在依法治国的过程中，如果不进行惩罚他人等事，则与政规相违；如果执行，则为了国政，也必然需要杀人，如此将与正法相违，要做到既不违政也不背法，实在是无能为力。

而菩萨以善巧方便完全能够做到这一点。君主，当今的这个世界上，人们被欲望所左右，大多数都是互相残害、互相吞并，致使丧权辱国。我今讲说使大王既不失你的国政并且也有助正法两全其美的方便，请你认真谛听。

庚二、真正之义分四：

一、招集特别掌权者；二、自己当具慈心；三、如何对待囚犯；四、将顽固不化者驱逐出境。

辛一、招集特别掌权者：

智耆宿贵族，知理警罪业，
善良见必要，汝常多委任。

如果任命不具有特殊能力的掌权者，结果会因为他们对法律法规一窍不通而致使毁掉国政。所以需要了知正理与非理、经验丰富者，也就是所谓的智耆宿。如果种姓下劣，则神志不清，心肠恶毒，因此种姓必须高贵，而且通达世间学问，警惕罪业，掌权者之前相互友爱，或者团结和合，平等待人，公正不阿，妥善处理法律事件，能起到应有的作用。国王你应当恒常多多委派这样能胜任管理的骨干。相反，本该惩罚却不予惩治，不该惩罚却严惩不贷等会使国政土崩瓦解，并有害于芸芸众生。经中云："不具法人敬，具法而惩治，令水流星风，三者成紊乱……损害极严重，无遗失国政。"

辛二、自己当具慈心分三：

一、以仁慈摄受；二、于造罪者尤为慈悯；三、其合理性。

壬一、以仁慈摄受：

罚逮殴打等，合理亦莫为，
妙以悲悯润，恒常作摄受。

那些掌权者对罪犯们实施财物上的惩罚，逮捕入狱，进行殴打、谩骂等纵然合情合理，也是由他们来执行，而国王你本人即属合理之事也不要亲自去做。相续以悲悯湿润以后，如果有请求，则予以释放等，唯当恒常摄受。

壬二、于造罪者尤为慈悯：

于造极重罪，一切诸有情，
王汝亦恒常，唯生悲利心。

甚至对于造无间罪等弥天大罪的一切有情，国王你也要持之以恒唯生大悲饶益心，而万万不可弃之度外、讥毁辱骂等。《君规论》中云："堪为恭敬善恭敬，于诸劣者尤慈爱，感恩图报不忘怀，一切正士之行为。"

壬三、其合理性：

于造重罪者，尤当更悲悯，
彼等自受损，大士悲悯处。

对于杀父亲、杀母亲等杀害殊胜对境造下滔天罪业好似凶神恶煞般的众生，尤其更应当悲悯，因为造堕入无间地狱的有情已彻底失毁了善趣与解脱之因，他们是诸位佛子菩萨大士们于心不忍的真正悲悯对境。《经庄严论》中云："无主常造罪，智者不执过，不欲颠倒行，于其更增悲。[14]"对此，圣天论师的论典中也有说明。

[14] 唐译为：众生不自在，常作诸恶业，忍彼增悲故，无恼亦无违。

辛三、如何对待囚犯分二：

一、赦免；二、关在狱中令其安乐。

壬一、赦免：

一日或五日，释放诸轻犯，
余众亦如应，非皆不释放。
汝无释放心，彼生非律仪，
由此恶戒中，不断积罪业。

不要遗忘每一天或者每隔五日进行观察，将关在狱中被铁镣等束缚、情节轻微的囚犯释放，其余重犯也给予不同程度的处理，不要有一律不放一直关押的想法。如此大有必要。如果国王你没有释放任何囚犯的心，则由此而产生违背律仪的恶戒。乃至恶戒存在期间，就不可能守斋戒。而且由此恶戒导致，即便在没有直接杀生等时间里，也会连续不断积累恶趣之因的罪业。

壬二、关在狱中令其安乐：

何时囚未放，尔时理发师，
沐浴及饮食，医药令安乐。
如于不肖子，指望成大器，
怜爱行惩罚，非嗔非为财。

所有囚犯乃至没有释放期间，理发师、沐浴水、饮食与治病的药物等要样样俱全，以令他们安乐。

如果有人心想：不是为了让他们产生痛苦才关押的吗？如果为了让他们安

乐，为什么要关押呢？

这是一种方便，例如，对于那些行非理事的不肖之子，父母亲指望他们成大器而采取惩罚等措施。同样，大王你也应当在悲心的驱使下为了令那些罪犯改邪归正，而以关押、谩骂等手段予以制裁，而不是以嗔心引发也不是为了谋求财产才惩治的，如果是这样，那么心怀好意即便造重罪，也无有罪业而成为善法。

辛四、将顽固不化者驱逐出境：

极嗔行杀人，观察详知已，
不杀不损害，而当摈出境。

对他众嗔恨残忍到极点、谋杀国王或者他众的有些人，先前关在狱中，被释放后观察他是否仍旧屡教不改而造杀生等恶业，经过一番详细审视后已经明确了知，如果不再作恶，则顺其自然。倘若依然如故作恶多端，那么既不杀之，也不进行其他损害，而是从自境内驱逐他处，这是上策，因为务必要保护生命，经中说："如慈母于独爱子，恒常观察保其命，如是善逝于化众，恒作观察护其命。"又云："苦乐与我同，害众何随我？"

己二、修学成办前所未有之法分二：

一、行正法；二、止非法。

庚一、行正法分二：

一、使臣如何而行；二、以比喻说明彼等。

辛一、使臣如何而行：

所辖诸境内，派专使视察，

恒以不放逸，正念行法事。

为了确保自己就像见到近处一样了解举国上下的情况，要派遣令别人不知道是国王所差的使臣各处巡察，所谓的“专使”是具有敏捷洞察力的巡视人员，他们能让国王如同亲眼所见一般对下面的详情了如指掌。恒常小心提防外来侵害等，具足这样的不放逸及正念，一切所作所为要始终如一符合正法而行。其余非法非理的事要予以断除，具足不放逸而行利他。

自于功德境，广供敬承侍，
广大随顺行，余亦如应为。

对于比丘等功德的对境，自己要尽力供养衣食等，恭敬爱戴，精心承侍，随自己的能力去做，甚至对以傲慢而破戒者也要尊敬。对于不具备非同小可之功德的其余众人也要给予语言的恭敬，并给予不同程度的布施，因为这是大德的风范。

辛二、以比喻说明彼等：

国树具忍荫，盛开恭敬花，
博施硕果累，民众群鸟栖。
若王好施舍，威风众欢喜，
如豆蔻胡椒，所包沙糖丸。

如此而为，国王善良品质的大树，具有安忍的凉荫，使人喜欢亲近。恭敬的美花竞相绽放，慷慨博施的硕果累累，看见这样繁荣昌盛的景象，使得民众的群鸟不由自主地云集，欢欣喜悦、坚定不移地栖身于此，如同芳香扑鼻的鲜花上蜜蜂欢喜聚集而依一样。

如果有人问：那么，国王绝对要具足安忍的美德吗？

如果国王既具足布施的美德，也具有忍辱负重、命令严厉的特点，那么即便稍

有粗暴，众生也自然欢喜，如同豆蔻胡椒粗糙外皮所包裹的沙糖丸香甜可口一样，外表粗暴，内在温柔。

若依理观察，不失汝王位，
不成非应理，成法离非法。

因此，必须要依于这样的道理，因为凭借精通各种方便的正理可以使国政锦上添花。依靠上述这样的正理进行分析后，如果能做到取舍善恶之事，那么既不会使大王你的国政沦落、衰败，也不会使法规之事成为非理，又不是非法，或者尽管表面看起来好像是非法，其实也成为正法。所以，希望你如此学修。

庚二、止非法：

王位非他世，带至不带去，
依法所得故，不应行非法。

大王你的这个国政并不是由他世携带而来到今世，也不会由今世携带到后世，唯一是由前世奉行正法而得到的。因此，国王你何时也不应该为了国位而行持非法。

国位如资本，苦资相辗转，
尽量不成彼，国王当策励。
王位如资本，王位资相传，
尽量获得彼，国王当策励。

如果依靠由善业果报而获得的人身来造罪，就如同用来之不易的珍宝器清除不净物一样。经中说："环绕眷属中，福饰严国王，犹如众群星，所绕之秋月。"正如这其中所说，获得了这般庄严的身份如果行持非法，实在是极其荒唐。比如，做买卖需要的货物或商品，如果经营者善于经营，则会给他带来幸福，如果经营不好，就会成为痛苦之因。国政如果不依法而治，那么有罪过的王位将成为后世受苦果的货物，如此痛苦辗转不息。为了尽可能不造成这样的后果，国王应当精进努力。犹如货物般，现在的国政，依靠它可使后世代代相传的优质王位货物辗转不断，国王你为了能得到这样的地位要尽力而为。总之，愿你现今的这个王位不会变成购买未来许多生世痛苦的资本，而要成为购买世世代代安乐国政的资本。

戊三、学修获得解脱不舍大乘法藏分二：

一、学修解脱道；二、制止舍弃大乘法藏。

己一、学修解脱道分二：

一、破爱境苦乐受自性成立；二、大小乘所说空性。

庚一、破爱境苦乐受自性成立分三：

一、破自相乐受；二、破痛苦自相自性成立；三、遮破之果。

辛一、破自相乐受分三：

一、以关联承上启下；二、略说；三、广说。

壬一、以关联承上启下：

纵得四洲地，然转轮王乐，
唯一仅承许，身心此二已。

国王你纵然逐渐获得了四大洲的一切领土，但实际上势力、权威十全十美的转轮王的安乐归纳而言，也只是承许身乐受与心乐受这两种而已。

身体之乐受，痛苦伪装已，

心想之自性，唯由分别改。

如果有人问:即便只有身心两种乐受,别无其他,这又意味着什么呢?

答:这说明,想当然认为所谓身体的乐受不是真正的安乐,实际上仅仅是痛苦伪装的而已,因为在遭受饥渴折磨的时候,当依靠饮食使痛苦自然稍稍减轻的阶段,对假象的快乐感受,耽著自相安乐的设施处是痛苦,而除了由痛苦伪装的安乐以外其本身自相丝毫也不存在。《毗奈耶经》中也说“何受皆痛苦”。世间是苦蕴的自性,正在依赖饮食之际,也并非绝对无有痛苦,自以为是快乐之因,但也有立即兴起痛苦的情况。在此要以正理遮破所谓的自相,而说明不成立实有,快乐只不过是对改装的痛苦加以安立罢了。比如,在猫的鼻子上涂油后给它纯糌粑,那么猫会认为糌粑有油而心生欢喜;无有鼻子的人,用金子做成鼻子相而自我安慰;咀嚼骨头的老狗自以为软腭的血是骨髓而感到安乐等等。但事实是这样的:蓝色黄色合并在一起时,生起蓝色之识而不生黄色之识。同样,苦受是在快乐力量薄弱的阶段,无需假立而生起痛苦之心,自相苦受存在,就像观待长而生起短的心一样,只是在痛苦之心稍处低落期间似乎显现快乐而生起乐心而已。

如果有人问:那么,快乐绝不存在吗?

答:仅仅是假象存在,所谓的快乐在名言中是众所周知的缘故,也不应该妄加抹杀。自相的痛苦并不像伪造的快乐一样,而不要认为有理证所破存在,因为它是将来(通过修道)灭除的,如同心的快乐如果被忧伤所恼则遇到有利于它的外缘之时会显得快乐一样,只是迷乱想的自性,仅是对无妄执为有而形成自相的快乐罢了,而轮回离不开痛苦。所以,以分别妄念增益自相的痛苦虽然存在,但快乐仅是痛苦伪造的而已,自相的快乐永远不可能独立自主存在。

壬二、略说:

世间一切乐，唯苦伪造已，

仅是分别故，彼乐实无有。

因此，世间一切乐受的事物，实际都是痛苦伪造的而已，由于对“无”妄执为“有”的缘故，仅是显现，仅是假立。故而，快乐于真实中自相的对境少许也不存在。

壬三、广说分二：

一、破自相快乐之能立；二、破自相快乐之本体。

癸一、破自相快乐之能立分二：

一、破自相心乐之能立；二、破自相身乐之能立。

子一、破自相心乐之能立：

洲境处及家，轿垫衣卧具，
饮食象马女，一一而享用。
何时心趋入，尔时称之乐，
余者不作意，尔时乐实无。

大洲、环境、乐园、处所、家室、精美的轿子，及里面陈设的高级坐垫、衣服、卧具，和令人垂涎三尺的饮食、大象、骏马、美女等这一切，即便为一个主人所拥有，但他在享受的时候只能是一个一个享受。什么时候，他生起享受这其中任何一者的心，在当时，他自以为“快乐”，而在受用有些事物生起快乐之心的当时，心不专注、不作意剩余的所有对境，因此在那时剩下的那些对境实际上自以为自相快乐的因就绝对不存在了。为什么呢？因为，如果这些事物体性之因成立，那么即使没有享用、没有忆念也应当产生快乐，而实际却没有。再者，享受一个对境时，由于没有领受剩余所有对境的缘故，仅以它们存在并不能成为快乐之因。对于享受一个对境感受的快乐，如果以刹那与前后等加以观察，则丝毫也得不到快乐及快乐之因本体

成立的情况。

有些持邪见者说：自相的快乐是存在的，因为能生之因——自在天存在的缘故。

驳：这种说法不成立，原因是，一切果都存在一个与各自息息相关的不共因，除此之外，所谓的自在天这样毫无瓜葛的因以教理不可得，再者果必然随着因存在与否而存灭，由于不具足这种条件，所以你们的说法不合理。

子二、破自相身乐之能立分二：

一、破五境聚合是能立；二、破每一境是能立。

丑一、破五境聚合是能立：

眼等五种根，缘取五境时，
若无分别执，尔时无有乐。

如果对方说：同时可以感受五境的快乐，因为可以领受舞蹈家的身相、管乐的声音、沉香的芬芳、蜂蜜的味道、衣服的所触等。

这种说法不合理，在眼等五根取受五境的当时，并没有同时领受五种快乐，为什么呢？如果没有以分别念来认定，则不知道是快乐，因为心不能同时分别五种对境与五种快乐。所以要明白，当时依赖那些对境而生的快乐并不存在。如果受具足领受的法相，那么由于领受不存在的缘故（受也就不可能存在）。

何时任何境，何根了知时，
余非缘余境，尔时无有境。

什么时候，色等某某对境被眼等某某根所认知，当时，剩下的根并不取受剩余的所有对境，也就不会由它生起快乐。为什么呢？因为当时所有剩余的对境不会为了快乐而在现今同时存在，这是由于一个相续同一时刻不会生起多种分别念的缘故。

由根缘境时，若于过去境，

意缘而证知，则自以为乐。

一个根与一个境也不会有同时成立的可能性，因为根缘对境的当时是一刹那，所以，如果对于仅仅呈现过去已经灭尽的对境行相的本体，由现在的心来缘再加以证知的话，那么只能是以分别念认为是快乐而已，并不是实有的快乐，如同梦境所缘境的快乐由醒觉的心来感受一样。

丑二、破每一境是能立分二：

一、直接破；二、破能立。

寅一、直接破：

此即由一根，了知一对境，

境无根亦无，根无境亦无。

在这个世界上，诸如由眼睛一个根来认知色法一个对境，色境不存在，眼根的对境也就不存在，色境也同样会因为有境——眼根不存在而不存在，单单是相互观待而体性并不存在，由于无有体性，所以由它所生的身乐受也只是依赖根、境而假立的，并无自相。

寅二、破能立分三：

一、破识自性成立；二、破境自性成立；三、破根自性成立。

卯一、破识自性成立：

犹如依父母，方说出生子，

如是依眼色，方说产生识。

如果对方说：境、根自本体存在，因为它的果——识存在之故。

驳:事实并非如此,犹如依靠父母才说儿子出生一样,依于眼根与色境二者才说产生眼识,因此识自性不成立,因为观待眼与色的缘故,就像父母与儿子一样,如此宣说了缘起因(即中观五大因之一)。由此轻易便能了知依缘而生的一切仅是依缘假立、自本体不成立的道理。以眼识为例,其他所有识也应当如此理解。

卯二、破境自性成立:

过去未来境,有根无外境,
此二别无故,现在亦无境。
犹如眼错乱,能执旋火轮,
如是依诸根,能取彼对境。

如果对方说:识自性存在,因为它的对境存在之故。

驳:具备有为法法相的一切对境,要么是过去要么是未来,由于具有识的时间已经过去或得不到的缘故,而不超离过去与未来二者,故而无有自性。如果认为现在存在。现在也同样无有,因为现在如果在过去与未来的时间不存在,那么就有不观待这两者的过失,而不观待过去与未来的现在不可能存在。由于观待的缘故应成在有过去、未来时存在,如同长与短。如果这样承认,则由于现在不成立除过去与未来两者以外的他体,具有根而无外境,尔时,现在的对境也同样不存在,因此识自性不成立。

如果对方又说:现在的识缘取现在的对境,因此根、境、识三者真实存在。

驳:这种观点不成立,因为,能推翻实执相续趋入的理由是这样的,比如,由于眼睛的错觉而将对境火烬前后诸多刹那误认为是一个,能将本不是这样圆形轮子的虚妄之相执著为一个轮状物,这虽然不是现在的本体,却于现在显现为一个,因为分开的每一个本体都不成立的缘故,现在的旋火轮不成立是一体。同样,一切根也并不是现在的本体,然而于现在显现,于是便能对本不成立的现在对境执著为成立,对刹那性的相续与多体聚合,生起一个有实法的心,这仅仅是颠倒迷乱所现,实际上境、根、识何者也不成立一体与多体。如圣天论师的论典中云:"于相续假法,恶见谓真常;积集假法中,邪执言实有。"

卯三、破根自性成立分三：

一、略说以破大种自性成立而破根境自性成立；二、破大种自性成立；三、故说色法自性不成。

辰一、略说以破大种自性成立而破根境自性成立：

诸根及诸境，许是大种性，
大种各无境，此等实无境。

如果对方说：根、境自性存在，因为它的因大种存在之故。

驳：对于眼等诸根与色等诸境，如果均承许为一切大种之果的自性，那么四大聚合与分开自性成立的外境是不存在的，这一点前文中进行分析已经证实它们无实有。因此，这些大种实际上绝不存在自性成立的外境。为什么呢？因为对境与有境大种及大种所造等现为有实法的这一切尽管在习气熏染的迷乱者前现为真实，但于胜义中，显现形形色色的万法均不真实，如同梦境，依靠近取因、俱生缘已经形成，但不存在实法，如同虚妄的幻术，从本性而言即是空性。这些互相建立这一点不成立，或者成了能立与所立相同等的结局。可见，（要想建立）只是徒劳无益罢了。就像有人说“魔术存在，因为有物品、咒语之故”，或者“梦境存在，因为有幻相存在之故”等等一样无有实义。

辰二、破大种自性成立：

大种若各异，无薪应有火，
和合成无相，其余定如是。

如果认为，所有四大种的两种情况各自本体真实分开，互不观待，异体存在，那么就成了无有因之薪柴而有果之火存在。如果承许合而为一，则应成各自法相不复存在，原因是，犹如没有认定有热性就不知这是火一样，法相混杂以后势必导致四大种的名言不存在。对其余三大（进行观察）也必定会有这样的过失。不仅火需要观待薪，而且，所谓“火”的事相红彤彤的颜色也是与本身的法相或能表热性相联、观待而假立的。如同火是依缘而生一样，其余三大种也都需要依于各自的法相、四大种相互观待而安立，因为热不存在，所谓的冷就不可能立足。我们应当知道，如同长短一样，缘起而生并不是由本身形成的道理，因为互不观待而说有无离不开常断。依缘而生中的“依”与常边相联[15]，而遣除断边。如云：“何者缘起生，汝许为空性，无有自主法，汝狮吼无比。”

辰三、故说色法自性不成：

大种二相中，无境聚无境，
聚合无境故，色法实无境。

正如刚刚所说的那样，所有大种在分开与聚合的两种情况下均无有自性成立的外境，因此聚合本身也无有自性成立的外境。由于聚合始终不存在真实的外境，所以果色——五根及五境等的法相也只是对聚合假立的。可见，如果在真实义中衡量，则自性成立的外境丝毫也不存在，因为具有虚无缥缈经不起分析的法相。

癸二、破自相快乐之本体：

识受想及行，一切皆如是，
各体无境故，胜义中境无。

如果对方说：由于受与识、想、行一起产生，因此自性存在。

驳：即便如此也无有自性，识、受、想、行一切都是方方面面聚合的，自性不成立，各自分开也是同样，因为在胜义中本性不成立这一点已经抉择完毕。具有乐受在真实义中都不存在实有的外境。《无尽慧经》中云：“受谓耽著……直至受谓分别之间。”我们要清楚，受仅仅是分别而无有自性的体相，犹如虚空。

[15] 与常边相联，是指在世俗中缘起显现不灭。

辛二、破痛苦自相自性成立：

犹于苦伪造，真乐起我慢，
如是于乐毁，痛苦亦起慢。

如果有人认为：快乐虽然不成立，但痛苦自性成立吧。

正如对遇到贪爱的对境自相快乐本体有依据已予以否定了一样，能令生起想离开爱著的对境——自相痛苦实际上也是义理的所破，因而是在胜义中予以遮破，犹如痛苦伪造，使得苦受稍有减退的时候，真正会以认为自相安乐的我慢或执著相而迷醉。同样，当快乐被击得粉碎，无有丝毫明显的快乐，处在自相或者自性成立的痛苦中也会生起我慢及想要离开的爱著，而有实法的本体丝毫也不存在。苦乐也是相互观待的法，并且因也不固定，比如，依靠同一个太阳也会生起热乎与遣除严寒的温暖的两种快乐，虽然当听到某一个声音而感到恐惧、痛苦，当习惯以后也会产生欢喜。因此，认为成办快乐与断除痛苦只是迷乱，因为轮回的有情苦乐感受无恒常、无自性的缘故，甚至在名言中也没有定准，而是交替出现，如同被藤皮所捆缚的人在太阳下晒和被雨淋的感受一样。再说，一者感受痛苦而对另一者来说却现为快乐，如果这些各自的本体成立，那么就不该变成这种情况。如云：“蛇为孔雀快乐生，习毒毒成营养素，骆驼口中之荆棘，成为尤其欢喜因。”《摄正法经》中云：“如是菩提果，寂净光明性，通达此受者，正念如是住。”意思是说，受与受者是缘起空性。

辛三、遮破之果分二：

一、宣说证悟空性而解脱；二、认清证悟空性之有境心后破其成实。

壬一、宣说证悟空性而解脱：

现无体性故，舍弃值乐爱，

及离痛苦爱，见此而解脱。

如上所述，受连同对境体性都不成立的缘故，通过修习它的意义而舍弃值遇快乐的爱与想离开痛苦的爱，断除了爱就不会再积业，也就可以从轮回中解脱出来，这也是通过现量见到远离一切戏论边甚深缘起之义并经久修行串习，断除二障而解脱的。这是总的教诫想要从三界轮回中解脱的诸位。

有些人说：所谓“一无所见”即见真如，难道不只是假立的吗？

为什么呢？说“见到真如”，这只不过是为了让别人理解的词句，而并非承认以所见能见的方式真实成立。

如果对方又问：倘若无有所见能见，那么由何者见什么呢？

如果说圣者的入定证悟空性的智慧在名言中也消失，去除无明的明觉也不复存在，则纯属颠倒邪说，如同顺世派所许一样成了诽谤，这就如同承认冰融化后消失水也不存在一样。

另外，见胜义谛的心也并非成为胜义谛，而二取显现已全然隐没，仅仅是将在实相胜义谛无有二取显现中入定的心各别自证智慧称为见无生真如义而已。

有些人这样承认：凡夫修胜义谛是依靠二取分别心，因而是“总相”。

将所谓的总相作为对境而护持，这种修行在修行高低、显现、定解方面有真假的差别。圣者入定无为法自然智慧本身与对境胜义谛成为一味一体后，不离开虚空般的境界也安立为现量见到的名言，因为并不是像睡眠与昏迷那样。也就是说，法性不存在前后刹那的顺序，因而与之无二的智慧也无有次第，息灭一切戏论。于此只是说无有二取显现，而真正不存在一切二取相只有在佛地，因为在佛地已灭尽了二取的习气。

壬二、认清证悟空性之有境心后破其成实：

若谓谁见心，名言中说心，

无心所无心，实无不许俱。

假设对方说：如果心心所、所领受能领受一切都无有体性，那么由谁来见心呢？因为，如果心也是所知，则必然可见。

驳：说体性不存在并不是破名言，因此在名言中足可以说“我的心这样这样，他的心如此如此”。因为这并不是真相，心也是观待而安立的缘起。心所不存在心不会生起，无有心也不会生起心所，可见实际并不存在体性成立的情况。也并不是由心本身见到心本身的真相，因为自己不会对自己起作用的缘故。再者也不承认两个心同时一起产生。

如果对方说，这样看来，以所谓的名言来见心心所合情合理。

假设前面产生的“快乐的心”是常有，那么后来出现时也将见到，如果没有常有的心，又见什么呢？由于一起产生的事物会立即坏灭的缘故，所缘与能缘不存在。也有解释说：由于无有本体的缘故，不承认不相观待而俱生的情况。

庚二、大小乘所说空性分二：

一、仅得解脱亦需证悟无明之对治——空性；二、大小乘之差别。

辛一、仅得解脱亦需证悟无明之对治——空性：

如是真如中，知无众生已，

犹如无因火，无住取涅槃。

上文中已阐述了爱的对境——自相的受不存在，诸如此类在真如中，于受等坏聚五蕴假立的有情或人我仅仅知道轮回的根本——俱生坏聚见无有独立自主性还不足够，认识到无有自性成立的真义并且了达一切蕴均非恒常后再进一步修习，结果犹如无有因——薪柴的果——火不存在一样，投生世间的因——无明我执所生的一切业前世已灭尽无遗，并且引生后世的因——新积的业不存在，再加上依处或所依蕴不存在，由此无取而获得涅槃。因此要百般努力。这以上是分别进行的教诫。

在此详细宣说受是爱的因，爱则是引生有的主因。《释量论》中云："无明乃有因，未言唯说爱，能引相续故，无间故业非。"认为"我"是我执俱生坏聚见的所缘，如上所述，即是依于五蕴而假立的我。它仅是名称而已，对于无实执为有实的耽著需要依靠证悟无我的智慧加以摈除。《释量论》云："对境未摈除，不能断除彼。"通过详细分析并加以修习，便能打破坏聚见的执著相及对境。《入中论》中云："慧见烦恼诸过患，皆从萨迦耶见生，由了知我是彼境，故瑜伽师先破我。"

由此可知，我执无明一经断除，就不再累积爱恋色等之业，从而便获得解脱，这只是声闻缘觉获得的主要解脱之道。声闻部所承认的无我并没有切合真正的要义。正是考虑到这种解脱并不是能断除烦恼的方便，具德月称菩萨才以"缘色转故生贪等，以未达彼本性故"来加以批评。坏聚见是对坏灭、聚合的蕴视为假立的我，由此称为坏聚见。

对此，有些论师说这就是指声缘也证悟了细微法无自性的意义。

有些人则说：这是指，通达了众生无我、色等不成立常有与整体是以无明之缘而积业所致，因此断除业和烦恼才能解脱，单单是断除三有之因的方便，在声缘乘中也具有的意义。而证悟人无我与证悟色等刹那性也属于空性的范畴，所以这里所讲的一切密意是指证悟粗大的空性。

辛二、大小乘之差别：

菩萨具如此，而许定菩提，

彼唯以悲心，受生至菩提。

大乘中所说的缘起空性之义，从空基的角度来分，则有十六种，并归纳为四种，地和波罗蜜多等深广见行圆满的菩萨由于具备这样的功德，因而被承许必定获得圆满菩提果。

如果有人问：那么，轮回的因——我执所生的业和烦恼穷尽难道不成了像声缘一样舍弃轮回吗？

答：尽管从自利方面而言获得了灭尽业和烦恼之无漏涅槃的安乐，但菩萨对之也不屑一顾，并如毒般抛弃后，不舍轮回，大菩萨以智慧解脱所取能取，但完全是以诸多善巧方便与大慈大悲的驱使，乃至一切有情没有获得菩提之前一直于三有中受生，犹如日月无有疲厌运行空中、莲花出淤泥而不染一般住世。《优波离请问经》中云：“知此无有自性法，彼等勇士趣涅槃，虽享妙欲然无贪，断除诸贪能调众。”前面引用《经庄严论》的教证中云：“具诸大方便，惑成菩提支，息灭轮回乐，佛子不可思。”这就是通达诸法无生的功德所在。

己二、制止舍弃大乘法藏分二：

一、广说；二、摄义。

庚一、广说分四：

一、不应舍大乘之理由；二、建立大乘是佛语；三、小乘中所说大乘道果并非圆满；四、宣说三乘之必要。

辛一、不应舍大乘之理由分二：

一、诋毁大乘之过患；二、是故不应嗔恨。

壬一、诋毁大乘之过患分三：

一、诋毁大乘之情形；二、诋毁之因；三、诋毁之过患。

癸一、诋毁大乘之情形：

佛于大乘中，宣说菩萨资，
于彼了不知，极嗔而诋毁。

在建立大乘是佛语之前，首先陈述他者妄加诋毁的情况，善逝佛陀在大乘法藏中已广泛宣说了菩萨的二种资粮，然而对大乘的圆满道果一窍不通愚痴的诸声闻部全然不知其义，而极度嗔怒断言诋毁，这是极其不合理的。

癸二、诋毁之因：

不晓功与过，或功作过想，
抑或嗔功德，致使谤大乘。

诽谤之因——愚昧即是以下这些，对菩萨抛下自利而专心致志利他的功德以及全力以赴谋求一己私利并且损害他众的过失一无所知；或者，将功德误解为过失；或者，嗔恨饶益他众的功德，就是由此而导致诋毁大乘的，因为除了这三种原因以外再无其他因素。《念住经》中云：“尽知过与功，乃为智者相，功过全不晓，即是愚者行。”

明知损他过，利他乃功德，
诽谤大乘人，称之嗔德者。

如果有人问：诋毁大乘的人为什么是嗔恨功德者呢？

明明知道无有悲心而损害他众是过失，以大悲方便利益他众是功德，却仍旧对完全涵盖殊胜方便智慧的大乘宗派妄言诽谤的人，理当被称为嗔恨功德者，因为大乘经论中圆满宣说了否定他过、肯定功德的方便智慧，而小乘的经论只是片面提及，由于自身种姓、根基低下而远离殊胜方便智慧成为声闻不能堪为大乘法器，致使诋毁其他大乘善缘法器，拥有佛语的菩萨成办二利的功德处，经中说：“须菩提，此外，住界者[16]，趋入无学之法，于有情置之，三有视如烈火，于彼深恶痛绝，三界之分别，刹那也不喜成办，不欢喜世间者，非为佛陀之法器。须菩提，后际俱胝劫

[16] 住界者：指即将解脱的小乘行人。

披大盔甲不畏不惧三有、三界之行境，离垢，轮回作乐园想，作无量殿想，远离希求贪著三有者，堪为佛陀之法器。”由于一味沉湎于共同宗派而不具备不共深法的缘分，自己不信解而信口雌黄等，也归属于这类人当中。

癸三、诋毁之过患：

不顾自利益，一味喜利他，
功德源大乘，嗔彼遭焚毁。
具信以误持，嗔恨另一方，
信士尚说焚，何况由嗔离？

菩萨不顾自己的利益而一味喜爱利他，菩萨所修的圆满功德犹如大海般的源泉就是大乘，《经庄严论》中云：“所缘及修行，智慧勤精进，善巧方便法，真实成就大，佛陀事业大，具此七大故，决定称大乘。[17]”其中前五者是因——道，后二者是果。嗔恨大乘的慎恨者自己将长久在无间地狱中被焚烧，因为已造下无与比拟的滔天大罪之故。不仅如此，而且对甚深空性有信心者因错误受持而理解成（空性就是）无有因果的意思，另一种是，具有邪见者由嗔恨空性而舍弃空性，在这二者当中，经中说无视因果而诚信空性者尚且也由断见所感而在恶趣中受焚，无有智悲而存心嗔恚者背离空性智慧波罗蜜多之义被焚烧就更不言而喻了，必定被焚烧。因此，即便无有胜解心而受持，但切切不可诽谤甚深之义，有关这方面的教证前文中已引用过。《梵施王请问经》中云：“开显善说之正法，罪行境者执非理，无信于法起怀疑，多俱胝劫成疯子。”《宝箧经》中说：未来之出家众舍弃深法而堕入无间地狱，于多劫中感受无量痛苦，设若转生为人，也会屡屡投生为天盲，或转为无舌、面目歪曲、上身驼背、声如犬吠，恒常被饥渴所逼、身体黑瘦、兔唇、众人不悦等等有不可胜数的过患，书之不尽。

[17] 唐译为：缘行智勤巧，果事皆具足，依此七大义，建立于大乘。

壬二、是故不应嗔恨分五：

一、以小苦亦可除大苦合理；二、于暂时虽有微苦却能除大苦之大乘行为不应嗔恨；三、为大乐努力合理而贪著小乐不合理；四、理当喜欢大乘；五、摄义：

癸一、以小苦亦可除大苦合理：

如医术中说，以毒能攻毒，
小苦除大苦，如是何相违？

如果对方说：理当嗔恨大乘，因为，大乘中布施头颅等苦行艰巨，无法忍受，并且难以证悟。

驳：这种论调实不应理，比如，按照《大悲医疗术》中所说，依靠暂时引生疼痛的毒能够去除置人于死地的毒。同样，以今生的微小痛苦可遣除不利于未来的剧烈痛苦又有何相违呢？绝对不相违，因此应当欢喜。

癸二、于暂时虽有微苦却能除大苦之大乘行为不应嗔恨：

共称一切法，意主意先行，
虽苦以益心，行利岂无益？

虽然是痛苦的事，但作为智者也不应该对此嗔恨，因为以微乎其微的痛苦也能够成办广大利他之事，以善意引发的身语业也成为善法，诸法之前意先行，大乘经典中一致共称“意为主”。《宝云经》中说：“世间心绘画，以心不见心，善或不善业，皆由心所积。”又云：“诸法心引导，意主乃意行。”因此，以菩萨的难行之苦想利他也是意占主导，因此以饶益的意乐行持利益之事，无有世间的损害而利济世人，怎么会无有利益呢？必将有利。在世间中，只是以好心好意而做某些事的人，即使没有利益别人，却也被视为帮助，更何况说切实有利于他众呢？尽管并未直接付诸实际行动中，但如果具备一颗善良的心，那么与直接利他一模一样。《菩提心释》中云："无力行利他，然彼心恒行，具有何意乐，彼即实地行。"《宝云经》中也说："心是诸法之先行，若彻知心则彻知诸法，心性自在则诸法自在。"《华严经》中指明："菩萨之一切行为依赖于自心。"又云："成熟调伏一切有情依赖于自心。善男子，我如是思维，当以一切善根令自心性稳固；当以一切法云普皆滋润自心；自心由一切成障碍之有法中得以清净；当以精进令自心性坚固。"自相续成熟的菩萨毫不费力调化他相续，并由于菩提心纯熟的缘故一切所行无不成为利他。如云："善巧真方便，无不成利益，若知善配制，无不成妙药。"

苦利后尚为，何况为自他，
安乐与利益，此法是古规。

作为菩萨，如果对他众有利，纵然是无间地狱尚且也能欢喜趋入而忍受，更何况安忍为正法苦行的微小痛苦了。比如，应用针灸、火烧等措施虽然就眼前来说不快乐，但由于能消除后来的重病而大有益处，如此尚且理所应当实施，那么成为自他暂时究竟我的大乐与大利之因，现在修法的少许痛苦，理当承受更何须说呢？这是不言而喻的。安乐不仅是针对未来，就是对眼前也有帮助，婆罗门子星宿，以菩萨接触的威力而获得利乐，这是印度注释中出现的。为了消除其他的剧苦，对怨敌的无理取闹以及难行之事等损恼，自己要有承受痛苦的毅力，此法是三世诸佛往昔的优良法轨、纯净之道，并非是置有利自他之外诸如依于难忍五火一类的有害道，说明确凿的依据是为了令人诚信，就像讲述以前安忍仙人等的传记一样。

癸三、为大乐努力合理而贪著小乐不合理：

若舍小安乐，能见大安乐，
愿王见大乐，抛弃小安乐。

假设竭力舍弃、彻底放下瞬间灭尽、不成为大乐之因眼前的小安乐能见到后来得到大安乐，那么菩萨照见未来的大乐对自他有无边利益，毅然放下蝇头小利暂时的安乐而承受大乘道的苦行与痛苦等来修行，这是善巧方便的殊胜道。比如，在世间上人们着眼于未来而承受暂时的艰难困苦，奋发图强，结果也会大功告成。菩萨修法的苦行绝对是安乐之因，可是愚昧无知、无有耐力的人们却忍受不了修法的饥渴等苦行，反而去忙碌大苦之因——眼前的小乐。比如：一只乌鸦进到大象死尸的腹内啄食，突然间大雨倾盆，结果大象的尸体被冲到湖里，乌鸦也葬身其中。

设若不安忍，医师为病愈，
予药于患者，此非应嗔处。

假设忍耐力微弱到连为了大乐舍弃小乐的这一点痛苦也忍受不了，感到忍无可忍而非舍不可，那么为了治愈重病，医生不考虑小小的不舒适而以慈悲心肠给患者苦辣涩味等的药物，对于根除大病的方便、给以后带来安乐的药物，也不该忍受而需要扔掉，但不该扔掉，因为依靠此药能消除重疾之故。《经庄严论》云："如药嗅则臭，品尝则香甜，法亦有二种[18]。"对此深道的要诀与方便懵然不懂、毅力薄弱的那些人只是毫无意义地妄加诽谤。其实，并不是说凡是入大乘者一开始就要实地奉行布施头颅等难行之事。从初学者到修到最高层次之间的道次第也要由浅入深、由易到难一步步加以引导，就拿布施来说，最初也只是布施青菜、一把糌粑，将一瓢食物也观想许许多多而布施众多对境，如此修心，前文中也已讲过，极度修习者把他人视为痛苦的事也看成安乐的道理。正如《圣雄长者请问经》中所说："当远离如撕松柳絮般之心。"心不要怯懦，心要坚强，不要认为像修法这样的苦行我实在忍受不了而自轻自贱，如果能藐视痛苦转为道用而修习，那么即便是巨大的痛苦也会变成修道的助伴，而成为欢喜之因。又如云："于道诸怀疑，障行解脱道。"恐惧也与耐力小一样会成为修道的障碍，就像在世间上，有怯懦心理的人们也不能策励从事，因此成办大事也会半途而废，功亏一篑。

[18] 唐译为：譬如饮药苦，病差则为乐，住文及解义，苦乐亦如是。

凡成损害者，智者见有益，

一般与特殊，论中皆赞许。

此外，在低劣众生的眼里看成是违缘灾害的事，而在精进行持菩萨行的有些善巧方便修习安忍者看来，绝对是成为善法顺缘的事。所以，切莫因害怕小苦而失去大乐。为什么呢？修行达到登峰造极境界的菩萨才能做到布施头颅等难行之行，甚至连没有这种修行境界的菩萨也承受不了，更何况说声闻呢？诚如《入行论》中所说：当前赴沙场时，有些懦夫看见其他伤员的血也承受不了而昏迷过去，可是作为英雄即使看到自身流出的鲜血也会更加坚强不屈而大获全胜。

如果有人问：这样一来，难道不是与所说的“轮回是苦性故皆当断除”的教证相违了吗？

答：一般来说，的确如此，但在特殊情况下，虽然菩萨安住在轮回中而表面看起来似乎有历经苦行等少许情节，但唯一是自他安乐之因而丝毫不存在痛苦与伤害。例如，通常而言此毒是有害的，但经过善加配制的毒是大营养，这是就特殊情况来说的。可见，了知一般与特殊而开遮的差别是所有经论中一致高度赞叹的，因而要精通一般与特殊的意义，这是从名言的角度安立的。如果在胜义中轮回的痛苦本性真实成立，则无法断除，从而导致谁也不能从轮回中解脱。再者，如果一者感觉痛苦真实成立，那么对于一切众生来说也需要成立，如此一来，菩萨就不能为了遣除痛苦而住于轮回中，但实际上，了知痛苦无有自性，并且以善巧方便在名言中足可遣除于众生迷乱心识前显现的痛苦，由此菩萨才安住于轮回中。

癸四、理当欢喜大乘：

大乘之中说，先具大悲行，

无垢之智慧，有心谁谤彼？

菩萨以大悲摄持的如海行为及无垢方便智慧而成为一切众生之至亲的道理，大乘《华严经》等经藏中完整地阐述先具备“愿一切有情离苦的大悲”作为前提一切菩萨的圆满行为，以及证悟究竟空性、无有四边之垢的智慧，对此，有心的智者谁会诽谤大乘呢？不应当诽谤。这里与前面所说的无二智及《入中论》中所说的无二慧，并非仅是破除实有的无遮，而是不耽著有无二边的智慧，菩提的这三种因无有固定顺序。获得无上菩提之因这样的圆满大方便智慧在小乘中并没有宣说，即便已经稍加提及，也并非不属于大乘中。因此，诽谤大乘者实际上也已诽谤了你们自己的法藏。菩萨肩负利他重任的功德尚且不可思议，更不必说其他行为了。《念住经》中云："非心皆领受，大悲为庄严，彼伴成此世，美名普周遍。"又云："布施诸有情，唯一慈心胜。"月称菩萨说，普度众生的这一誓愿不能离开无二智慧，诸位声缘圣者如果也具备这种智慧的话，也就成立能够具有此誓愿。此外，《宝箧经》中说："文殊，如此，轮王宝以黑沉香、象之精华涂敷，即刻一切军队住于空中，如是以发菩提心沉香涂敷之菩萨，一切善根超越三界，成为善逝之智慧、虚空之行境、一切无为法之究竟。善男子，犹如聚树花中或芝麻油中散发之芳香，瞻波伽花、肉蔻花熏染百千日中之衣服或芝麻油中亦不会发出。如是以一切遍知心持续一生熏染之菩萨功德妙香，散发于十方佛陀面前，百千劫中修行之一切声闻、缘觉亦不会散发出无漏善根与法之智慧妙香。"可见，诋毁宣说如此深法之宗极不合理。

癸五、摄义：

于极深广义，懈怠未修行，
自他之诸敌，由痴谤大乘。

菩萨行极其广大卓越、实相之义格外甚深，仅仅听闻便心惊胆战，进而懈怠的人，自己以往未曾精通、修习大乘法藏，以致于妄加诽谤，这是自他不共戴天的敌人，所有这样的冤家对头，都是因为自身极其愚痴才这般随心所欲地诋毁大乘，实在是可悲之处。《经庄严论》中云："由小信界伴，不解深大法，由汝不解故，成我无上乘。"声闻部的能乐比丘撰写有一万二千颂的《正理庄严论》来遮破大乘，对此阿阇黎龙树菩萨已经予以驳斥。

辛二、建立大乘是佛语分三：

一、宣说波罗蜜多之行；二、需接受圆满宣说大菩提道之大乘；三、从中了知佛之圆满殊胜性。

壬一、宣说波罗蜜多之行分三：

一、大乘法藏无有少许过失；二、宣说大乘之摄义；三、是故大乘成立为佛语。

癸一、大乘法藏无有少许过失：

施戒忍精进，禅慧悲体性，
彼即是乘故，此岂有谬论？

一般而言，菩萨行无量无边，但归纳起来，那就是摄受共不共所化众生的六度万行。菩提同品行、四摄之行、神通神变行这一切如果完全概括，即是已入之行——布施、持戒、安忍、精进、禅定、智慧六度。如果所依发心与因大悲及助缘无分别智慧的一切体性即是大乘，那么由于佛在大乘法藏中已经圆满宣说了这些的缘故，此大乘怎么会存在邪说谬论的成分呢？丝毫也不会存在，因此应当视为正量。不仅如此，而且你们的法藏是佛语的理由“在律藏中出现，符合经藏，与论藏不相违”，这也可包括在大乘的内容中。《劝发胜心经》中说：“弥勒，此外，当以四因了知一切辩才乃佛所说。何为四因？弥勒，此辩才具义而非不具义，具法而非不具法，能灭烦恼而非能增烦恼，宣说涅槃功德利益而非宣说轮回之功德利益。弥勒，若具此等四法，则如前当知。弥勒，比丘或比丘尼，优婆塞或优婆夷，具足此等四因之辩才，无论辩论与否，善男子，善女人诸信士于彼等当起佛陀想，作本师想而闻受妙法。何以故？弥勒，任何善说，彼等皆是佛所说之故。弥勒，彼由嗔恨补特伽罗故而言‘此等非佛所说’，舍弃彼等四辩才，于彼等不起敬心，即舍弃佛所说之一

切辩才，以舍法而贫乏正法之现行业将趋向恶趣。弥勒，是故善男子善女人任何信士欲由贫乏正法之业中解脱，切莫由嗔补特伽罗故而嗔法。以四因不违法性即是真实善说之法相。”此经义在《宝性论》中以偈颂说道：“何者具义与法系，能断三界烦恼语，显示寂静之利益，即是佛语余反之。”嗔恨法与补特伽罗，也有为恶友所欺、我执无明的业为前提所导致的。诸如，舍卫国的帕吉波国王以往昔宿业想毁灭释迦城，生起嗔恨一举消灭。《文殊根本续》中云：“善说之法谁听受，佛陀所说无怀疑。”可见，凡是理由充分并是三观察清净之法，都直接间接是佛语，属于佛语，因此，所有欲求自我善妙者都万万不可随随便便妄加罪名。如果观察，与上述理由紧密相联，则必须如同佛语一样看待。此外，需要以三观察来抉择，圣天论师说：“何义依教理，善加真实说，前后无相违，正士尽持受。”也并不是说不经认真观察而仅以恭敬之心这样做的，否则就分不清好坏而无法了悟有必要性的要诀。《藏幻钥经》中云：“汝等诸眷属，如烧砍磨金，尽察我之语，当取非因敬。”

癸二、宣说大乘之摄义：

施戒行利他，勤忍为自利，

禅慧解脱因，总摄大乘义。

从六度各自的作用或者功效的角度而言，由于十善的戒律与施舍一切财物的布施能成就增上生之身体与受用，因而暂时利他，喜乐善法的精进与安忍苦行观待暂时而成办自利。心平等安住的禅定与如理如实了达实相的智慧二者是解脱之因，可见，这就是六度及其作用。这是简明扼要宣说大乘藏的法义。通过这些也容易了解作用与自利、他利的差别。详细内容，恐繁不述，因而当从其他论典中得知。

以布施等方式令安乐的慈心、愿离六度之违品的悲心、具足六度或具其一的喜心、无有具布施之快乐而贪执及具无布施之痛苦而嗔恨的舍心，以布施招集，以爱语宣讲六度，令他行持，自己也行持，六度既具足四无量，也具备四摄。三学二资粮也是六度的分摄，慈悲、菩提心、回向等是初中后不可缺少之法，实际也包含在六度当中。所以，如果受持这些意义，就是受持大乘义，如果受持宣说此等的论典词

句，就是受持大乘的论典与词句。意乐加行圆满而勤行此六度，即称为安住大乘之菩萨。《地藏十轮经》中说："大乘即护持超胜之净戒；具足超胜之妙行；依于超胜之惭愧；于后世苦果极度恐惧；一切不善之法悉皆舍弃，欢喜策励奉行一切善法；慈悲周遍一切有情；为利乐一切有情而精进；救度一切有情脱离轮回痛苦；不顾自身之安乐而力求利乐一切有情。此等即称安住大乘者。"相反，只是徒有虚名而并不是真正的大乘行者，《地藏十轮经》中云："失毁戒律喜罪者，闻受大乘胜功德，求名图利诩大乘，如驴身披狮子皮。"又云："欲速获得胜菩提，励力行十善业道，不谤我法极力护……"

思维此中所说的道理后应当恭敬大乘。

癸三、是故大乘成立为佛语：

二利解脱义，略言佛圣教，
唯六波罗蜜，故此是佛语。

利益自他之因暂时与解脱的一切意义，略而言之，即小乘法藏中佛陀所说的这些圣教连同地道的安立等一切法义，无余包含在六度当中。你们的法藏难道不也是不同程度地具有不贪资具、法施、断七所断及从属的戒律、不违越沙门四法的安忍、犹如头上着火般的精进、禅定及证悟无我的智慧等这些吗？这些内容都是一位说者，只是针对所化众生根基的不同，为一个目的而宣说的，而对此争论是不是佛语只不过是愚者的做法罢了。由此可见，此大乘法藏依教理成立是佛语，应当承认这一点。五百世受生为班智达的大智者世亲菩萨最初趋入声闻宗派，待到根基锐利之后通达大乘并净除对大乘所作诽谤的障碍，至尊弥勒菩萨授记说："如果着重弘扬大乘并多著注疏，则后世可面见本尊。"

壬二、需接受圆满宣说大菩提道之大乘：

菩提之大道，福智之自性，

佛说大乘教，愚盲不纳受。

他们声闻学人不接受大乘的缘由：对于无上菩提大道福德智慧二资粮的自性是佛陀在菩萨乘法藏中所宣说的此大乘二资粮的完整自性不能理解，致使诸愚盲者不接受。这是宣说前文内容结尾的道理。如果对本论中所含有的一切教言能够接受，那么也就能接受详细宣说与此类似的二资粮的大乘，而不致于诽谤。

壬三、从中了知佛之圆满殊胜性分三：

一、色身与法身之无量因乃大乘中所说；二、小乘中所说之刹那无常尽智与大乘中所说无生智二者于空性中一义；三、若示未通达大乘之义则不破不立而不应嗔恨。

癸一、色身与法身之无量因乃大乘中所说：

功德如虚空，说佛德无量，

佛陀殊胜性，大乘说忍此。

究竟果位的因——功德如虚空般超越所量对境，不可思议，无量无边，因此，如来果位的断证功德也无量无边，这是佛陀亲口所说。为什么呢？对三界怙主大尊胜佛陀的如海功德本体唯有大乘中才予以宣说，希望对此堪忍接受。如果不接受作为因的大乘法，也就同样不能容纳作为果的佛陀功德。

圣者舍利弗，亦不知戒蕴，

故佛优胜性，无量何不忍？

如果有人问：那么，佛陀的功德如何不可思议呢？

往昔，目犍连尊者想测量佛陀的语密之边而前往西方，越过了九十九恒河沙数世界，到达了光辉幢刹土，以佛陀的威力感召而来到光辉王如来面前。光辉王如来告诉他，由于佛语等同虚空边际的缘故，不用说衡量它的边，就是再来也办不到。目犍连尊者听后顶礼佛陀才返回自己的境内。释迦佛问舍利子："了知佛陀之戒蕴等边否？"尊者答言："不了知。"神通第一的目犍连与智慧第一的舍利子，姑且不论佛陀的无量功德，就连佛语一音之边、单单的戒蕴也未了知，那么你们为什么不接受佛陀大尊胜的功德及其因不可思议无量无边呢？理当诚信接纳。原因是：佛果的无量无边功德，无因也不可能产生，也并非是随心所欲自然而然产生的，是依靠无量因为前提而产生。如果诚信因果之间有着随存随灭的关系以及佛果的无量功德，那么必然对这些的因——甚深二资粮坚信不疑。因此，也必然对宣说圆满因果的大乘经论诚信而断除诽谤，这一点依理成立。

癸二、小乘中所说之刹那无常尽智与大乘中所说无生智二者于空性中一义：

大乘说无生，余说尽空性，
尽智无生智，实同故当受。

因此，大乘法藏中所说诸法自性无生的灭法与其他声闻部你们所许佛语的小乘法藏中所说的无常无坚刹那毁坏、灭尽、补特伽罗独立自在成实空性的灭法二者，也就是尽智与无生智实际上是一个，为此希望接受。其原因是，作为因的业惑我执灭尽、果蕴不复产生的法性与自性无生的法性意义相同，所以认为无我与空性不同而畏惧实不合理。

空性佛陀体，如是依理观，
二乘智者前，如何不等同？

所谓的空性，道的所缘与佛陀在大乘中所说的大法身的本性，如果以理观察分析，则大乘与小乘法藏中所说的无我法界并无有不同之处，在诸位智者面前为何

不平等呢？本是同等的。人(即补特伽罗)无我空性也叫做法身，圣者江哦耨说：“我已见到佛陀法身，仍然想见到色身。”《巴萨能现王请问经》中云：“我之法身如意宝，由边来敌所偷盗，藏于相之密丛中，令我仍缚漂轮回。”诸法的实相，命名为法身，证悟其中少许也称为法身并无相违之处，就像下旬十四天的月亮也叫做月亮、小小容器内的空间也同样是虚空为此也称为虚空一样。又如《智光庄严经》中云：“恒无生法即善逝，一切万法如善逝，凡夫执著为相状，享受世间无有法。”

如果细致分析此处的意义，则声闻部将大乘中所说的自性无生的缘起空性和他们自宗的无生二者视为不同，进而对空性及宣说空性的大乘加以诽谤，正是为了制止他们的这种诽谤才出现了这些论典。此外，《六十正理论》中说：诸声闻部声称：有为法的蕴无常，苦及苦因灭亡，相续中断将获得灭谛涅槃。而不承认了达蕴等诸法自性无生而获得涅槃灭谛。

如此一来，你们的两种涅槃也不合理，原因是，“谁者将现前”说明无余涅槃不应理，“了知者如何”说明有余涅槃也不应理。此论的注释中引用大乘经中说：“无余断除此苦，必定断除，得以清净，远离有漏贪，称为灭、寂静、隐没；不以他苦而结生，而此生即是寂灭等涅槃。”再有，“小乘经中也说：最后有时，诸阿罗汉生已穷尽，依于梵行。此有不会受生他有。”

对此，有些智者说：当时认为生已穷尽与灭亡的智慧需要解释成自性无生，否则与前面经中所说相违。

声闻部虽然否认诸法无自性，但必然承认智慧不执著我与我所，恒常与整体不成立。如果不承认这一点，则认为灭尽我之生的执著自然出现，这样一来就成了我执，结果将无有解脱。因此，务必要知道，补特伽罗无实有、蕴等之法不存在恒常、稳固的自性。《象力经》中云：“设若诸法有自性，如来声闻当了知，永恒诸法不涅槃，智者永不成无戏。”可见，声闻如果证悟了诸法的支分人无我体性为空性，则可称为证悟法无自性，因为我是体性的异名。如果没有证悟此理，那么就成了连细微人无我也未证悟，龙树师徒也是考虑到这一点才说需要证悟无自性。

总的来说，声闻、缘觉的解脱也是来源于无自性的空性。这里，常有、稳固、永恒、不坏等梵语都是“夏秀达”，所以它们的意义是一样的。声闻部的宗派，会招致如下过失：蕴无余灭亡、相续中断时不存在现前灭谛的作者，有余涅槃时由于蕴不灭的缘故，也就不存在所了知所现前之蕴灭亡的情况。实际上与前面经中的说法并不相违，原因是，获得见道以后证得涅槃的方式虽然不明显，但如果“无余断除此苦”中的“此”是表示近的词，代表有余阶段，讲解成圣者的入定为无余，后得为有余，那么入定平等趋入无我实相时即是灭、寂，如同说现法寂灭与身现证一样。通达有为法刹那灭亡以及无我的一切灭，都与大乘中的无生灭自性相同，如前所述一样。《六十正理论自释》中也是这样建立的。关于后得教诫他人得入定之寂灭的公案：舍利子尊者因为在马胜尊者面前闻受缘起无生的四句而获得见道，自己享用现法寂灭等，为他人再次重复念诵而出现了此《随念经》。后来，佛陀为长爪梵志说法时，舍利子证得阿罗汉果位而不再结生到后有，正是考虑到这一点，才说“此有不会受生他有”。

印度中观论师桑吉根嘎说：“大乘自宗的观点，是讲诸法自性无生的涅槃，现前的智无自性也不可能使相续中断。所以，入定灭谛一味也是在名言中才成立所知能知的关系，因此无有常断等任何过失。上述的舍利子仅是范例而已，一切声闻并不是都如法炮制。一般而言，声闻、缘觉虽然也有了达法无我的，但由于所知障并没有完全灭尽的缘故，不具备圆满智慧，也就是说，并非完全了达具有无勤无相自性的法无我。”

如果有人问：那么，阿阇黎龙树菩萨不是说“未证悟无相，汝无有解脱，故汝大乘中，彼已全整说”了吗？

这是说需要通达蓝黄等一切相为无常、苦等的意思，而《十地经》中说细微无相是大乘解脱之因。无漏业所引发的细微耽著是相状之戏论，如《慧海请问经》中说：善巧方便的善根假立为烦恼，对此一切有着是法的细微耽著。

因此，大乘的观点最初就具足无生缘起离戏十六空性的法相，即是一切种智的不共因，这在全论前后均有说明。可见，“上述并非声闻缘觉安立的本义，有为法刹那也不住留而灭尽，灭尽以后不复产生，犹如油尽的油灯不会燃烧一样，也属于大乘所说的无生中，依此而断除业惑之后引向解脱道，声闻、缘觉也有证悟法无自性的情况”，这是龙树师徒的一致密意。麦彭西宁上师说：“无生与刹那无有任何本质的差别。”

癸三、若示未通达大乘之义则不破不立而不应嗔恨：

如来密意说，非易了知故，
说一乘三乘，中立护自身。
中立无成罪，嗔罪不成善，
故欲已善者，切莫嗔大乘。

如来以密意所说的一切圣言，有一般与特殊、文从义顺[19]、文义悖谬[20]等许多情况，因此，并非智慧浅薄者轻而易举便能理解的。为此，大乘的多数论典中说归根到底为一乘，而另有说究竟三乘，后面的说法是带有密意而说的，因此是不了义。前面的说法不含有密意，所以万万不可妄加诽谤。按照法界而言，由于众生的自性住佛性无有差别，故而究竟只有一乘，这一点依理成立，而各自分开的三乘不合理。观待所化众生的意乐而宣说三乘这并非是真实了义的，《楞伽经》中云："为引诸凡愚，我说乘分类，然乘无安立，我言唯一乘。"根据众生积累资粮、智慧高低的不同而安立三乘。比如，为了解除长途跋涉旅客的疲劳，而次第住宿、行进。同样，轮回的路途遥遥，为了让疲惫不堪、无力勤行甚深之道的智慧低下者暂时休息而使内心不再流转，而说三乘，因为《楞伽经》中说："此外，大慧，烦恼障与业习气未断之故，于一切声闻、缘觉未说一乘。未证悟法无我、未断除有实之死堕故说三乘。"又云："通达一乘非我莫属，而外道、声闻、缘觉、梵天等未得，尽断所取能取分别永不复生之故说一乘……"

另外，所有声闻、缘觉的无我本身也与法界相同，因为上行梵语中称那雅那，所以仅从是乘这一点是相同的，所有声闻缘觉暂时尽管已经得到解脱，但与大乘的究竟解脱比较起来，只是相似的解脱。关于究竟一乘，《妙法白莲经》中云："授记舍利子未来时成佛，名号莲光佛。"此经中又云："如此说涅槃，汝脱轮回苦，汝仍未涅槃，当觅佛此乘。"可见，经佛陀劝请而令诸位声闻起灭尽定。《三摩地王经》中云："一切众生将成佛，此无任何非器众……"《吉祥鬘狮吼经》中说：诸位声缘阿罗

[19] 文从义顺：文字和含义一致。

[20] 文义悖谬：文义不一致。

汉，如挥刽子手之宝剑般畏惧轮回，他们还没有灭尽生，由于未断除生而距离涅槃遥远，他们还有若干所要断除的法。其中宣说了有关的许多道理。

如果有人问：那么，为什么对他们宣说尽智与无生智呢？

那说明此经中是不了义，宣说声闻缘觉的证悟与解脱智也并非究竟而是不了义的。本论中说大乘的无生与尽智、无生智一致，也很明显是指在有必要情况下的不了义说法，而且也指明并非所有见解都与大乘相同。《楞伽经》中说：所有声缘因断除业惑而不转轮回，也就是说暂时从无漏法界中不退转，把他们称为不可思议的士夫，他们的断证与解脱均不究竟，如同火灭一般涅槃而尽劫数之中安住于清净佛刹莲花苞中，后来依靠无量光佛等诸佛的光芒激发而醒悟后步入大乘。此经中阐述了许多这样的道理。如果对佛陀所说的一切密意不能如实决定通达，那么绝对应当保持中立而维护自己，以免毁坏自己。不起怀疑、不置可否永远也不会成为罪业，经中说："处于中立我不说谓舍法者。"以自己未通达作为理由，而嗔恨正法实在是罪大恶极，丝毫也不会成为善事。所以，凡是欲求自我完善的众生都切莫嗔恨大乘，对此万分谨慎至关重要。由此可见，实在不该由耽著自道是至高无上的终点而嗔恨大乘道进而加以诋毁。我们务必要想到，此大乘是最终一切有情走向不住一切之涅槃法界的唯一寂静门，而依于如来言教本该生起恭敬心。《摄集经》中云："如是无怯趋入菩提心，此乃一切正士胜盔甲，何故此谓大乘之菩提，驾彼令诸有情至涅槃。"

辛三、小乘中所说大乘道果并非圆满分三：

一、声闻法藏中未圆满宣说菩萨行；二、仅以四谛及道品不能成佛；三、智者理当信受大乘法藏为佛语。

壬一、声闻法藏中未圆满宣说菩萨行：

声闻彼乘中，未说菩萨愿，

行为及回向，岂能成菩萨？

假设有人怀有这样的疑问:只要依靠声闻乘就能获得佛果,此殊胜因有什么用呢?

大小乘的所有道并非都是共同的,宣说声闻乘的小乘法藏中并没有宣说菩萨的十大誓愿等。大悲等、十地、十度、二资粮、不可思议的法性等无边甚深见解、广大行为,以及菩萨的善巧方便、威神力非凡夫与声缘思维所及的一切特法,在大乘中才有宣说,然而小乘中对这样的见行及殊胜回向等并未详细说明。小乘中只是提及通过实修历经三大阿僧祇劫方得成佛,又岂能成为圆满修道的菩萨呢?不可能成为。"普得清净诸行海"并非像声闻行为那样有限,而是无边无际、不可包容,因为轮回无边的缘故,利益对境众生的善行也无有限量。假设小乘承许除了他们自己所说以外成佛的殊胜因并不存在,而且只有靠这么实修才能成佛,那么你们也已经成了与菩萨力量相同,由此发殊胜菩提心后修行三大阿僧祇劫为何不能成佛?因为成佛之道你们自己就具有的缘故。对方必须承认这一点。此外,于染污法方面来说,小乘认为染污法是三界,于其中会成为烦恼者;菩萨不刻意断除烦恼,虽然安住于三界,却不成为染污者,这是不可思议的方便。对于清净法,概括而言,(小乘、大乘分别是)以广大、殊胜的意乐而进行修智慧。小乘具足一味热衷自己涅槃而竭力摆脱贪执三有及世间受用之烦恼所致的广大意乐;菩萨具备以大悲善巧方便为前提观照有情而缘大乘殊胜见行的殊胜意乐。因此,菩萨的此道与声缘迥然不同。如云:"对于菩萨等持的名称,诸声缘尚且不知,更何况入定于彼等持。"这已体现出一切见修中,大乘更为超胜。不仅如此,而且菩萨的每一度又具足六度,以这种方式实修的方便多种多样,可见,只是持戒的边际尚且也无法想象,那么其他所有行为就更不言而喻了。《宝云经》中云:"善男子,菩萨如何以菩萨之学处律仪防护?如是观察,仅依别解脱戒我不能成就真实圆满菩提真实圆满佛果,而如来于佛经及彼等中具有之菩萨行为及菩萨学处,我当学修……"其中作了广说。别解脱戒只是代表,四念住等其余所有共同道也要这般了知。

加持成菩提,佛陀未曾说,
此义较佛胜,正量他谁有?

此外，菩萨为了自他获得无上菩提，甚深愿力等的加持或所依均圆满，这在小乘的法藏中佛陀并未说明，因为一切声闻暂时不能堪为此法的法器之故。关于此义，比如来佛更殊胜的无欺正量他者谁会有呢？谁也不具有。所以，凡是恭敬佛陀者切切不可舍弃佛所说的大乘法藏，否则就不是如来的随行者。《梵施王请问经》中云："乃于此教信仰者，何者不信此圣教，非我随行我非师，圆满行道因即信。"又云："彼等无信出家已，亦谤引导之教法，彼于此教不深入，仅著法衣称比丘。"世尊言："大王，此等四者于此教出家是险隘。何为四者？即不敬佛陀者、诽谤妙法者、嗔恨说法者、无有精进（指不闻思修行）而接受信财者彼等四者。"

壬二、仅以四谛及道品不能成佛：

加持四圣谛，及菩提分道，
共同声闻中，佛果以何胜？

如果有人说：在三大阿僧祇劫中只是修四圣谛与三十七道品即能获得佛果。

驳：事实并非如此。因为这些并不是与小乘阿罗汉不共同的法、具有殊胜功德佛陀的圆满因。获得声闻的所依、无常苦等圣谛的一切意义以及具足念住等菩提分法的修行或与之相关的这所有道，是与声闻共同的，如此一来，佛陀的不共特法的一切果又以什么因而超胜呢？应该成了无有高超之处，因为共同因中不可能产生出不共之果，而且不共因中必然产生不共果，而以上这些不具备这一点。正由于一切见修行方面，大小乘有着悬殊的差别，因此果也必然有差距。如果因无有差别，那么果也不会有差别。实际上差别是极其显著的，犹如太阳与萤火虫一般，水滴与大海的比喻等。经中说："世尊言：迦叶，譬如以分为百瓣之发梢之尖取酥油滴而其有限量，如是声闻，独觉有缘之无为法智慧薄弱、有缘。迦叶，犹如由米堆之中蚂蚁所携带一粒米般，迦叶，声闻及独觉将有缘视为无漏之解脱果……"不仅佛陀与阿罗汉之间存在着差别，而且大乘胜解行菩萨的无缘智慧与福德力也胜伏一切声闻缘觉，功德更胜一筹。关于这一点在《楞伽经》中有宣说。《经庄严论》中也说："具慧声闻众，大义广大善，无边恒不断，不了而胜伏。"《醒声闻乘语》中说：

"慈心大慧之大乘者宁可破戒,也并非具戒怯懦之低下声闻乘可比。粪便内光芒万丈的如意宝也殊胜无比,而金子内存有的具光假宝也并非如此,信解大乘者即便有业惑垢染所遮障,功德也是依他乘而除垢的圣者所不及,太阳的无比光芒纵然为云所蔽,但无云的萤火虫又岂能具有?"之所以有这样的差距,就是由于一切资粮唯大乘独有。

壬三、智者理当信受大乘法藏为佛语:

住菩提行义,彼经未曾宣,
大乘中说故,智者皆当受。

如果对方说:小乘的法藏中宣说了三乘之道,为什么说大乘才齐全呢?

关于安住菩萨圆满行的意义,在声闻的经中除了共同的相似道以外并未宣说所有不共特法,相反,所有大乘中已经详细完整地教诫了。因此,精通乘之次第的诸位智者理当认定此大乘是究竟的佛语。如此甚深之处,佛陀本身就是正量,为此,必须将量士夫的教典看作为正量,佛经中云:"是故知性之智士,何者诚信我之语,如来智蕴作证明,佛陀亲言谓智者,我谛实语当诚信。"

辛四、宣说三乘之必要:

犹如声明师,令先读字母,
佛陀为所化,宣说堪忍法。

宣说三乘引导所化的次第,就像声明师教儿童文字时,首先让他们从字母开始读诵,而不广泛解音释义。同样,佛陀对于一切所化有情,开端并不宣说难以证悟之法,而是顺应各自的智慧对境、按照接受的次第才相应说法。

有前为遮止,罪业而说法,
有前为造福,有前说依二,

有前俱不依，深法疑者畏，
空悲藏授予，有修菩提者。

说法的顺序是这样的：在造杀生等罪业的有些所化众生面前，为了遮止他们造罪而如经中讲述能乐等公案之类的法门，在有些小士意乐的有些所化众生前，为了他们培植福报而如《华严经》等经中所说宣说十善等法。在具有中士道之意乐的声闻种姓有些所化众生面前，宣说轮回为所断、涅槃为所取，依于所取能取各为异体的二者及人无我等。在大乘唯识有些所化者面前，宣说二取异体而空的唯识，诸法无我。在位于其上的中观种姓者面前宣说二取与唯识皆不依。印度注释中说，“俱不依”只是安立为大乘而没有辨别差别，（这并不妥当，）而应该按照颂词解释。关于此等意义，通过净化宝珠、以食物养育儿童的比喻等加以说明，有关详细内容当从诸经典中得知。令耽著串习有实法而不能接受甚深实相的疑惑重重者或具有所缘者生起畏惧的无缘空性大悲双运藏，传授给修无上大菩提的有些最利根的行人。如果随时随地没有按这样的说法次第来做，就会导致有些人造谤法的罪业。《宝积经》中云：“未尽成熟众生前，信赖而宣说，乃菩萨之错；未堪为法器众生前，宣说广大佛法，乃菩萨之错；于信解广大法门众生前，宣说小乘，乃菩萨之错。”耽著未以大悲心摄持的独立空性与实执唯一的悲心这两者都不是殊胜的解脱道，关于这一点，有极多经续注疏的教证。理自在（法称论师）也亲言：“慈等愚无违，故非尽除过。”

据经中记载：从前，有一位婆罗门的妻子名叫善施花，她梦到头上长出三把宝剑，一把落到地上，一把光泽渐退而变得下劣，最后一把宝剑则大放光芒、驻留空中。依照梦兆，这位女子生了三个儿子。其中第一个儿子唯一修空性结果以断见所感堕入恶趣；第二个儿子耽著唯一的悲心而成为承许常见者的本尊；第三个儿子则修行空性大悲无二无别而获得大菩提果。

庚二、摄义：

如是诸智者，切莫嗔大乘，

能成圆菩提，故当尤诚信。

通达上面详细阐述所诠内容与能诠词句的智者，切切不可满怀憎恨而嗔恚大乘，因为能成就圆满菩提，故而应当比小乘法藏更加信心十足。经中讲说了如马、如象、如日如月、如声闻之神变、如佛之神变而行之五种菩萨。犹如依靠其中前两者可以远行，却会被风等席卷返回一样，这两种补特伽罗虽然发了殊胜菩提心，但信解声闻乘并且阅读其论典，而且令他人也如是奉行，借助与声闻乘混合等行善之风使得智慧迟钝，以致于退失道心，这是两种不定菩萨。后三种与小乘不相混杂，并且唯一读修大乘，由此使菩提心与智慧日益增上，不退道心，但是由智慧与精进的大小程度不同所致，与前者相比，后者得果更为迅速。方便智慧圆满的菩萨犹如善逝的神变一般而行，也就是说，有比获得声缘果位更提前得佛果的情况。所以，不应该认识到声闻法藏位居于下而嗔恨，更不可认为胜过大乘而恭敬有加。当然，为了摄受所有声闻种姓者在有必要的情况下阅览小乘法藏等不包括在内。

倍信大乘者，依彼所说行，

证无上菩提，兼得一切乐。

正是由于这种原因，对深广法门有缘分、希求无边智慧的学人们，对大乘经典信心百倍并实地修行其中所说法义，将获得无上菩提。同时人间天界的一切安乐在没有刻意主修的情况下如火起之烟般兼收并蓄。为此，我们应当珍视爱重犹如摩尼宝般的大乘法藏，将它的意义放在修行的首位。前文中引用的《妙臂经》的教证在此也该引用。

丁三、摄义：

施戒安忍法，特为在家说，

大悲精藏法，应当稳固修。

作者教诲道：大王，你在位期间，虽然不能全面做到发愿菩提心与付诸实行，但是财布施、男女居士的戒律、定解思维正法等安忍法这三项，在家人容易办到，因此是对在家菩萨宣讲的。当然，并不是说在家较出家更为殊胜，而是因为六度之中前三度在家人容易修成，故而教诫他们修行。身为出家菩萨，由于财物不丰，为此以法布施为主。而作为在家人，只是财力布施，不能进行法布施，所以并未主要教诫。无论是在家还是出家，都要将成办二利之遍知的唯一因——与大悲密切相联的精藏法甚深空性，作为修行的核心，想方设法使之稳固不退而尽力修习。精通以方便智慧双运而修行菩提的智者，就像有些人想看深渊而采用技巧，两个伞左右执撑而看，结果既见到深谷也未身坠其中一样，现前轮回诸法的实相后既得涅槃也不会堕入寂灭边而中断利众。又如云："愚士出此语，一法得菩提，彼即空性理。"以方便遣除损减之边，以智慧遣除增益之边，依靠方便智慧这两者也就会获得解脱。在家菩萨即使不能做到广修行菩提心，但必须主要实修愿菩提心。《教王经》中讲道："大王，如是汝事物繁多，时时刻刻从布施度至智慧度之间悉皆学修无能为力，是故，大王汝当于真实圆满菩提欲乐、诚信、希求及发愿，或行或住等恒常持续忆念、铭记，修行……大王，汝若如此奉行，则既为君主也不失王事，复圆满菩提资粮。"又云："未获菩提之前，暂时人、天安乐，其中以菩萨心之善根业之异熟屡次上生天界；多次转生人间，是故，虽为君王，仍……"其中作了大篇幅的阐述。

丁四、不能学修国王行为则教诫出家：

若由世蛮横，依法难持政，
为法与名誉，汝应作出家。

虽然这般教授了正法与世间法两全其美的方便，然而，由于浊世的世间一切有情极其蛮横、顽固不化，而认识到要做到戒杀等绝对依照正法规则实在难以或无法治理国政，那么从大局着想，为了不失正法，也为了保存美名，你应当像先王们弃俗为僧一样做出家身份。《贤劫经》中云："恶世众生极野蛮，法临隐没恶趣增，智者极生出离心，犹如野兽谨慎住。"三世诸佛也是以出家的身份成佛的。经中说：在

家众如住火炕，出家众如住凉室……出家有功德无量。《三摩地王经》中说：“恒河沙数佛勇士，俱胝劫中谁承侍，何者满怀厌离心，出离俗家此更胜。”

教王中观宝鬘论中，宣说国王之行为第四品释终。

第五品　僧俗学处

丙四、教诫欲得解脱之出家菩萨广行学处分二：

一、略说在家出家之学处；二、广说。

丁一、略说在家出家之学处：

尔后出家者，初当敬学处，
多闻别解脱，戒律勤择义。
次知细微罪，应断诸过根，
所宣五十七，努力而观察。

放弃王位之后从有家到无家，由在家而出家为僧者，当务之急就是要勤于闻思修行。首先，对殊胜的戒律学处要谨小慎微（不放逸），极为恭敬。其次，等持与智慧的因就是寻求听闻，所以，要广闻博学概略的别解脱与《母子阿含》及《杂事律》等三藏。集中精力深入细致地抉择其义，从而圆满通达取舍之处。接着应当对一切细微罪业也做到心中有数，进而断除一切过咎的根源。了知取舍以后必须要努力实地行持。《三摩地王经》中云："是故，童子汝当学修精华，何以故？童子，能修行精华者，无上真实圆满菩提并非困难。"不精勤于菩提心有增无减等之因——闻思修之事，纯属魔业。《菩萨别解脱经》中说："舍利子，当知何者为佛陀菩提而发心后不勤于多闻，彼非称为真实菩萨。舍利子，仅以虚名，不能成就无上真实圆满佛果，而具智慧方能成就无上真实圆满菩提，圆满成佛。若问：智慧决定由何而生？由多闻而生，舍利子，是故汝当真实而行，汝当了知。舍利子，发菩提心后不勤于多闻者乃为恶魔波旬所加持。过多听闻乃魔业。”所有大圣者解释说：这里的密意是指广闻博学、了知众多没有达到究竟，也未身体力行，最后就变成了乞丐。《无爱子请问经》中说“布施、持戒、听闻三资粮中，听闻属于智慧资粮，功德颇巨”，而附带实例讲述了许多有关道理。所以，应当开发智慧结合修行。

如果有人问：从所断的细微罪业而了知是指什么呢？

所有经论中一致宣说的五十七种，在此讲解，对此要勤学，确实通达之后予以断除。

这以上是简略说明。

丁二、广说分二：

一、舍弃过失；二、应取功德。

戊一、舍弃过失分二：

一、广说；二、摄义。

己一、广说分三：

一、宣说忿等初十五法；二、宣说诈现威仪至不死分别之间；三、宣说显扬自之功德等。

庚一、宣说忿等初十五法分二：

一、宣说忿等十四法；二、宣说慢。

辛一、宣说忿等十四法：

忿令心烦乱，随彼心怀恨，
覆即藏罪业，恼即执罪恶。

一、所谓的忿，是指心烦意乱，经典中所说的“忿”用在前面，以能说的论典来讲解就是“心烦乱”，以下的所有法大多数也要如此理解。

二、恨：随着忿怒而念念不忘即是怀恨在心。

三、覆：是指隐藏罪业，当他人谈论过失时，投机取巧想方设法密而不露。

四、恼：由忿怒之因所引起，耽著罪恶持执不放的心态。

谄为极虚妄，诳即心不正，
嫉以他德忧，悭畏舍施性。

五、谄：极端欺骗他众的一种态度。

六、诳：所谓的诳就是心术不正，虚伪狡猾。

七、嫉：由于图名求利等而对他人所拥有的名闻利养等功德忍无可忍，导致心里忧伤。

八、悭：害怕施舍而紧紧执著资具。

无惭及无愧，不顾自与他。
傲为不恭敬，造罪由怒染。
骄矜则放逸，不行一切善。

九、十、无惭无愧：按顺序，无惭是从自己的角度而言，不知羞耻，不警恶行。无愧是观待他者来说，也没有畏惧，而不警恶行。

十一、傲：以自己具有些微功德等而不恭敬所有殊胜对境，是具有坏聚见的心高。

十二、造罪：以嗔恨而搅扰、染污，以怒容满面等身语动荡而造罪。

十三、骄:以自己的青春、种姓等没有其他缘由自满的心理达到极点。

十四、矜:也与骄大同小异,以经济财富而傲气十足,丧失正念而放逸无度不行一切善法。不防护心沾染一切有漏。有些注释中说,这以上数目算起来才有十四种,所以骄与矜分开计算,但按照颂词,似乎是作为一个,因为此二者是由同一因引起,并且作用也相同,众多其他解释中都将这两者作为一个。

辛二、宣说慢:

慢相有七种,彼即细分说,
骄傲自满者,下下平平等,
平等胜平等,此性即称慢。

十五、慢:由坏聚见所生的我慢即是傲慢,再者,高低作为缘由的慢心行相也有七种,应当对这些详细分析而说明。作为五十七过失之一的慢计数为一。

(一)傲慢:由于长久熏习我执,致使无有意义而骄傲自满,首先以种姓、受用等任何一法,而认为我甚至比下还不足,与同等者平起平坐。从任何一个方面,认为我比下有余或者与下平等的本性就称为傲慢。

如果有人想:认为我比下尚不足怎么会成为傲慢呢?

答:与下者相比,我尚自愧不如的想法实际上是心里自我满足的象征。

认胜或平己,此即为过慢。

(二)过慢:从任何一个方面来讲,凡是认为与自己相比,更高一等或者与自己不相上下,此为过慢。

认为胜过胜,思更高过高,
名为慢过慢,历如疮上痈。

（三）到底什么是慢过慢呢？从某一方面而言，认为我比高高在上者更高一等的想法，即是慢过慢。比如，疮的上面又结痈一样，过患极其严重。

所谓之近取，五蕴本空性，
愚昧执为我，彼即称我慢。

（四）一切过失的根源有漏的"近取蕴"也就是色等五蕴本性为空性，但由于对此等实相愚昧不知而执著为我，这就是称为我慢。

未得果思得，即名增上慢。
称赞造罪业，智慧知邪慢。

（五）凡是本来并未获得预流果等果位，却自认为已经证得者，即是增上慢。并不是明明知道尚未获得，而是本未获得却误解为已经获得。

（六）认为我已造或当造罪业这种自以为是的称赞，明晓取舍的智者应当知道这属于邪慢。

谓无所作为，轻毁自己者，
称之为卑慢。简略说七种。

（七）所谓"我无所作为，活着也无关紧要"，以我慢的姿态而自我嘲讽，其实这也是自满的一种表现，因此称为卑慢。

虽然经中宣说了二十七种慢等，但这里是将这些完全概括，归纳为七种来说明的。《经庄严论》中云："视师种姓相，我之精进胜，菩萨具我慢，谓离菩提远。"

庚二、宣说诈现威仪至不死分别之间：

诈现威仪者，护根为利敬。

谄媚奉承者，柔语为利敬。
旁敲侧击者，为得赞他财。
巧取讹索者，为利面讽他。
赠微博厚者，图利赞前得。

十六、诈现威仪：为了谋求利养恭敬而装模作样地防护根门，以此迎得他人的心。

十七、谄媚奉承：为了利养恭敬，首先说许多温和柔软之语。

十八、旁敲侧击：为了得到朝思暮想的东西、他人的财产，而以“我都没有这样的东西等”来假惺惺地赞叹他人的财物实在妙不可言。

十九、巧取讹索：依靠上师与官员等的权势而收税，为了牟取暴利，而当面指责别人说“你太吝啬了……”，口中这般冷嘲热讽来威胁对方。

二十、赠微博厚：凭着先前所得之利而贪得无厌一再寻求的人在求得物品的施主面前竭力赞叹说：“那件东西对我的帮助实在是非同小可……”

通过以上五种方式而赢得利益即是邪命，这五种邪命每一种都算为一法。尽管邪命的后患无穷，但略而言之，如《念住经》中所说：“何者稍依凭，邪命而维生，彼沉粪池已，复为昆虫食。”

说过即他错，再三而重复。
无悦不观察，内起忧愁心。

二十一、说过：对于他者三门的某某缺点毛病，一而再、再而三地说个没完。

二十二、所谓的无悦，虽然有人用在誓言方面来解释，但似乎该解释为没有欢悦心，这种人不作各方面的观察，而不能取悦别人，所以由内在的妄念所导致郁郁寡欢。

遍贪自劣具，劣贪即懈怠。
异想自他想，贪嗔暗遮障。

二十三、遍贪：是由前两种因加上对自己的菲薄资具挂碍耽著三种因所引起的一种懈怠。或者也可以解释成，所谓的无悦是指，具有贪欲的心不求进取，一味耽著。这两种过失（即无悦与遍贪）是一体。

二十四、自他之异想，由于认为自己是自己、他方是他方的想法导致一门心思只是追求一己私利，而被贪嗔痴的黑暗所遮障蒙蔽。

凡是不作意，说心无见解。

二十五、凡是对于心中贪嗔痴萌生与否不作观察之人心里不会有能说、所说的概念，即称为心无见解。《念住经》中云："妄念生贪心，由贪起嗔恨。"不具备正知正念之人就会产生这些烦恼。

于诸如法事，懈怠失恭敬。
师不作佛想，许为恶劣士。

二十六、符合正法的一切所为，必须以最大的努力而奉行。相反，由于懒惰而不加恭敬，就是过失。或者解释成，具足毕恭毕敬就是如来的行为，因为与对一切如来恭敬相同之故，这是印度注释中解说的，所以解释成与下文类似的含义。

二十七、认为名副其实的上师不具备佛陀法相的这种人，被认为是恶劣之辈。

耽著小缠缚，彼由欲贪生。
遍耽即由欲，所生大缠缚。

二十八、耽著是一种小缠缚，是由耽著色等五境的贪心所生。

二十九、遍耽是指由前面的欲望中所生起的爱恋，这是一种大缠缚。

贪即于己物，具有贪欲意。

耽著他之物，名谓非理贪。

三十、贪是指对于自己的财物极其难以割舍的贪爱。

三十一、极度耽著他者的财物，属于贪心的范畴，即称为非理贪。以前面的词句作为能说，后面是所说。这些都是由痴心所生。如云："痴暗而不知，凡夫以欲痴。欲敌似友故，智者莫习欲。"《因缘品》云："愚者受用毁，切莫寻觅他，摧心爱欲望，祸殃自与他。"

贪爱所断女，赞即非法贪。
欲罪无功德，诈现具功德。

三十二、由非理作意的妄念驱使，而贪著非应赞叹、当予远离的女人后赞不绝口，这是非法之贪。经中云："欲望汝根本，知由妄念生，汝无分别念，是故我不生。"

三十三、欲求罪恶的补特伽罗自然无有功德可言，与之同时，身体语言却装腔作势显出一副有功德的样子，这与前面的诈现威仪并不重复。

大欲极贪婪，反之为知足。
得欲自尽力，令他知己德。

三十四、大欲是指对财物贪得无厌，取悦圣者的知足功德则与之恰恰相反。如云："知足乃为圣者财。"《因缘品》中说："无病利之圣，知足财之宝，信任亲之最，涅槃乐之顶。"而大贪欲不具备这些。关于对欲妙无有满足是今生与来世一切痛苦之因，一切过患之本的教证极其丰富。《方广庄严经》中云："一切欲妙一人得，然彼不足仍寻觅。"

三十五、得欲是指自己尽心尽力想让对方知晓自己具足身语的真实功德。

不忍即不堪，作害及痛苦。
无规即不敬，阿阇黎师事。

三十六、不忍也就是对于他者的加害与自身遭受的痛苦，都因为耐力微弱而无法忍受。

三十七、所谓的无规，是指对阿阇黎、上师的一切事情大为不敬，背离如法的行为。

不乐法谏者，不恭如法语。
联系亲属念，于亲更眷恋。

三十八、不乐法谏：如果某人口出之语如理如法，则以不情愿的态度说“善也好恶也罢……”而反唇相讥，不恭不敬。

三十九、联系亲属的妄念是指对所有有亲属关系的人，慈爱有加，尤为眷恋。《弥勒狮吼经》中说：耽著亲、友、利、敬、化缘、施主、智者、受戒者八种之人很快会走向地狱。《念住经》中也说：“亲友乃仇敌，不利以益相，毁汝由人世，今向大暗处。”

如是爱对境，评说其功德。
不死分别念，死怖不忧虑。

四十、此外，爱恋对境，是指为了追求、得到，而对本来恶劣的对境，也无中生有地赞说他的功德。

四十一、不死的分别妄念，是指常执者对死亡的恐怖无所顾虑，毫不害怕，一直死死抓着今生不放。《念住经》中云：“犹如鱼入网，安乐尽摈除，如是众缚爱，死神临牵引。”眼睁睁地看着别人死，却从不念及自己也会亡，简直与牲畜一模一样。

庚三、宣说显扬自之功德等：

随知之分别，尽己所能令，

他晓自功德，思维作上师。

四十二、具有随后了知的分别念，是指自己的功德，想让他人依靠有表(身语之业)而明白，完全是以希求世间八法的分别妄执，尽己所能令对方以比量推理出自己所拥有的听闻等功德，企图通过这种方式使人们说“此人胜任上师”，从而受到众人敬重，作为上师，获得高位。对世间无有意义的快乐等梦寐以求，恒常散漫、彻夜难眠，就像病人一样。如云：“奢望极痛苦，无求最安乐，做到无所求，安然而入眠。”应当依照此中所说而断绝众多过患的根源。

爱他之妄念，于他起贪恋。

害心而接触，思诸利不利。

四十三、所谓具有贪爱他人的妄念，就是指对于其他男人或女人具有贪恋之心。

四十四、以害心接触，是指思维依靠他有利还是无利的心态。

不喜无坚固。欲合乃追意。

懒惰无精进，身体懈怠事。

四十五、不喜就意味着心不坚固。

四十六、欲合：想与任意对境相遇，是一种追求的意图，也是毁坏心的一种过失。

四十七、懒惰：无所事事的身体懒懒散散，对于一切所做的事情无有紧迫性的一种懈怠。印度注释中说，懒惰与懈怠算为两个。

变由烦恼牵，身语皆变化。

食欲不振者，过量身不适。

四十八、变：心不由自主被烦恼控制，身体、语言都显露出一反常态之相。

四十九、食欲不振：是由于暴饮暴食而导致身体腹内不舒服。

如果有人认为:这是疾病之因,怎么会是过失呢?

由强烈的贪爱引发,因此既是过失也是过失之因。《谛实品》中云:“何士食过多,彼身沉重怠,今世后世义,必定皆减灭。”掌握食量称为功德,而不知食量,结果就无法奉行善法,并且成为等持的违缘,因此进食应该定量。《妙臂经》中云:“多饮体力高,少食将退减,适度如平行,进餐当如此。”

心极下劣者,说为心怯懦。
贪结即希求,五种妙欲境。

五十、心极下劣:毁坏今生来世的因就是说“像我这样的人怎么能在世间法上有所作为”自轻自贱的怯懦心理。

五十一、贪结:对色等五种妙欲,无有厌足,心驰神往而一再寻求。《念住经》中云:“何者欢喜欲妙德,如饮盐水无厌足。”第二大佛世亲论师亲言:“野兽以声毁,触令大象亡,飞蛾以色毁,鱼类以味亡,蜜蜂贪著香,此等一一因。诸士虽为一,恒具此五种,昼夜尽摧毁,岂能得乐住?”

害心我伴敌,三时皆无义。
心身沉重故,离作即萎靡。

五十二、担忧受害的心,自己、自己的友伴以及自他的敌人三方面,通过三时分析而生起并非真实的疑虑,想到曾经加害过、正在加害、将要加害自己与自己的亲朋的想法纯属一种错觉。另外,他人对自己与自己亲友的仇人,曾做过好事、正在做好事、将要做好事的忧虑,这是由想加害他人妄念的九种因所致。如果不怀有这种想法而忍辱,就会成为福德资粮。相反,对此无法忍受而蓄意陷害别人,无疑与菩提心背道而驰,其过失不堪设想。《教王经》中云:“世间仇唯杀夺财,忍之福资亦圆满。”《经庄严论》云:“由利群生意,起贪不得罪,嗔则与彼违,恒欲损他故。”

五十三、由于身心沉重即身心不堪能的缘故,致使无法行事,这是一种萎靡不振。

睡眠掉举者，心身极不静。
悔由懊作恶，后由忧恼生。
于谛三宝等，三心二意疑。

五十四、入睡也就是进入睡眠的状态，六转识不由自主地向内收摄，神识不清。《劝发胜心经》云：“喜爱昏愦眠，心亦钝念愚，彼慧极浅薄，智中恒退失。不行闻诵教，睡伏身亦懒……”其中宣说了许多诸如此类的道理。《宝积经》中说：“何者饱腹易入眠，昼夜颠倒而沉睡，如圈老猪身膘壮，屡屡入于劣胎中。”也宣说了属于痴心范畴内的睡眠，是转为旁生的因。

五十五、掉举：由于进食过饱等而造成身心极度不寂静，杂念纷呈。

五十六、后悔或懊悔是指心中忐忑不安，后悔所做恶事，后来因忧心忡忡所引起，而成为等持等的障碍。

五十七、对于四谛、三宝、业果等到底真实不真实，一直三心二意，即是怀疑。这种怀疑对解脱道等制造违缘，怀疑也有合理怀疑与非理怀疑两种。

以上应当断除的五十七种过失大多数是真正所断的分类，有些是心所的本体，认识这一点，显然就是为了认清过失的因与果。这些所断法基本上都是以所说与能说来阐明的。有些只讲了所说，在所说的开头均标写出号码，因此应当做到前后不错乱而了知。

这所有过失的因果分别念主要是由于经久串习坏聚见与我执所牵引，依赖贪欲的对境悦意、不悦意，有些是由愚昧不知取舍及懈怠所致，而不同程度地产生根本烦恼与随眠烦恼，对于这些分别妄念，我们要恒常以正知正念来观察，进而通过各自的直接对治予以断除。或者，如云：“善或不善业，即由心所积。”主要调伏心，如果自己的心已经得到调伏，那么不费吹灰之力自然而然就会取舍善恶，所以说一定要修心。《梵胜心请问经》中说：“菩萨若具四法则清净烦恼，四法即如理妙观察，发挥白法之力量，防患于未然，寂静而住。”《慧海请问经》中也讲述了许多相关的道理。因此，我们要集中精力修心。《摄正法经》中说：“所谓法，即不住境不住方，法无不依于自心，是故我当持自心，直至究竟，极力调伏，极力入定，极力消灭。何以故？万法唯心，心中有一切功过，无心者则非。菩萨遣除一切过失而趋入一切功德，是故法即依赖于心，菩提依赖于法……”又经中云：“妄念大无明，能堕轮回海，住无念等持，无垢如虚空。”再没有比入定于无分别念的等持中更殊胜的。《七童女传》中说：“诸见之根本，坏聚见驱除，不求有受用，何时我至此？”我们应当依此发愿。

己二、摄义：

菩萨断此等，戒师尤应断。

前文中所说的这些恶行，作为在家菩萨都应该予以断除，身为出家守戒的菩萨更应当杜绝，因为这些是一切过失的根源。

戊二、应取功德分二：

一、暂时之功德；二、究竟之功德。

己一、暂时之功德分二：

一、总说；二、十地之安立。

庚一、总说分四：

一、略说功德之本体；二、认清各自之本体；三、各自之果；四、共同之果。

辛一、略说功德之本体：

已离彼诸过，诸德轻易依，

略说菩萨德，布施及持戒，
安忍与精进，定慧慈悲等，

远离了菩萨六度的违品——刚刚所说的这所有过失之后，轻而易举便能依于正道之精华六波罗蜜多等一切功德。由于断除过失而无有障碍生起功德，是故说“轻易”。菩萨应取的所有功德，简明扼要地宣说即包括在以下列举的内容中：怀有施舍心而发放财物等的布施、以断心禁止恶行等的持戒、心不烦乱的安忍、无有怯懦而喜乐善法的精进、心平等安住的静虑、了达实相的智慧与愿众生离苦的悲心以及由此引发的发心等。因此，务必要依止这些。

辛二、认清各自之本体：

布施舍自财，持戒利他行，
安忍断嗔恚，精进即乐善。

布施的本体是什么呢？所谓的布施，即不贪著自己的财产而慷慨舍给他众的心及由此引发的身语业。《宝云经》中说：“何为布施波罗蜜多？即思维一切财物及果舍与他。”

分类：包括法施与财施等。

那么，何为戒律度呢？就是说为了在断绝害他的基础上利他，而抛弃追求一己私利的殊胜心。分类：一个摩尼宝有遣除黑暗、摄集所欲、解除病困等三种分类，同样，菩萨戒的一个本体中也包含严禁恶行戒、摄集善法戒与饶益有情戒三种反体。其中，严禁恶行戒是一切功德之本，正因为有过失不清净就无法生起功德，所以禁止罪业居于首位，最为关键。自相续没有摄集正法就无法利益他众，所以摄集善法戒位于第二。其后，不是将精力集中在唯独自己生善趣、得解脱上，而是主要行持他利，这是第三饶益有情戒。此三戒也是佛果断、证、事业三者的因。

安忍度：是指彻底远离害心，断除嗔怒，有定解地思维正法等，主要还是对利他无所畏惧。如果害怕利他而身陷轮回，就会堕入寂灭之边。

精进：身心毫不懈怠、毫不怯懦热衷于二资粮的善法，主要还是乐于成熟众生与修行刹土。

定一缘无染，慧择谛实义。
悲于诸有情，哀悯一味慧。

静虑：也就是指《宝云经》中所说的“寂止一缘心”。于胜妙的善法中一心不乱，一缘安住，而无有昏沉、掉举等以及享受禅悦等自地之障的染污。《般若经》中说：“心散尚不能成就自利，何况他利。是故，丝毫亦莫令心散有机可乘。”此外，其他经中说道：“弥勒，如来教，以静虑及禅修安立，以妙慧造作，以智慧精进入定安立，而非以在家业及例行之事安立。”在家业是指喜爱佛法的在家人与在家菩萨造佛像、印佛典、建佛塔以及勤于许多例行之事。佛言：“执事菩萨造七宝塔遍满三千界，我不以此欢喜……讲经菩萨仅受持一偈颂并为他讲说等令我欢喜，我作供养。”又教诫道：“遍及赡部洲之此等行事者若恭敬承侍一位精进讲经说法者、遍及赡洲之讲经说法者恭敬承侍一位精进内在正安住者，则是如来随喜处……”宣说了许多有关道理。往昔，涅甲与邦那杰先前对于正法无所不闻，当听到名为正安住的外道本师所说的词句，觉得没有听到什么更为殊胜的，结果心满意足。因此，精进修行止观是最值得赞叹的。

静虑也有世间静虑与出世间静虑的分类。

胜观智慧：真正如实妙观察正法，从而深入细致地分析抉择四谛、二谛等意义。（这里的智慧也有）相似了知的妙观察慧与真实了达此等实相唯一真如的真实智慧——无分别智。此处，如芭蕉树的比喻一样，以分别念将法视为有实，寻觅有无，而实际上法无处可寻。尽管推翻了分别前显现的实有，但法的显现无破无立而存在，可见，如果承认二谛不可分割，那么所有遮破均是非遮。通达前面所说的“缘起空性的含义”，并进一步修习，从而可断除轮回一切因果的根本——俱生无明，这样一来，自然而然便可遣除贪心等，由于因不存在之故。贪心等各个的一个对治只能断除它自身，而不能断除其他烦恼，而凭借这一切各自的所有对治也无法断除无明，可见，只有依靠觉性智慧方可斩断无明。

分类:有闻慧、思慧与修慧三种。《宝云经》中说:“以胜观抉择后通达无有体性即悟入无相。”这说明依靠观察修生起定解,修行寂止、双运而悟入无相无分别。对无我的定解没有达到根深蒂固之前,观察修、安住修轮番交替,当断绝观察边之后唯一安住修,并且必须要护持这种无念自然安住的境界。“如果以忆念追逐忆念,结果将如雪山降雪般增长分别妄念。如果忆念自然安住,就会像雪入湖泊般寂静。”这是论中解说的。《中观入慧论》中云:“无念心即自静住,无有识别无散乱,无有相状明了修。”在证悟之前应当通过斩断心与心安立的一切执著边的方式修行。获得圣道的入定中,二取、真实显现、相状、分别一切都将隐没,故称为无现,也并不是像无有五根的感受一样。所以,止观二者可涵盖所有等持,道梯的一切功德也归宿于此。为此一定要将定慧二者融合一起而实修。

六度之中,智慧最为殊胜,而智慧中,如果没有闻慧的前提,思慧与修慧也就无法成就,所以首先要力求多闻。《无爱子请问经》中说:“布施持戒与多闻福德何者大?答言:善男子,布施、持戒之资粮犹如须弥山王之前有一芝麻,虚空中鸟之足迹般,而听闻之资粮则如无边虚空。布施之资粮能行二事,即解除贫穷与得大受用,即成此二事;如是持戒可除恶趣成善趣;依智慧之资粮能除一切见,成就智慧。布施、持戒成熟有漏与蕴。善男子,闻慧之资粮为无漏而非异熟。善男子,是故,诸精进之菩萨大菩萨,当勤积闻慧资粮。”其中宣说了闻慧的许多功德。《般若摄颂》云:“寡闻天盲不知修,无彼成何当慎思,是故精勤闻彼因,思维修行妙慧生。”再者,在没有以智慧解脱自相续之前,则无法做到为他人讲说而使其相续解脱。《宝积经》中云:“未度不能度他众,未解无法令他解,盲人无法示正道,解脱方可救度他,明目能为盲指路。”远离六度各自的违品——悭吝等烦恼,发心、回向以三轮无分别智慧摄持,而成为所知障的对治,否则不能纳入波罗蜜多之列。所经过的道以抵达的果来取名,达到三有、寂灭彼岸,称为波罗蜜多。不舍弃众生的因大悲心是指缘一切有情而于心不忍,愿他们远离轮回与恶趣之苦的悲悯一味一体的妙慧。也可以解释成,与修习之心一味或者证悟诸法无生的智慧不离大悲的滋润之义。

辛三、各自之果：

施财戒安乐，忍美精进威，
定寂慧解脱，悲成一切利。

六度各自的功德归纳而言，以布施可以感得无勤之中获得受用；依靠持戒可转生善趣；以安忍感得神采奕奕，庄严无比；精进的法相就是行善的力量势不可挡，具有威严；以禅定感得寂灭掉举等一切分别念而成就无碍解与神通等；以甚深智慧而感得解脱所取、能取。以慈悲一切有情可感得，轻易成办自他眼前与长久的一切利益。《华严经》中云："吉祥天女如是言：吾之悲心海无量，由此三世佛现世，彼能遣除众生苦，坚稳善财当知此。"《慧海请问经》中云："持圆菩提心与法，修法悲悯诸含生，此等四法德无边，佛亦难说此等边。"

辛四、共同之果：

无余此七法，同依波罗蜜，
获不可思智，世间之怙主。

在学道的阶段无一遗漏同时修习以上所说的七种功德，依靠方便智慧波罗蜜多，而获得不住二边、不可思议的智慧行境——三世怙主真实圆满正等觉果位。这也是来源于通过布施等全力以赴断绝害他、唯行饶益后回向圆满菩提果。《菩提心释》中云："利害出生果，如是分析已，彼等一刹那，岂贪自利益？"我们要依照此中所说而身体力行。

庚二、十地之安立分三：

一、如所说声闻有八地般菩萨分十地；二、十地各自本体及功德；三、摄义。

辛一、如所说声闻有八地般菩萨分十地：

声闻乘中说，声闻有八地，
如是大乘中，菩萨之十地。

声闻乘中宣说了声闻有八地，到底是哪八地呢？

种姓地是加行道的决定种姓；八地，是指从下算起，预流向就成了第八，它的现观是第八地；见道地是预流果；薄地是指欲界烦恼减轻的一来者；离欲贪地是指不来者；证所作地是指阿罗汉果，这些的所有向算为一个“声闻地”；在此基础上加上缘觉地。共有八地。同样，大乘中，因位作为菩萨的所有功德的所依，因此地以阿赖耶识或意的差别而有十种。

辛二、十地各自本体及功德分二：

一、总义；二、论义。

壬一、总义：

进入地道的所有学人，如果首先对道的所破——轮回的迷乱显现，众多教理的所破——内外宗派的遍计法茫然不知导致的假立之法与补特伽罗的二我增损之边和包括旁生以上无论入没入宗派者都俱生存在的愚痴。所以，要认清以上这两种假立的我执及对境，首先必须长期闻思修行。在资粮道与加行道时作为异生要通过实地修行前文中所说的悲心等三因，从中生起一地见道。当时，由于首次获得胜义发心而成为名副其实的菩萨并转生于如来种姓之中等，这种说法是《入中论》与《宝性论》等的密意。大悲与世俗发心最初从资粮道开始获得，并以总相的方式修无二智慧，从而稍稍生起明现境界，在顺抉择分四加行道的阶段，与前相比，证悟更有进展，转为菩萨种姓的名称是《入行论》中所说的。

我们应当清楚的是，三因也像六度等一样，仅以胜劣的差异才有了诸地的分别。所有地均分为根本或依处、以净信欲乐希求彼地、修行能清净十地之净法与果位之功德四种。其中，堪能的功德如同纯金的比喻，地地升迁，直至佛地的功德，以精明商主的比喻来说明，异熟引摄的功德本性广大，故而特意转入赡部洲的君主等。愿智的功德，以宏愿力而真实成就百万大愿。从欲乐与修行及功德三方面胜过声闻缘觉。关于见修所断的分类、断除的方式以及生起对治的顺序等，当从有关的诸经典和论典中得知，此处恐繁而置笔。

虽然有人说："异生投生世间的因，就是不明以修所断的烦恼——贪嗔我慢无明、贪利等世间法这些前提，加上声闻缘觉的修断行于轮回的一切烦恼，菩萨从一地开始予以断除而不染污，但这是通过对治力压服，而凭借自己的力量无法征服才如此说的。正由于需要次第清净，所以不承认仅从一地就无余断除，因为到十地这一切才得以完全清净。"这是无著菩萨兄弟所承许的，这种说法密意是染污法为习气。从一地开始进入修道，不贪著出世间无漏的菩提分法三十七道品等这些善根清净之后，才经历地地升迁。

地道的功德与善根等都是后面较前面超胜，而称为增上，因为地的分位是有为法。获得一地时，以抉择而现证四谛，而颠倒执著等见断尽遣无余，所有修断也以压制的方式予以断除，对三宝有解信，自身极其欢喜，喜悦安住于以前凡夫时未曾获得的所缘普行法界，由此使我执、我所执不复存在，所以一地菩萨最为喜爱发放布施。关于布施等喻、缘、法对应的道理当从他论中了知。

如果有人问：那是不是因为此地戒律还没有完全得以清净，所以布施也不清净呢？

答：不必说身外之物，甚至连内在的身体也能施舍，并且毫不吝啬、远离三轮的分别念，因此，一地菩萨布施已达到了清净。《无爱子请问经》中说："我之此身尚能慷慨施予一切有情，何况一切身外之物？"凭借这种威力使得二地戒律清净。一地戒律占少分，而并非完全不具备，也要了解其他所有地的顺序。

一地超越了凡夫地，未获得圣者之法的凡夫是此地的违品。

二地奉行十善，而与之相反逆行倒施的破戒垢染显然是二地的违品。

三地，十善更为丰厚，听闻深广法门，忘却的黑暗是违品。并且在这一地为了全面防护下乘而通过观想而依止佛智。

四地，远离以坏聚见引出的两种我执尤为动荡的现象，因此动摇是其违品。因为“遍计坏聚见唯在最初见道时断除”，可见这里是指俱生坏聚见。俱生细相与善等之心不相违而时时刻刻存在这一点实难抉择，所以说，当生起善等心的时候，由于与之相应的缘故，贪著我与自我傲慢等绝对存在。而遍计坏聚见并非如此，是指粗大的概念，由于是有染污的作意，并且播下了产生它的种子，故而是能生。从此地以后便断除了我执引生的通达法的我慢。三地以多闻为准，此地是依赖清净等持进而借助纯净的智慧详加分析，故称焰慧地。

五地，尽管足能现前涅槃，却以善巧方便而不舍有情，因此下乘的涅槃是此地的违品。在这一地，禅定与胜观证悟的智慧深不可测，而且获得了不住二边之道的缘故，不为魔等所夺，极其精通辨别法与非法，得到神通神变，依此能使误入歧途者生起诚信而进入佛门，同时也获得工巧等世间的才智。

六地，《十地经》中说：以十等性法而趋入此六地。到底是怎样的呢？以诸法无相等性等八门类说明胜义中等性，第九以梦幻等七种比喻说明世俗中等性，第十是二谛无别而等性。这一地真实成就大悲而不舍有情，现前无念智慧，现前安住于甚深缘起的智慧度中，因此有相的戏论大大减少，粗大的有相戏论涌现是此地的违品。胜过五地的不住之道尤为殊胜，尤其获得三解脱门，方便智慧极为高超，由此而洞悉有情的界、根、随眠等，进而能彻底令众生成熟的行为持续不断，所以深入佛法，故称为现前。染法与净法执为不同他体的增上慢从此地而断。

七地：以无相而行持所谓三门之业，就说明行持无相，因此鲜少的有相涌现是违品。六地的灭谛虽然已经现前，但却未能实行，由此推动，依靠进入八地的方便大悲与证悟轮涅等性的智慧，乃至轮回未空期间住世而积累资粮，获得方便度等。先前的智慧更进一层而分方便等四度，实际上后四度均可包括在慧度之中。总的来说，对于大乘特有的不共行境遮止一切戏边的灭定，以闻思而了知是从资粮道、加行道开始有的，现量了知则从见道至此七地。在这一地，相执的分别念不再产生，对于真实灭定能够在每一刹那中入定、出定，已经达到了远离超越下地的境界，所以胜伏一切声闻、缘觉。“在此地之前不可称为完全超越染污行”是因为道有行有勤作的缘故，勤作是指以分别念而生起，分别念也属于诸位菩萨的烦恼，而不是指通常所说的染污烦恼。此地的智慧等一切善根犹如光芒万丈的太阳般，胜

伏好似月亮般的一切下地功德。

八地：《十地经》中说："以航行在海上的船只随风漂荡的比喻来说明，行持无相犹如大海，由于远离一切勤作的烦恼，智慧任运自成的缘故，勤作加行之事属于此地的违品。从此地开始向上称为得异熟道。不必刻意勤作道的加行自然而然实施，就像秋天的庄稼一般。从七地到一地之间的所有功德在此不动地更进一步获得，故称为摄诸地。在一地所发的无数大愿于此完全清净，并进一步发愿，达到彼岸。因此，似乎已经包含了一地，并且积累资粮无量、成熟众生无量、清净刹土无量，以及自在方面达到了更高的层次。堪忍自性无生等安忍极为清净，并以无相无勤任运加以安立。也同样不被一切声缘所夺，无有退转之惧。比如，一觉醒来会有想，同样，从心入于寂灭法性中出定的想虽然存在，但以无分别智的自在而不生有相的分别念。为了断除此地所属的所断，而入定于真实灭定之边法界中，如果长久安住在等至中，就会趣入涅槃而中断圆满、成熟、清净的相续，正是考虑到这一点，诸佛才对"仅仅执著寂灭法界便可"进行了遮止。《十地经》中云："我等之十力等圆满，汝等不具，而为寻觅彼等一切，当精进。"又云："我等之十方无量佛刹，汝等观之……"以此作了劝勉。

九地：以四无碍解调化有情，不利益众生是此地的违品。八地成就智慧、清净刹土，到了九地，利益众生付诸实践，与前相比，智慧与事业无有限量，极度修行自利方面居上的佛智、他利方面饶益无量有情这两件大事，并获得法无碍解、义无碍解、词无碍解与辩无碍解，作为如来所转法轮的殊胜追随者，而且宣说各乘正法。以十万劫得受的加持而获得句义总持等，依此使得每一极微尘都发出不可言宣的法门，获得了抉择力与修行力等无量圆满功德。《般若经》中说真正的四种无碍为佛陀的不共功德，这里按照《十地经》的密意说是相近的四无碍解。

十地：依靠如来的身语意或者甚深密法等所显现的一切法，而获得大乘诸法的灌顶，故而未得到灌顶是此地的违品。由于此地是因地的尽头，并且先已断除一切烦恼的缘故，妙慧的自性智无垢等持更为明显，通达含有密意之语。也就是对所有佛典的密意、意趣，能原原本本心领神会。如同成堆的奇珍异宝所庄严的大海堪为财富之最一般，具有多种神通力等功德的财富无不齐全、极其清净，堪为之最。获得了劫观为刹那、刹那观为劫等性胜解等无量神变门，自在加持离世或住世。于

现量安住的大报身佛前闻法，从十方诸佛处依靠大乘法通过光芒而获得灌顶成为补处，是安住智度的大菩萨。

以上所有地的阶段，以清净刹土、成熟有情及二种资粮而修行佛陀之法，称为不以地为满足之修，因为需要寻觅逐步向上、更为超胜之法的缘故。这主要是指一地到七地之间。八地菩萨不再退转，由于已经获得了佛陀深法的解脱。能成熟众生的修行主要是九地与十地，这是因为，此二地获得了以广大的善巧方便分析的无碍解及证悟诸法深密的境界。关于十地菩萨投生的方式，尽管以业惑转生轮回的现象从一地就已断绝，但以悲心愿力而受生轮回利益有情。因此说，七地以上通过十自在与幻化的方式而圆满资粮。

安住于地道的菩萨有七种，一、安住种姓之菩萨：按照《菩萨地论》中所说，具有六度种姓的特征。二、发心菩萨：依靠仪轨而获得世俗发心。三、胜解行菩萨：与第一种是一致的。暖位等四位，称为胜解行，从这时开始称为趋入修行，从胜法位开始称为资粮修行(**这两种修行是般若中所讲七十义中的两者**)。四、入行菩萨：主要是指一地至七地间的菩萨。这以上是《十地经》中所说的。五、六、七、不退转菩萨、一生菩萨、最后有菩萨三种菩萨，是指八地以后，这一点容易理解。从因与果的角度而言，胜解行地的果是一地，依此类推，十地的果是指佛地，因为是从中成就的缘故。佛地是果而不是因，因为再无有较其更高的地。《山顶经》中云："文殊菩萨言：当观初发心是与行为相联之因；当观与行相联是不退转之因；当观不退转乃一生菩萨之因；当观一生菩萨乃遍知佛果之因。"关于这所有地的定义、作用、违品及对治方面的所有详细内容，当从《解深密经》中得知。这以上依照《十地经》颂词与释文的意趣而笼统说明总义已经完毕。

壬二、论义：

宣说十地的本体及功德，共分为十。

一、极喜地：

> 第一极喜地，菩萨欢喜故，
> 已断除三结，生于佛种族。

彼之异熟果，施度最殊胜，
震动百世界，成为赡洲王。

十地之中，位居于首的是极喜地，因为能令获得《十地经》中所说的七觉支、远离违品遍计法所摄之见断的菩萨喜出望外的缘故。进一步地说，“断”的特点，获得解脱的主要障碍就是坏聚见、怀疑与戒禁取见，它们是结缚于轮回及恶趣的三种因，初地菩萨已经彻底断除了这三种因，并且超越声闻缘觉。印度注释中所说贪、嗔、疑三者，与这里的三种因实际上是一个意思。善男子，生起随应如来普光地之见道，并生于佛陀种姓中。由它的异熟所感，六度中布施度最为殊胜，已经达到了最高的境界，由于布施属于粗大之法因而相对容易。正因为此地已远离了布施的违品，才说布施最为殊胜，也是因为这一地其余所有波罗蜜多并非像布施度那样殊胜，故称布施胜。也不要认为以上地就没有布施。

功德的数量：仅仅在刹那、瞬息、须臾时间中就能够震动百数不同的世界；现见百数不同佛尊，通过彼等佛陀的加持而真实证悟，亲身体验无分别智慧；当时已拥有安住百劫的能力；能真正了知前、后一百劫而宣讲众生的业与生世；顷刻能入定出定一百等持；通过神变使一百众生的相续善心得以成熟；一时间前往并显现一百佛刹而利益有情；真正领悟一百法门，并铭记在心；一身可示现一百身体；每一身体都显示具有同等数目的菩萨眷属。总共已得到十二种百数功德。这里要掌握成百等固定数目只是表示而已，实际上利根菩萨以善巧方便力而没有固定数量，因为胜解行地也获得了不可胜数的等持，面见数量可观的佛尊。

以大悲及愿力而特意受异熟生的特点：成为赡部洲的大国王是异熟增上的特征。

二、离垢地：

二地名离垢，身语意十业，
纤尘不染故，自守彼等故。
彼之异熟果，戒度最殊胜，
成为七宝主，利生转轮王。

第二离垢地，由于为了独自解脱而防护作意的缘故，身语意的十种业道甚至在梦中也不沾染破戒的垢污，自然而然守持这些戒律。由获得这样功德的异熟所感，在先前布施的基础上戒律波罗蜜多达到最高的程度。

功德数量：刹那得到千数等持，亲睹千尊佛陀，而现示千数眷属，与前面一地相仿，只是数量递增，而内容完全一致。

异熟增上的特点：成为统治四洲的国王七宝之主，获得利益一切众生使他们奉行十善及波罗蜜多等的转轮王位。

此地之果：善巧断除一切有情的破戒。

三、发光地：

> 三地名发光，智放寂光故，
> 禅定神通起，永尽贪嗔故。
> 彼之异熟果，胜行忍精进，
> 明智大天王，遣除欲贪者。

三地叫做发光地，此地菩萨在入定中，以无分别智慧不同程度地焚烧所知障，此明现的智慧火放射出寂灭的光芒，借助它的力量，自身及后得阶段也发射出旭日东升之前朝霞般的光芒。在这一地，尤其生起的清净功德有四禅、四无色、四无量及五通。染污法的修断上、中品贪嗔及所有愚痴也不同程度地灭尽。

它的异熟果：以上述功德感召，在前地的基础上，安忍的行为更为殊胜，也以超胜的方式而行持精进。

功德的数目增长：在二地的基础上，功德递增百倍，刹那获得十万等持，亲见十万佛陀……均依前而推。

异熟受生：成为数多天众的主尊大天王，并且精通《吠陀论》等。以超群的智慧能遣除对欲天等欲界之色等妙欲的贪恋。

四、焰慧地：

> 第四名焰慧，放正智光故，

一切菩提分，尤为修行故。
彼之异熟成，离净之天王，
萨迦耶见生，尽毁乃智者。

第四地叫做焰慧地，因为正智放射出较三地更为超胜、寂灭所知相的光芒。所谓的发光与焰慧，是以明现而趋入正法称呼的，因此是指证悟的智慧断除所知障的法光明。如云："智火极旺盛，摧毁烦恼薪，法界能明现……"

如果有人认为：八地之前只断烦恼障而不除所知障。

驳：实际上，必须承认独立的所知障是在八地才断，而在此之前笼统次第断除二障。在不清净七地的阶段，所说的烦恼是对分别念取上它的名称，而不是真实的烦恼，因为先前已经断除烦恼之故，贪等虽然也障碍所知，但衡量万法实相的主要障碍就是以无明为前提的实有分别念与二取。而二取与真实显现荡然无存的境界只有在无学地才能达到，可是，这些有学道的入定中如果证悟了与法性真如一味一体，便不存在二取等。而二取习气仍然存在。所以，对后得尽其所有的有法生灭等，二取与真实显现许的行相尽管可能存在，但无有实有分别，因为入定无分别智借助修法性的力量而在后得时，感受到境与有境名言如幻，这就叫做清净世间智与其现分缘起无自性。由于二障不同程度被断除而使证悟的光明境界日益增上。可见，在圣者入定后得智慧的境界中分别念无有立足之地。《般若摄颂》中云："能工巧匠精致造，男女铸像一切事，如是通慧行菩萨，无分别智行诸事。"在这一地，精进尤为殊胜，因此四念住等七类所摄的所有三十七菩提分法，是与波罗蜜多等一模一样的清净道，所以是见修所有分位中的主要所修，在此地更为殊胜的是修行。

以此地的异熟所感，特意发愿而作为离净天的天王。断除属于此地的所断也就是产生一切见的因——坏聚见及由它所生的俱生无明包括的执著自性成立的细微我执，以及执著补特伽罗为独立自主的所有粗重无明渐渐薄弱，为此，能将这一切斩草除根就是智者。

功德的数量：三地的功德换算成一百倍（即乘一百），即获得百俱胝数的功德，也就是一刹那得到百俱胝等持，面见百俱胝佛尊等。

五、难行地：

第五名难行，诸魔难胜故，
善知圣谛等，微细深义故。
彼异熟感成，兜率之天王，
能除诸外宗，烦恼恶见处。

第五难行地，安住在世间界中的天子魔群齐攻之也无力击败，就算是一切恶魔及眷属也极难胜过，其余加害者就更不必说，所以此地称为难行地（也叫难胜地）。对于粗细四圣谛等及《十地经》等中所说的二谛等细微所知的这些意义，无所不知、无所不晓，而且尤其修行禅定波罗蜜多，由它的异熟所感而成为兜率天的天王，凭借他的能力足可消除里里外外的外宗身体的五种折磨等烦恼以及所有执其为解脱道的邪见。

功德增上的数量：获得前地功德的千倍，也就是说，一刹那得到千俱胝等持，亲睹千俱胝佛尊等。

六、现前地：

第六名现前，现前佛法故，
修行止观已，得灭增上故。
彼异熟感成，化乐之天王，
声闻不能夺，能息高慢者。

第六地叫做现前地，因为现前佛陀的不共大乘法无二无别犹如影像般的缘起空性，或者说，由于相符于所得佛果之法的缘故而得名。《摄正法经》中说："意入定中将如实现见真性。"五地圆满禅定度，借助它的力量，在此地圆满智慧度，因此经过反复修习菩萨的不共寂止等持与胜观智慧，凭借禅定力，只要自己愿意就能够长久入定于空性境界中。由于得到灭尽一切烦恼分别念的灭尽定而使智慧极度增长，因而获得超胜的智慧度。由其异熟所感，依靠愿力特意成为化乐天的天王。

此地的果:以深不可测的方便智慧力而不为一切声闻所夺取、所胜伏,并能消除一切慢过慢或者傲气。

功德增上:获得十万俱胝数的功德,即一刹那得到十万俱胝等持,现见十万俱胝佛陀,蒙受十万俱胝佛陀的十万俱胝加持……

七、远行地:

第七名远行,数具远行故,
刹那刹那间,入于灭定故。
彼之异熟成,他化之天王,
现证圣谛故,成大阿阇黎。

第七地叫做远行地,因为在两大阿僧祇劫中,与下地更高的功德数量已遥遥领先,或者说,作为与八地更为接近之因的缘故,超胜或远远越过以下六地。这其中的原因是,刹那紧接着刹那,也就是说每一刹那心都能入于灭尽定。正是由于这种原因,七地菩萨以心的力量能远远胜伏、完全击败一切声闻缘觉。

"此地,从数量与功德的角度而言,遥遥领先,因为:就他能自由自在入灭尽定而并非其他地所能做到。"因而,凭借心自在灭尽烦恼的力量能力胜声闻、缘觉,而并不是说凭借智慧。这一地方便度尤为殊胜,以它的异熟所感而成为他化自在天的天王。作为欲天之主的菩萨,由于细致通达现证圣谛而成为讲经说法、出类拔萃的大阿阇黎。

功德增上:获得前地功德数量的千倍,俱胝那由他数的功德,一俱胝换算成百倍,再换算成千倍的数量。即一刹那获得十万俱胝那由他等持,面见十万俱胝那由他佛陀,依靠此等佛尊加持了知同等数量的真义,能示现同等数目的菩萨眷属。

八、不动地:

第八童子地,不动无念故,
不动身语意,行境不可思。
异熟果感得,一千梵天主,

罗汉独觉等，择义不可夺。

第八地也叫童子地，就像世间中越过了孩提时代而被称为童子一样，在此大乘中也是当超越烦恼位时被称作童子，因为凡夫被烦恼所左右。这一地不被相分别、勤作所动摇，无余遣除我执、实执，或者说贪等烦恼尽除无遗，从而处于无分别的境界中如如不动。另外，此地菩萨的身语心行境无法想象，不可思议。

由于圆满愿度的异熟所感而特意成为大千世界的大梵天王。

此地的果：声闻阿罗汉与缘觉等所抉择的深奥法义永不可夺，颠扑不破。

功德增上：上述的俱胝等数量不可胜数，因此要用极微来计算，获得十万三千世界中尽其所有极微数量的功德，即一刹那获得十万三千世界所有极微数的等持，面见同等数量的佛尊，了知蒙受此等佛尊的同等数量的加持。以此类推，能动摇、显现世间界、前往佛刹、成熟有情、安住劫数与了知劫的前际与后际、开启法门、得授记、每一身体示现眷属数都是十万三千世界所有极微的数量。

九、善慧地：

第九名善慧，犹如王太子，
因得无碍解，此地慧善妙。
彼之异熟成，二千界梵主，
有情心疑问，罗汉不可夺。

第九地称为善慧地，就像国王的太子在登基之时要接受继位灌顶仪式一样，地道的殊胜功德在此得以成熟、以正法而茁壮成长，称为补处，而即将得到补处灌顶，同时也临近获得大光明灌顶。为什么呢？因为获得义无碍解等四无碍解及超胜所有下地的功德，故而住此九地的菩萨，智慧善妙，尤其得到殊胜力度。由此异熟所感而获得二千世界的天王梵主果报，极其擅长调伏有情。对于所化有情心中怀有的任何疑问，能够无著无碍予以明示。而且，大梵天、恶魔及阿罗汉等通过相违、错谬的途径根本无法夺取他的辩才。

功德增上的数量：所谓的无数世间界，也就是从一、二开始数，达到六十位数

的数量就叫做无数，此数量再换算成百倍，再乘千倍，再乘千倍，再乘十倍，从中得出的尽其所有的极微数量，就是九地菩萨所得的功德数，也就是说，一刹那得到百万无数三千世界所有极微数的等持，亲见如此多的佛尊……

十、法云地：

> 第十名法云，降妙法雨故，
> 菩萨蒙佛陀，光明灌顶故。
> 彼之异熟成，净居之天王，
> 无量智境主，殊胜大自在。

第十地称为法云地。为什么叫法云地呢？因为在诸佛前获得大法云，尤其得到智波罗蜜多，由此而普降妙法甘霖。对此地也命名为佛地。此地的释词与雨层云相类似，犹如乌云密布的空中降下雨水一般，从大智慧的浓浓密云中无勤之中自然而然普降正法雨。或者说，虚空般的法身中密布浓云般的大本智，为此而称为法云。如颂云："云雨救庄稼，如是具喜处，以此等次第，拯救诸有情。"相续完全成熟的十地菩萨得受诸佛放大光明而真实授予的灌顶。《十地经》中说："得此地之菩萨，百万无数等持之末，现前所谓具有与了知菩萨诸等持之智无有差别灌顶。现前之时即刻以等同百万三千界宝藏之最妙宝莲严饰，而具有百万三千界之极微数莲花眷属，菩萨身亦与之相应、随合其缘而住。依此得等持即刻住于莲花中，普放光明，十方诸佛出有坏众聚，白毫间放光予以灌顶。"对此也有其他不同的观点。

此外，功德的数量增长的差别：由于超越了身语的行境，而获得不可言说佛刹中不可言说极微数的功德，即一刹那得到尽十方所有不计其数刹土极微数的等持，面见同等数目佛陀的功德后示现同等数目的菩萨眷属。这里所说的一刹那，不能思维成是部分的类别，而是将时间的极点称作刹那的。一百二十刹那中六十彼时刹那是一顷刻，三十顷刻为一须臾，在这么短的时间里便可入定出定等等。得到这样的功德所感的异熟果，投生为远离异生的净居天王。不可思议、无量无边的智慧就是佛智，佛陀以他作为对境而授予灌顶，名称叫做殊胜大自在。

辛三、摄义：

如是彼十称，菩萨之十地。

如是刚刚讲述的十地即是经中所宣说的菩萨的十地，在此概括作了说明。十地就像具障的胎位一般，好似出生阶段的是佛地，因为在佛地圆满一切所为，获得了现量领受万法的境界。

己二、究竟之功德分二：

一、宣说佛陀每一功德亦无量；二、于彼诚信生胜解之因。

庚一、宣说佛陀每一功德亦无量分二：

一、佛陀无边功德依于十力；二、功德无量之喻。

辛一、佛陀无边功德依于十力：

佛地与彼异，广大不可量，

于此简言之，具足十种力。

佛地与前面所说的因地迥然有别，是断证究竟的果地，而无法以心或比喻等来衡量，广大无边，就像无边无际的方向也可以摄于十方中一样，略而言之，具足知处非处等法相的十力，这是大体来说的，如同说须弥山与大海一般。

辛二、功德无量之喻：

彼力即一一，如众不可量，

诸佛之无量，如诸方虚空，
地水火及风，笼统宣说已。

佛陀之力以知处非处力为代表的每一力也是如同茫茫无边的众生数目一般不可估量。而能作为佛陀的力等功德无量的比喻，就是一切方隅的虚空无有限量，遍及虚空际的地水火风界无可定量。佛陀的功德也只是综合、笼统而有所表示、诠说，实际上其中每一功德谁也无法数尽。《十地经》中云："天等一切世间海，有顶以上水遍及，凭依发梢能估量，善逝一德非如是。"所有三千世界境内的所有草木磨成细微分遍满虚空，众生无余的所有心识变成一个有情的心，集思广益，有可能计算出所有细微分的数量，然而佛陀的智慧一刹那趋入的边际也无法了知。如云："大能仁之智，一刹那而入，然多俱胝劫，谁亦无力数。"

庚二、于彼诚信生胜解之因分四：

一、佛陀功德无量之因——顶礼等七支供福德无量；二、为利无量所缘境而回向一切善根并发各种愿；三、福德无法定量；四、安立合理性。

辛一、佛陀功德无量之因——顶礼等七支供福德无量分三：

一、以佛陀无量功德之理由而生诚信；二、积累无量福德之理；三、积资之诸门摄于七支供中。

壬一、以佛陀无量功德之理由而生诚信：

设若因仅此，未见无限量，
于佛之无量，不起诚信心。

佛陀的功德并不能以"仅此而已"来定量。假设佛陀的因认定为仅此限量，没有发现佛陀的那么多功德的因也是无有限度，那么对于果诸佛的无量功德也就不会心生诚信，反而会怀有“因有限量果怎么可能无量”的想法。由于佛陀功德之因无有限量、无边无际的缘故，无法见其边际。如此一来，便会对无量的因果深信不疑，从而为了获得佛果而凭借这种办法积累无量资粮。

壬二、积累无量福德之理：

故佛像塔前，抑或于余处，
一日三时诵，如此二十颂。

正是由于刚刚讲述的原因，所以应当在殊胜佛像、有遗骨的佛塔前或者也可以在僧众等其他殊妙绝伦的福田前，一日三时中持诵下文中所讲的这二十偈颂。这样做的原因何在呢？因为这样持诵的福德无量。

壬三、积资之诸门摄于七支供中：

诸佛正法僧，以及菩萨前，
恭敬皈依毕，顶礼应供处。

在断证究竟的诸佛、具备教法证法功德无穷无尽法相的正法、不同程度具足道功德的圣者僧众以及得地的诸位菩萨所有殊胜应供前，三门毕恭毕敬虔诚皈依之后，顶礼膜拜。在此尽管并没有直接宣说供养，但发起慈悲菩提心可以堪称上供下施之最，再者说顶礼也属于供养，因此实际上供养已含在其中。《无尽慧经》中说：“此等三者即是无上供养，发菩提心及……”

忏悔罪恶业，广修众福德，
有情之福善，一切皆随喜。

作礼完毕，接下来所要做的事就是应该堪为法器。按照《宣说四法经》中所说，通过具足四力的方式，诚心诚意忏悔自相续无始以来所积下的所有自性罪及佛制罪，今后做到严加防护，不再违犯。通过随喜布施、持戒、修行所生以及其他的善业而承诺恒常不离自他的一切福德，广泛受持。以一切有情随福德分的有漏善法为例，包括随解脱分无漏善在内，缘见未见的一切善根，心里不禁生起"如此善举实在令我喜不自禁"的想法，好似自己成办一样欣乐随喜。如果内心平等，就可以得到同等的善根，即便内心不平等，但诚心随喜也能获得功德。关于随喜的详细功德，当从经藏及律藏中了知。

我稽首合掌，请转妙法轮，
乃至众生存，请佛久住世。

我端端正正，头等五体投地双手合掌恭恭敬敬，满怀信心真心真意祈请一切圆满佛陀，在十方世界真实圆满成佛后不久即转妙法，并在娑婆世界转妙法轮，有些(佛菩萨、上师)由于所化根基等个别必要而示现涅槃前，祈求他们乃至众生存在之间永久住世而利益有情，并观想佛尊现量了知照见而默许。

辛二、为利无量所缘境而回向一切善根并发各种愿：

共有十七颂：

愿以我作福，已作及未作，
有情悉皆具，无上菩提心。

上述的顶礼等我所做的这些福德及往昔无始以来我三门所行的十善、现在尚未做将要做、未来一切劫中做的点滴福德，普皆回向。

如果有人想：未来的事还不存在，怎么能回向呢？

以善巧方便而观想未来的总相，现在就布施，以消除在那时对清净意乐增上及善根的耽著，就像说"我如果拥有丰富财物，愿与你分享"而令他人欢喜一样。那么，为什么而回向什么呢？以三世的这些福德，具足缘遍布虚空的一切有情获得无上菩提果位的殊胜心态，永不忘失。

为了得果与为了成就因而回向意义相同，对于让其他人发心、信解大乘而发心作随喜的无量功德，在此也同样得到。《华严经·金刚幢品》中说：“以清净意乐普皆回向并非仅依词句，以喜心普皆回向。如是以欢乐心及净信心、极喜心、柔和心、仁慈心、亲切心、饶益心普皆回向……”此经说明，初学菩萨需要为众生发十种心。彼经又云：“利心如是安乐心，悲悯心及仁慈心，护心如是平等心，上师心及导师心，爱心如是饶益心……”宣说生起菩提心的殊胜教言的意义直接间接包括在这些大愿中。具足缘起法相的所有善资，以殊胜清净意乐普皆回向于究竟所得及发愿的任何事与智慧、法界融合在一起，从而在此期间无有穷尽。《妙臂续》中云：“譬如百川入大海，皆成咸盐之一味，如是为菩提回向，福德成为佛一味。”由于所饶益的对境有情无有限量，因此缘他们的福德也无有限量，由此可见理所应当对佛陀的功德无量这一点坚信不疑，因为这些愿以悲心缘有情而绝对是成办暂时究竟所有利乐的愿力。

愿众皆无垢，根圆离无暇，
行为有自在，正命悉具足。

此外，但愿一切有情都发菩提心并进一步修习，从而圆满获得信心等纯洁无垢的无漏根，由此所感，超脱恶趣等八无暇处及其因，如同诸佛及声闻一切漏尽的行为不随烦恼等所转一样，不被烦恼等左右而自由自在、清清净净奉行六度万行，具备修法的顺缘，断除邪命养活，以正当的维生途径无勤之中坐享其成。

愿诸有情众，手中具财宝，
资具皆无量，无尽至生死。

但愿所有财力衰败的有情不费吹灰之力垂手而得能消除贫困的如意宝，一切所需资具源源不断出现，乃至流转轮回期间，自己用之不竭，并供养如来佛子

愿凡诸女人，恒成大丈夫，
诸有情慧目，戒足悉具足。

但愿身份低下的女众在异生位时，都转成威力强大、智慧高超等十全十美的大丈夫身份。但愿一切有情均具备证悟无我的殊胜慧学的明目、殊胜定学及戒学的双足。

愿有情具色，形妙大威光，
见喜无病疫，长寿具大力。

但愿其余有情无有令人嫌弃藐视等的苦恼之因而都具备如赡部纯金般令人见而生喜的美妙色泽，形态端正、相貌庄严、神采奕奕、威风凛凛，让人一见便感到舒心悦意，身体无有四大不调的病患，具有无爱子般的力量或者力大无穷，长命百岁等，总之但愿拥有善趣七德。

愿皆通方便，脱离诸苦痛，
勤向三宝尊，富有佛法财。

但愿一切有情悉皆具备通晓息灭轮回与恶趣之苦的方便——弃恶从善取舍的智慧，轻而易举摆脱三恶趣等一切苦果，恒常一心专注、念念不忘作为因皈依及果皈依处的三宝，借助三宝的威德力最终具足佛陀之法财——十力等一切功德。

愿修慈悲喜，弃惑平等住，
施戒忍精进，定慧作严饰。

但愿像我一样的所有众生内心都怀有希望他们逢遇安乐的悦意慈、希望他们远离苦及苦因的悲心、希望他们永不离开所拥有的快乐的喜心以及无有以贪嗔偏

祖亲近远离有情之烦恼的舍心。但愿能用圆满菩提之因——菩萨道中的布施、持戒、安忍、精进、禅定、智慧宝珠饰品来庄严自己。

愿圆诸资粮，相好极鲜明，
不可思十地，不断而经行。

但愿，快速圆满一切福慧资粮。在行道的过程中，也像至尊文殊菩萨一样，获得福德异熟果的极其鲜明相好作严饰，远离声闻等无法想象的菩萨十地的所有违品，而不断迅速经行。

愿我亦具足，彼德余诸饰，
解脱一切过，倍悯诸有情。

但愿我所造的善法为利他而回向后，希望自己也以一切功德庄严来利济有情，我本人也是同样，具足前述的这些功德以及在此尚未提到而在经中明确宣说的力等浩如烟海的所有其余功德庄严，完全解脱轮回的过患及因果，本着慈悲为怀，以善巧方便而仁爱芸芸众生放在最主要的位置上，如《经庄严论》中云："如鸽于自子，普覆生极爱，如是有悲人，于生爱亦尔。"

愿诸有情心，意愿皆满足，
恒常而遣除，一切众生苦。

但愿一切有情心中所求的最殊胜财富二种资粮普皆圆满。但愿刹那也不懈怠、时时刻刻精进努力解除一切有情轮回与恶趣的所有苦难。《般若摄颂》中云："放下自乐无求心，不分昼夜勤利生，犹如慈母待独子，诚心诚意无厌倦。"我们应当按照此中所说来发愿。

愿遍诸世界，恐怖之士夫，

听闻我名号，极度畏惧消。

住在所有十方世界中的任何人，遭受地震、敌害、病魔、恶趣等恐怖被吓得魂飞魄散、忧心忡忡时，就像圣者观世音菩萨发愿那样，但愿他们一经听闻我名便立即解除恐慌，无所畏惧，安然无恙，得到慰藉。关于观世音菩萨的宏愿，《华严经》中说："三次忆念我名者，愿其于轮回中无所畏惧；若有众生心思外散持受我名，则其不生一切痛苦……"又云："何者衰时若忆我，彼之衰败我消除，此乃自之初大愿，但愿我具如此果。"为了这样的意义而回向善根、发愿，从而加持名号也会起到如此的效果。

愿以见忆我，闻名诸众生，
不乱住本性，定得圆菩提，

如同见喜菩萨在世尊前请求一样，但愿有朝一日一切众生目视于我，忆念我名，甚至仅仅听闻某某名号，也能令诸有情心的垢染得以清净，满心欢喜、无有烦恼无有烦乱或迷乱，心自然安住本义，踏上无有违缘、顺缘齐全的大乘道，从而很快就获得绝不退转圆满菩提的境界，如同无量光佛昔日成为法藏比丘时在世间自在王如来前发愿一样。现在，我们对众生喜爱，断除损害，主要唯一利济他们而发愿，将来，当他人看见自己时会立即满怀喜悦之情，因此大有益处。如果一门心思放在一己私利而加害他众，将来谁人也不会喜爱自己，给自他都带来巨大的危害，这是必然规律。《净愿经》中云："我昔依生田，以及能仁田，获得诸佛法，无量丰庄稼。"又如《菩提心释》中云："菩提佛心性，善趣与恶趣，二种异熟理，依有情当知。"依赖于信心的对境——三宝、悲心的对境——众生而积累资粮之后与回向发清净愿相联，这就是大乘道的宗旨。

生生世世中，获得五神通。
愿于诸苍生，恒常行利乐。

但愿暂时能实现自他利益必不可缺的神通、神变的行为在生生世世中永不退失，如影随形的前五种神通无勤当中获得。但愿随时随地唯一利乐一切有情，三门勤勤恳恳，恒时精进想方设法行利乐之事。

愿诸世间界，欲行罪恶者，
悉皆无害心，恒常顿遮止。

发愿消除苦害及苦因：一切世间想常常为非作歹造恶业的愚昧士夫，罪大恶极，但愿在不损害他们身体、受用的情况下，恒常以幻化等多种多样的方便顿然使他们弃恶从善。《大乘别解脱经》中云："大菩萨于一切有情作父母想乃至自己想之间，我永不舍弃此等一切有情，我当令此等一切有情脱离不可估量之苦蕴。"《菩提心释》中云："利害出生果，如是观察已，彼等一刹那，岂能贪自利？"这一教证在前文中也引用过。

如果有人想：制止罪业时，难免会对他的身体造成损害，例如大悲尊者杀死持矛者一样。

尽管如此，但能使之脱离恶趣而转成天人的身份，所以并无相违之处。凭借菩萨的愿力与权巧方便的力量，即便有人以贪嗔来加害自己，也能够直接间接避免，而无不成为利益。王舍城的施主之女因为爱恋欢喜菩萨而命绝身亡，死后转生到天界，后来幸遇世尊及欢喜菩萨而闻法，获得忍位。曾有一位菩萨遭到众多仙人诽谤，他得知后为了拯救他们，于是大显神变，使这些仙人皈入佛门，有许多诸如此类的公案。而声闻并不具备这样的权巧方便，二大尊者（指目犍连和舍利子）明明知道够嘎、乐嘎两位比丘诽谤他们，却没有加以防护而听之任之，结果那两位比丘转生到裂如莲花寒地狱中。

愿如地水火，风药旷野树，
众生于恒常，随意而受用。

发愿作为众生的种种生存之因：在世间中，地水火风是有情赖以生存的依

处，为众享用，成为受用的来源，世间中天然的各种药材、荒郊野外的种种果树，任人享用，无谁干涉。同样，但愿恒常成为想生存的一切有情无人干预随心所欲而受用的种种事物。经中说，声闻果位，谁也不可受用，犹如悬崖边的果树；菩萨犹如四通八达大路边的果树。正如《华严经·金刚幢品》中说："但愿以此善根我为遣除一切苦蕴而成为有情之依处；但愿为解脱一切烦恼而庇护一切有情；但愿为防护畏惧而成为一切有情之依处；但愿为随行诸地而成为一切有情之所依；但愿为得成就及安乐而成为一切有情之援助；但愿为普示无翳之智而成为一切有情之光明；但愿为消除无明黑暗而作为一切有情之明灯……"

成办利他的特别方便，愿自他平等相待：但愿一切有情均作我的善友，我如爱自己生身性命般珍惜爱护他们；但愿我为报答众生的恩德如自己的生命般对他们倍加珍重，言听计从。《菩提心释》中云："当以众物悦，应护如自身，有情所不喜，努力弃如毒。"

如命爱有情，胜过爱自我，
众罪成熟我，我乐予众生。

现在发愿自他交换：随着心中观想"但愿有情相续中的一切罪恶顿时成熟我身；但愿我相续中的所有善根瞬息无余成熟于有情"结合呼气吸气而念诵。

纵有一含识，未得解脱间，
我虽得佛果，誓愿住三有。

如同至尊文殊菩萨的传记中所说一样，发愿乃至有际之间行持他利：乃至一切有情中个别有情，哪怕仅仅有一个尚未解脱而遗留在轮回中，在这期间为了救度这一个有情，即使自己已经获证断证究竟的无上菩提，也仍旧不舍世间而住世，这是一切大慈大悲大圣者的大愿。如《摄正法经》中说："菩萨之大悲，一经出口即刻想一切有情证得菩提而并非是为自己。"圣者文殊菩萨昔日就是这样发心的，《文殊刹土庄严经·文殊因缘品》中写道："轮回无终了，乃至前之末，期间为利众，当持无

量行……”安住无边轮回之誓愿的依据即是所有大乘经典,《妙智请问经》在讲小因成大果的《菩萨善巧方便品》中也有说明,此中云:“善男子,此外,大菩萨善巧方便即于十方世界,感受苦难之所有众生前,菩萨以善巧方便中止彼有情之苦受,‘愿如是彼等众生之彼等苦受皆降临我身,而令彼等众生悉皆安乐’善巧披此铠甲方便。纵出现过失,然而我此生现前下等涅槃则绝非理,故我为成熟众生乃至后世一再流转轮回,不应怯懦,正当流转时应成熟有情,于此过失亦当忏前戒后。为一切有情皆由过失中出离故当说法,若披此盔甲,则出家菩萨纵犯四他胜,然以此善巧方便也得遣除,无有过咎,此乃我说。”

如果有人认为:经中授记道:“此阿阇黎于世尊在世时成为乐匝布童子世间见喜,本师涅槃后四百年出生于印度南方,名为龙树比丘,广行大乘显密教法而获得寿自在,在人间住世长达六百年,成就极喜地后前往极乐世界,渐次于极净光世界成佛,名号智源光。”众生无有穷尽的时候,如此一来龙树菩萨成佛而受持刹土的时刻也就不可能实现了。

正如圣者文殊菩萨的传记中所说一样,龙树菩萨成佛之后受持刹土,乃至轮回未空之间住世并不矛盾,因为诸佛的真相如此之故。或者说,尽管无有成佛之时,但怀有中断利生的顾虑岂能合理?因为是任运成办二利的自性。“不变普行周遍者”说明本体虽然不变,但随从无量所知的智慧无有勤作,借助大悲为前提的力量,一切佛陀乃至轮回未空之间住世。比如,火最初是薪柴的果,但当薪柴用尽时,火也会灭亡,但是,如果再度添加薪柴,火就不会消失。同样,心识虽然最初作为无明的果,但是当轮回之因——与无明相应的心识已彻底消灭时,佛智并非如同火灭一般,依靠添加大悲及愿力薪柴的威力,自然智慧无垢光明不间断照亮有情,因此如来绝不会成为具有无明者,也不致于成为断灭。比如,尽管万里无云,但虚空却存在,二十日的月亮并非全然消失。同样,佛陀的智慧不存在断灭、有无的戏论。

具有颠倒分别的辩方说:假设依靠悲心而显现智慧,那么佛前若不显现而说有不合理,如果显现,则由于智慧在胜义中不存在的缘故,实际上无而显现到底是什么,无而明现也是一种迷乱,迷乱也就是无明。如此一来,将有佛陀具无明的过失。

对此答复：由遍知的一个智慧的反体而分为五智，虽说在法界、智慧无二的入定中如如不动，但从照见所知的方式与成办众生之利益的角度而言，在名言中有智慧。如果你们认为，胜义中显现的角度而言如同眼翳者的毛发一般，其实这是完全不同的，眼翳者执著毛发必定存在而显现并实有，即使告诉他这是不真实的，但在因没有消除之前显现不会消失。在此，依靠法界清净力缘起显现，如幻般现而无自性，并非实有显现，并不是无明的显现，因为佛陀已经完全断除了一切习气，无因之果不可能存在。

一般来说，无而明现，虽然存在无明的因素，但佛陀所照见的境界中，不可能有，原因是：由无明而显现是属于二取及实有显现等范畴，但佛陀不存在这些。一切圣者虽然能断除烦恼，但以善巧方便并不断除（而转为道用）。同样是断除，所以不会变成染污性，并成大义之因的方便，诸大菩萨尚且具有，更何况说诸佛呢？经中云："烦恼之自性外无有其他智慧，故烦恼自性即智慧，譬如指尖不能接触指尖，同理，智慧不能遣除智慧本身。文殊，是故当证悟一切不善为等持。"通达等性者的特法与方便不可思议，依靠其余正理无法分析。如果智慧不具备合理性，那么悲心也不应显现，结果会变成断灭。此处承许佛陀没有智慧及承许佛有平凡心的观点只不过是否定和让人理解的异名，而佛陀的本体不可思议，超离一切有无戏论，因此谁也无法通晓。《宝性论》中云："无为任运成，不依他缘证，具足智悲力，具二利佛陀。"此外，如果承认尽所有智，那么无有分别念相而显现相状又岂有相违？如同镜中影像一般，只不过是由实空无分别本智的妙力中出现无实的显相而已，所以与无明的分别中出现实有迷乱显现截然不同。缘起性空就像所说的"色即是空，空即是色"，《中观根本慧论》中云："则为是痴妄，而见有生灭。"

这其中的密意是指下面圣者的后得与众生平常见到生灭自性成立。可见，绝不能妄执佛陀与众生的现相一模一样。

如果对方说，佛陀不会断灭，因为安住于法身中之故。

驳：难道佛智不是法身吗？

如果对方说：尽管是，但与空性一味一体，所以不显现。

驳：那么，请问你们是说有而不现还是无而不现？

如果对方不承认后一种情况，但承认有而不现，那么再请问你们，智慧到底领受还是不领受空性，如果领受，则需要了知，如果了知，则需要显现。如果无有显现却能领受，那么虚空中莲花的芳香也成了能被领受。如果智慧不领受空性，则应成如同兔角般一无所有，或者应成虽有却不领受的隐蔽事，或者应成由无明所障，这些过失必然会落到你们自己头上。

如果对方问：那么，佛智究竟是有为法还是无为法？

虽然观待尽所有的无量所知而言，安立由因缘所生的智慧是有为法的名言，但实际上与法界无二无别的智慧无生本体，根本不应该有数量刹那的类别，在所化众生前并不显现，因此承许是无为法，不承认是有为法，否则就像一切菩萨圣者与阿罗汉的意生身一样，将成为具有无明，而不会成为究竟的皈依处，因为具有生灭而是欺惑的有法之故。《智光庄严经》中云："文殊，所谓无生无灭即是善逝阿罗汉真实圆满正等觉之异名。"

有些人声称：本智是缘起刹那性。

本智解脱三时而转依恒常安住的缘故，转依恒常真如的法相就是本智的依处，故而得名。实际是对有超离三时之处而称为解脱三时的，这种说法是日成等论师解说的。真如转依是不合理的，所以有为法之识转依的本智慧是恒常无为法的意义。

假设对方说：如果以佛智本身来了知，那么自己对自己做事显然相违。

驳：佛陀自身的各别自证智慧不可思议，远离覆障之光明在自前毫不隐蔽而存在、照见，针对他者而安立名言，原因是，由于是所知的缘故，虽然远离二取，但若不存在无二智慧，就成了断空，这一点是不可否认的。如果所断轮回的一切心与心所转依或者已经泯灭而具二清净的离系果智慧不存在，那么大悲也成为无有。可见，如果按照你们所说，将会中断利他。

如果对方说：由往昔的引业与所化众生的善业所感，以二色身利益有情。

驳：尽管如此，但由于愿力的牵引而使智慧悲心不中断的缘故，佛陀到底是否了知色身，如果了知，则需要显现，如若显现，就成了无明的显现，因为此推理你们自己承认之故。如果不了知，那么佛就成了非遍知。如果认为色身唯是所化众生的显现所摄，那么就需要承认它是众生的显现，但不能承认这一点，否则具有在相续后际（即十地末际）的菩萨的后得位显现大报身也应成了无明显现的过失。因此，如果是在他前显现则不需要是他的显现。

假设对方说：如果智慧本身最初自性存在，则后来不存在，是一种断见，但由于最初自性就不存在而不会断灭。

驳：说自性有无虽然具有常断的过失，但如果承认智慧本身并不是以心识衡量，只是以能安立世俗的识来安立，在名言中存在，那就必然在名言中显现。对方担心名言中显现是无明的显现与自己的观点相违，于是承许名言中也不显现。这样一来，就成了地地道道的断见。考虑大义要点而造成了篇幅稍有繁冗。虽然还有许多要探讨的，但不再啰唆，回到颂词上。

辛三、福德无法定量：

如是所说福，设若具形色，
尽恒河沙数，世界不能容。

上述的积福发愿这一切，以修行自己菩提心的方式所说的福德，假设有形有色，那么尽恒河沙数世界也无法容纳，有过之而无不及，犹如说愿行菩提心的利益无量一样。所以，以无量有情作为对境的无量福德资粮，其果佛陀的功德也无有限量，对此也会更加诚信不疑。

辛四、安立合理性：

彼是世尊说，理由此亦明，
有情界无量，利彼亦复然。

因果无量这一点有教证、理证可依，无量是一切智智佛尊所说，《吉祥施请问经》中广说了菩提心的福德，《三摩地王经》中宣说了慈心的功德，《无尽慧经》中详细说明了波罗蜜多等，无法一一引用这些教证。理证或依据的推理也可以在此明示，所缘境众生界不可限量，想饶益这一切有情的福德无量，也绝对与众生无量相

同。必须这样承认，否则就要承认饶益一个有情不生福德。如果不承认这一点，那么利益无量有情的福德也无量以切实的理证可成立，与四种道理不相违而足能证明，然而这是不可思议的，主要还是应当依教证而诚信。如云："圣教乃为可信句，灭尽过咎不可说，虚妄之词因无故，尽过当知即圣教。"

乙三、宣说结行分五：

一、以命喻教诲生起法喜并行持；二、教诲依止善知识；三、教诲见行圆满成就胜果；四、此法不仅于国王亦教诫他众；五、劝勉国王身体力行。

丙一、以命喻教诲生起法喜并行持分二：

一、教诫生起欢喜；二、教诫依四法因果之理；

丁一、教诫生起欢喜：

如是我为汝，简要所说法，
你如恒惜身，当以珍爱之。
何者重彼法，实为爱自身，
若需利所爱，彼成法作用。

龙树我从浩瀚如海的经典中撷取出的精华，简明扼要地为国王你宣说了如意宝般的正法，大王你要像世界上最珍爱的生身性命倍加爱惜一样，珍惜爱重这些教言。

如果有人想：珍视身体是理所当然的事，但怎么需要珍惜正法呢？

正是由于珍重正法，才需要修法的所依，自己的身体也就是所珍爱的对象，如果不珍重正法，只是爱惜身体也不会有少许的价值。《教王经》云："身如地藏不知足，不净所生不净蕴，病老死等诸苦处，亡后弃身染大地。"所以说，珍视不行正法的身体实在无有价值，就是在爱重痛苦之器，因为这个身体是相互敌对的四大并存聚合，唯一是痛苦的自性，如同具有四个不和睦的妻子之人永远不会得到应有的承侍与喜悦。我们应当使依靠往昔的善业力而得到如今值遇正法的暇满人身具有意义而行大士道，因为极为难得之故。《弥勒经》中说：佛陀出世、获得人身、于佛起信、发菩提心四者俱胝劫也难以获得，为此切莫使闲暇人身无义虚度。《中观藏论》中云："具有微妙正法灯，离八无暇此闲暇，当依大士之行为，理当具有真果位。"

如果认为，既然对辗转投生闲暇的身体所依该爱惜，那么就需要成办利益身体的因。

利益身体只是为了修行正法，而别无其他，圣天论师说：造罪的身体犹如怨敌一般，如果爱惜这样的身体，与恭敬仇人一模一样。如果珍惜利济身体是为了正法，那么就更应当珍爱正法，前文中所说的增上生决定胜的一切法，尤其是听闻殊胜上师的教言及甚深之法，难之又难，因此要全力以赴闻思修行。经中说："当于数百劫罕见，此微妙法生欢喜，欲求解脱求功德，切莫寻觅世间事。"因此，如果不具备闻法等，显然得不到善妙的所依身体，即使侥幸得到，也会成为不知取舍的愚者。再有，《教王经》中也说："不应为身而哀伤，于此授予薪衣食，为长久利积福德，我之伴侣唯善恶。"

丁二、教诫依四法因果之理：

故如己依法，如法而修行，

如行依智慧，如慧依智者。

身体与正法同样要珍惜，所以要像自身一样珍重依止正法，正法依赖于如理修行，因此要按照法理而修行，而如理修行依赖于智慧，为此理当像如理修行正法一样，生起智慧与恭敬心。而要生起智慧又依赖于善知识，因此，应当像恭敬智慧一样恭敬依止智者上师，务必要修学以上四法。马鸣阿阇黎亲言："唯一精进徒劳已，智慧伴转成大义。"由智慧中可以实现一切愿望，同样，具有智慧者也会如愿以

偿。《般若摄颂》中云:"贤善弟子敬上师,恒常当依诸智师,善巧功德由彼生,宣说智慧波罗蜜。"

丙二、教诲依止善知识分二:

一、不依上师之过患;二、上师之法相。

丁一、不依上师之过患:

清净慈具慧,由辩利益说,
谁虑己恶劣,彼亦毁自利。

作为真正渴求正法的人,在自然而然值遇胜任宣说取舍的上师时,理应喜出望外、毕恭毕敬而依止。这样的上师不是为了谋求名闻利养等,无有贪等垢染,德行圣洁,慈爱弟子,智慧高超,无所不知,有能力依靠观待、法尔、作用、证成四种道理的辩才,通过问答的方式为一切所化众生宣讲。依靠对法无碍的辩才而大有利益地宣说取舍善恶。作为所化弟子,如果担忧自己种姓下贱、一贫如洗、相貌丑陋等而舍弃正法,或者诋毁上师等由宿业或偶然的因缘所致而感到羞愧,害怕,由此势必会导致失坏眼前与长远的安乐,以此障碍也会毁灭自利,所以务必要毫不迟疑地恭敬依止上师。

丁二、上师之法相:

善知识法相,略说当了知,
知足悲具戒,有除烦恼慧,
彼等若教诲,汝应知恭敬。

那么,真正的善知识到底该是怎样的呢?关于善知识的法相,略而言之就是下面所说的这些，请原原本本了解。也就是说，不求名闻利养，知足少欲，有自代他苦的强烈悲心，具备严禁恶行、摄集善法、饶益有情三戒，并且拥有遣除弟子相续烦恼的闻思修慧。我们应当百般寻觅、以三喜依止这样的上师。如果这些上师对你谆谆教诲，你要明确了知，恭敬实行。《般若摄颂》中云："一切佛法依上师，功德胜主佛所说。"此外，关于依师的详细方式当从《华严经》等中得知。《三摩地王经》云："恒常随观佛陀教，永远莫依罪恶友，广依贤善之友伴……"

丙三、教诲见行圆满成就胜果分二：

一、真实教诲；二、特别教诫。

丁一、真实教诲：

依此圆满规，成就最胜果。

要想达到所求的目的，通达如理实修下文中所说的无倒教言法规的圆满方便，便可获得一切成就之最——能成办一切利益的佛果。为了对果位产生兴趣而首先宣说，由此一来对因就不会有怯懦。

丁二、特别教诫分三：

一、广见行；二、略见行；三、极略见行。

戊一、广见行：

于众实柔语，安详具威严，
具理不轻毁，自在善妙言。
善调离随眠，庄严心寂静，

无掉不拖延，无谄决定行。

作者教诲道：对于一切有情说话应当温文尔雅，无有虚谈妄言，杜绝伤人的粗语，如果与谁交往，要给人一种舒适安全感，神情安详，宁静和蔼，这是成为福德之因的身语威仪，不论对谁也好，在别人面前不要将自己暴露无遗，要威严可畏，深不可测。对于堪为法器品行贤良的眷属次第说法，对他众不可轻凌藐视，要善加摄受。当五根趋入对境时，不可放逸无度随烦恼而转，要具备自我控制的正知正念，在此由于智慧锐利故解释谓为“自在”也是妥当的。如云：“对于讲经说法等要详察细审才出口，并非不经观察。”不是不经观察的草率言词而要具有实义。有些人表面上说的仁慈语言也是杂有过失的，因此应当说不杂过失的善妙之语。无有嗔恨善于调伏内心，经过观察彻底断除所有怀恨等随眠，以慷慨布施的福德使得自己庄严无比，内心的分别妄念自然息灭。不存在心思旁骛的掉举，无有反复无常的现象，因而稳重坚定，做事不拖泥带水，始终坚持不懈，因此从不拖延。对于他众不怀欺惑之心，为此说无谄，心聪智明，以善巧方便而决定一切事。这些出自于《慧海请问经》等。《三摩地王经》中云：“无散极温和，适度动听语，引导具缘士，堪受亦生起。”

戊二、略见行：

决定如满月，光彩如秋日，
深沉如大海，坚固如须弥。

以慈悲菩提心等来使内心纯熟，如同秋季的满月一般，寂静调伏，以慈爱众生、善巧方便决定令人见而生喜。《月灯经》中云：“含笑调柔如满月，于诸长辈及新生，恒常诚实而言说，温存无有我慢心。”犹如秋天的太阳光芒万丈一般，威光耀眼，并现前证悟二无我的胜义菩提心。由于远离障碍之云，从而具足遣除他众愚痴的威力。《妙臂经》中云：“具有贪等烦恼聚，普称内心乃轮回，解脱惑如水晶月，尽越有海之边际。”由于方便智慧圆满而拥有他心无法容纳、甚深如海的功德藏，借

助精进及禅定等力量，身语意的功德一成不变稳如山王，谁也无法转变。《经庄严论》中云："恶朋及重苦，闻深不能退，譬如鑫翅风，不动须弥海。"

戊三、极略见行：

脱离诸过咎，严饰诸功德，
有情生存因，成就遍知果。

简略而言，身语意脱离贪等一切过失，富有严饰圣者七财等一切德，以善巧方便的愿力作为成办一切有情所有利乐的依处或者生存因。《无尽慧经》中说："我此身决定行一切有情之事，譬如，地界等四大种，此等作为种种门，种种差别、种种所缘、种种资具、种种受用，令其近享用、全享用，如是我四大聚合之此身种种门、种种差别……种种受用，广为一切有情之生存因。"依靠这样的方便与智慧迅速成为遍知果位。

丙四、此法不仅于国王亦教诫他众：

此法非独为，国王一人说，
亦欲如应利，其余众生说。

此处所说的教言《宝鬘论》这一法门不单单是为了国王一人所说，一方面讲述了任命执行国王各项事宜的人员等，一方面也想不同程度地利益其余在家出家的有情，依靠清净的意乐而阐明。因此，所有其余众生也应当如理如法实地修行本论中所说的增上生与决定胜之一切正道。

丙五、劝勉国王身体力行分二：

一、平时理当思维论义；二、教诫归纳为八种主要功德而实行。

丁一、平时理当思维论义：

为令自他众，成就正等觉，

国王于此论，日日当思维。

此论为了自他一切有情无余成就究竟真实圆满大菩提果位而造，因此国王，对于增上生决定胜如何修行次第的这一教言，不要束之高阁，理所应当如同穷人得宝藏般每日念念不忘思维修行，清晨听闻时就像太阳升起一般，似乎心里一清二楚，如熊熊烈火，但如果没有实地修持而融入相续，没过多久便如日落西山般忘得一干二净，结果所断的黑暗会再度笼罩。《劝发胜心经》中说跟随词句的理解如同咀嚼树皮一般，而深思意义就像真正感受到树的营养味道一样。同样，聋子弹奏乐器，他人虽然能听到，可是其本人却全然不闻，不修法也与之相同。再者，《华严经》中也用不饮水就无法解渴的比喻来说明未修行的后果。《三摩地王经》中云："我说极其善妙法，汝听若未如理修，犹如患者持药囊，自之疾病无法愈。"

这位大尊者的所有中观论典均是在大悲心的驱使下，普遍教诲一切有情。原因是：所有众生都具有如来藏，正因为佛陀的因除了成佛以外不可能变成其他，所以究竟所得唯有无上菩提，关于这一点许多经中均有宣说，并且前文中也稍加作了阐述。《文殊根本续》中云："一切诸宗派，佛说解脱因，密宗成就因，乃我本身造。"这说明，大乘道的所诠精华见解，就是证悟二无我的空性大悲藏，而行为则包括波罗蜜多及回向等。由于需要依靠二大资粮来断除二障及习气，故而在增上生品中详细讲解了实执法与补特伽罗的过患，尤其俱生我执是轮回的根本，如果没有断除俱生我执，就连暂时的解脱也无法获得，更不必说遍知佛果了。为此才一再宣说了它的过患，这是就一般情况而言。特殊情况，对于欲求殊胜解脱——遍知佛果者，教诲归纳大乘究竟道果而加以修行，而对下等求解脱的声缘种姓者相应宣说各自的道果，它的道实际上也不是大乘以外的，因此建立整个大乘都是佛语，从而制止那些声闻部诽谤大乘，令他们生起信心。二障：十二支中我执无明有俱生与遍计两种，从中产生贪等一切烦恼，是故唯一是烦恼障，菩萨的烦恼称为分别念，对一切

法有三轮等实执，大多数称为烦恼之名，但实际上都是所知障。对于小士道平凡种姓授予暂时的人天之因——增上生法。

丁二、教诫归纳为八种主要功德而实行：

持戒敬上师，安忍无嫉妒，
离悭无所求，具足利他财。
利济贫困者，胜摄弃非胜，
恒常持正法，为得大菩提。

护持断除十不善及从属的戒律，以三欢喜恭敬依止正道的真商主——殊胜上师，具有不被损害、痛苦等扰乱相续的安忍，无论见到他人何等圆满，也不会有强烈的嫉妒心，远离难以割舍资具的吝啬，从不希求回报异熟果，并非是为自利而积蓄财产，拥有的是利他之财。

经过一番观察而对那些缺乏饮食资具等的人们，以必需品予以利济，这与声闻比丘的资具加持“是自己或道友”的情况截然不同，菩萨不仅已避免依靠出家资具的堕罪，而且是在积累大福德资粮。《菩萨别解脱经》中云：“舍利子，此外，菩萨于诸法作他所想，微物亦不取，何以故？从近取即所弃……舍弃身体。”马鸣阿阇黎亲言：“何者贪著诸财物，未生殊胜菩提心，胜心不与过同住，犹如大海不存尸。”

道的违缘与顺缘友伴的取舍：蒙受上师或阿阇黎等殊胜大德亲自摄受，恒常形影不离。“非胜”是指耽著轮回、唯一追求世间八法、见行颠倒的恶友恶知识，他们就是佛教的盗匪，要拒之千里。《宝积经》中云：“当依说法善知识，何时亦莫依恶友，具足戒律多闻者，了知胜义之一边。”随后，所做究竟之事就是大德的所为，归纳而言，即应当无余听闻诸佛的教法与证法，全面受持，并弘传于他众，这样做的目的就是为了利他而获得究竟的大菩提果。凡是追求这两种大利的具缘者务必恒常精进，大菩提是成办二利之果，其因就是地道的所有妙法。

这以上是将论义的主要内容概括起来通过结尾的方式加以教诫。《念住经》中云：“听传妙法已，弘扬修智者，诣至无老死，至高无上处。”经中说，在讲闻妙法

时，甚至仅仅迈出一步，乃至呼吸之间受持妙法功德也是无量无边。这也是菩萨愿力的核心所在。

教王中观宝鬘论中，宣说在家出家之学处第五品释终。

甲四、末义分二：

一、由谁所造；二、由谁所译。

乙一、由谁所造：

《教王宝鬘论》，是开显一切妙法之精华义、圆满诠解本师佛陀显密所摄之教、诸多经续中授记的阿阇黎大尊者吉祥怙主、成就金刚乘殊胜禁行的圣者龙树菩萨撰著圆满。

有些智者认为此论应放在《教言集》当中，而不能算在《中观正理集》之列；有些论师则将此论列为《中观六论》之一。本来，中观与教言并不相违，主要是针对国王宣说二规的取舍。不单单是讲述君主法规，也详细说明了甚深的二无我并涉及《十地经》等中所说的许多内容。因此，正如《入中论》一样，纳入《中观论》之列而算在《中观理集六论》中，如同《显句论》的结尾将此论也算在其中一样。

乙二、由谁所译：

由教法前弘时期法王梵天花（指国王赤松德赞）的发愿力，住于佛地的莲花生大士等若干成就者上师及众多班智达出世后，使得雪域显密正法的朝阳冉冉升起，印度堪布布雅嘎绕札巴及雪域唯一明目藏地的化身译师噶、焦、祥三位当中的噶瓦拜则由梵语翻译成藏语并校正审订。后来，印度堪布谢嘎那嘎瓦玛、藏地宁玛派大译师僧人巴仓·尼玛札巴结合印度三个版本，根据圣者龙树师徒不共意趣再次翻译校勘审订。前面的译本多数保留邬金与汉地等各自的方言，而在藏语上运用起来极不方便，（后面的译本）遵照金刚手化身大尊主国王赤热巴坚的指令而相合西藏语言翻译，不是以直译为主，而是意译，因此行文鲜明、突出意义为一大特点。可以肯定，先前的译师们全是住地菩萨，因为《无垢光》教证中已明确指出他们是所有佛典的结集者。

此言：

意海中生稀有之妙语，佛教如照四洲之日月，
具足善义璀璨之光芒，成为茫茫苍生一胜道。

凡是善说珍视佛亲言，理由等持王经可为证，
具足清净四理之此论，诸善缘士为何不希求？

轮回之法外道亦不贪，欲入解脱宝洲美宅者，
若持空性大悲游舞力，谁人懈怠偃卧床榻中？

累劫之中拥有明媚日，尚未遣除久熏之愚暗，
顿然能驱散之自然智，依于如此听闻俱生缘。

多闻喜不自禁而陶醉，仍于浩瀚无垠所知法，
以极喜慧苦行而受持，智者精彩传记当拜阅。
具离慧眼过咎士夫中，欲妙肮脏粪便之池内，
享用不净昆虫蠢蠢动，丧失法之容颜真可悲。

精髓佛法妙鼓音，天人亦生欢喜心，
如云中出苍鸣声，孔雀翩翩而起舞。

世间八风未接触，业惑冰雹未摧毁，
前无令喜极稀奇，正法花园当欣赏。

通达善说缘起性，一味无生之本义，
具有千目之天王，尽其所见岂能比？

锐利锋芒虽未磨，然依智慧刃秘藏，
成百上千之结缚，顿时斩断即特法。

畅饮获得极喜者，遍知佛教甘露味，
无数诣至寂灭果，闻而心中生净信。

犹如田间生绿苗，一切农夫皆欢悦，
自缘福分河流涌，清洗颜面之莲花。

如不通言之婴儿，执著水月为实有，
圣者自现虚幻中，愚者非理视颠倒。

善说纯金所制成，新颖项链赐光辉，
成为其敌疑虑见，无可比拟皆消失。

智慧青莲所孕育，句义甜美之花汁，
相合智者蜜蜂意，为辨别法而奉献。

恶分别井极欺惑，充满傲慢之青蛙，
正士秉性大海中，不喜趋入自餍足。

地藏劣性铁基上，绘制图案锦缎般，
此实相之真胜义，融于何者当观察。

低等树木之顶端，不生白色旃檀花，
徒劳无义之琐事，身为智者谁沉迷？

坚实庄严教丝线，穿连宝珠之秘诀，
置于正士众会间，自高称奇天人赞。

照亮雪域之祖师，前译教派得授记，
化身智者及译师，深恩厚德不可思。
此理福德之甘霖，洒向佛教诸大地，
夏季繁荣之景象，无边众生得欣慰。

愿以悲手长久护，有海众者大魄力，
以菩提心屡屡涤，导师菩萨遍国度。

愿以如摩尼宝德，赐予净心光明智，
荷担弘法利生业，智成就者满此世。

方位僧团和合清净戒，法行胜利鼓声常回荡，
白法吉祥天神相协助，三地善相名称缘显著。

不知虚空自吹自擂声，急奔乌鸦汇集之前时，
依威严金刚步一妙音，驱至私欲莽莽丛林中。

吉祥殊胜之佛尊，三轮巨响虽隐晦，
愿得忆正法总持，不忘受持至有际。

俱生三学财妙身，智成就者总摄持，
断除欲心毒性伴，成为博爱众生亲。

此依佛语正善说，然若有心痴迷染，
获得证悟圣者前，忏悔祈愿赐清净。

此《教王中观宝鬘论广释》，一方面想利益周围那些依止自己的求学者，一方面发愿自己世世串习善说，以此为缘，自寿七十岁时于前译教法拉宗寺附近齐美静

处，于诸佛陀化现的诸多善知识前得受甘露教言者，拥有堪布秋智或者夏哲单毕嘉灿撰写，所有破立词句，是针对有些对自己怀恨加以辩驳者，而绝非是遮破前辈大德的教言。

嗡索德：

圆显佛教龙树尊，刻意教授诸法王，
明三士道所有轨，稀有典籍宝鬘论，

示不了义了义教，非分有寂善妙诠，
无尽法施如意树，为续佛教而刻印，

讲修闻思修顺缘，所得善资无死云，
普降吉祥之妙雨，利乐时节硕果丰。
愿具宿业善缘者，不散无义八法事，
离懈怠网昼夜中，传出讲辩著妙音。

愿住各方诸君主，如法而行政权坚，
弘法利生为根本，堪作完美之法王。
善神喜兆日月辉，魔众毒气已消散，
三地有情如圆劫，安乐光明如虚空。

愿凡结缘有情母，暂时常享增上生，
不久轻易而成就，众生至尊之果位。

愿吉祥！

2005年冬译毕于上海仁济医院
2007年春于色达喇荣校对审订

亲友书释

——白莲鬘

龙树菩萨 造颂

麦彭仁波切 释

索达吉堪布 译

智慧宝剑之威光，根除愚暗之藤树，
能赐二智之光明，文殊上师予庇护！
佛典深广之意趣，如实诠解圣龙树，
亲友书释白莲鬘，遵师言著请乐受。

圣者龙树菩萨所著的《亲友书》分四：

一、名义；二、译礼；三、论义；四、尾义。

甲一、名义：

梵语：色哲达累卡

藏语：西波张耶

汉语：亲友书

由于未直接会面而是以书信的方式寄予亲密挚友乐行王的，因而称为“亲友书”。

甲二、译礼：

顶礼文殊童子！

在远离一切过患(文)、具足二利之福德(殊)、身体无有老衰(童子)的文殊师利童子前作礼,这是译师所作的顶礼句。

甲三、论义分三:

一、初善首义;二、中善论义;三、末善尾义。

乙一、初善首义分二:

一、以立誓句劝勉闻者;二、以谦虚方式教诫理当听受。

丙一、以立誓句劝勉闻者:

为令堪德善妙者,希福我依佛尊说,
稍许集成圣梵音,汝当恭敬而谛听!

(作者龙树菩萨)以呼唤的语气称道:被人们誉为堪当听闻圆满功德自性妙法之法器者呀,造论者我为了让你的心希求福德,而将出自具有六十种梵音之如来所演说的经藏如意宝中的意义稍许汇集成这些具有圣者梵音的声律偈颂,你理所应当洗耳恭听。

丙二、以谦虚方式教诫理当听受分二:

一、以词句而谦虚;二、以意义而谦虚。

丁一、以词句而谦虚:

佛像纵然以木雕,无论如何智者供,

如是我诗虽拙劣，依妙法说勿轻蔑。

比如说，佛尊的身像即便是以最下等的木质材料雕塑，无论如何肮脏不堪，智者都会以头顶戴供养。同样，我的诗歌语句等虽然拙劣晦涩，但是依靠深奥的妙法所说，因而劝告国王你不要轻蔑藐视，应当欣然接受。

丁二、以意义而谦虚：

于大能仁之众教，王汝虽先已精通，
犹如石灰依月光，岂非较前更美妙？

对于大能仁佛陀的圣教，初中末善的诸多经义，虽说国王您本人先前就已通达无碍，然而就像白色石灰所制的白漆等凭依外缘皎洁月光的映衬，难道不是比以前更加洁白、美妙吗？

乙二、中善论义分二：

一、宣说增上生与决定胜道之基础——信心；二、道之本体。

丙一、宣说增上生与决定胜道之基础——信心分二：

一、略说随念所信之对境——佛陀等六者；二、广述后三随念。

丁一、略说随念所信之对境——佛陀等六者：

如来殷切而告言：佛陀妙法与僧众，
施戒天尊六随念，各功德资常忆念。

力胜四魔的如来谆谆教诫说："随念佛陀、妙法、僧众、布施、戒律与天尊六者。"其中佛陀任运自成自他二利；妙法二谛毫无错谬；僧众具足智慧与解脱；布施是财富圆满之因；净戒是功德之本；天尊是自己的见证或者说依之通过实修增上生之法而获得殊胜果位。显而易见，每一随念都是功德资粮，因而要常常随念。

丁二、广述后三随念分三：

一、随念天尊；二、随念布施；三、随念持戒。

戊一、随念天尊：

身语意门当常依，奉行十种善业道，
杜绝一切醇美酒，欢喜贤妙之维生。

七种善业与三道此十种指的是身体戒杀、断不与取与不邪淫三种，语言杜绝妄语、离间语、粗语与绮语四种，意断绝贪心、害心与邪见，而应当恒常秉持正见。虽说不是自性罪，但能使诸根威力减退的各种各样美酒也要一并杜绝。此外，对于无害于他众并不会成为放逸之因的善妙的生计（指正命）也要兴趣盎然、满心欢喜而从事，依此可获得天界的殊妙之果。

戊二、随念布施：

知财动摇无实质，如理施比丘梵志，
亲朋贫者为他世，施外无余胜亲友。

认识到一切受用都是无常的本性，动摇不定、无有可信赖的实质。无论多么富足，仍然贪得无厌，不知满足，而对于具德的对境比丘、婆罗门、受苦的贫穷者等以及一切相饶益的亲朋好友们，断除不清净的布施而以清净的心态与物品，如理如

法进行供施，为了来世，再没有比布施更为殊胜的亲友了。

戊三、随念持戒：

汝戒未失无缺憾，未混未染当依之，

戒如动静之大地，一切功德之根本。

（大王）你所持之戒远离了破戒的过患，无有失损；并且成为破戒之对治的支分完整无缺，极为殊胜或广大；勤于寂灭之果而未混杂世间俗道；也未沾染破戒之因的烦恼——恶劣发心等，具足清净戒律的四种功德，因而理当继续依止、持受。就像运行活动的人类等以及静止不动的山川、房屋等赖以生存的依处是大地一样，戒律是增上生、决定胜等一切功德的根本。

丙二、道之本体分三：

一、略说；二、广说；三、教诫实行彼等之义。

丁一、略说：

施戒安忍精进禅，如是无量智慧度，

圆满趋向有海岸，成就如来正等觉。

以权巧方便而布施、持戒、安忍、精进、禅修加之以不可估量的博大智慧，为三轮体空的智慧所摄持而趋向究竟，希望大王在自相续中圆满修行此六度，抵达三有大海之彼岸，成就如来正等正觉果位。

丁二、广说分六：

一、布施；二、持戒；三、安忍；四、精进；五、禅定；六、智慧。

戊一、布施：

何者孝敬父母亲，彼族具梵阿阇黎，
供养彼等今名扬，他世亦转善趣中。

孝敬父母双亲之人的家族中也会不离堪为世间应供的梵天与阿阇黎，对他们供养，结果现世中会以感恩图报等功德而使名声远扬，以后的他世中也将转生到善趣中。

戊二、持戒分四：

一、所护之戒；二、断除彼之违品；三、行持同品不放逸；四、以比喻说明不放逸之利益。

己一、所护之戒：

损害盗夺与淫行，妄语贪酒非时餐，
喜高广床与歌唱，舞蹈花鬘皆当断。
随行罗汉之戒律，若具此等八斋戒，
持长净转欲天身，当赐善男善女人。

戒律的分支：断除杀生、不与取、行淫与妄语。颂词中的“损害”是指杀生，“盗夺”即是不与取。不放逸的支分：戒酒。禁行的分支：贪执非时即过午的餐食，喜爱高广大床，口中唱歌、身体舞蹈、佩带花鬘等形形色色的装饰品。以上八种一概予以断除。如此追随往昔的诸位圣者阿罗汉如何护戒而守护，具足以上八关斋戒，那么以所谓的长净将投生为欲天的悦意身体，根本不会转为黄门等劣身，因此理当为善男子、善女人赐予或传授斋戒。

己二、断除彼之违品：

悭吝谄诳贪懈怠，贪欲嗔恨增上慢，
及以种貌闻韶华，权势而骄视如敌。

不愿意施舍财物，极度悭吝；覆藏私过的狡猾；装腔作势显出一副有功德的模样，虚伪诳行；对受用及与女人淫行的欲乐十分耽著；从不奉行取舍，懈怠懒惰；本不具有功德而自以为具有，即增上慢；对于有漏的称心对境贪得无厌，对与之相反不悦意的对境满怀厌恶；以国王婆罗门的高贵种族、端严的容貌、博学内明外明的广闻、青春年少与显赫的权势而骄傲自满，趾高气扬，想到自己的特长而自我陶醉、沉迷耽著。上述的这些(戒律之违品)要一并视如怨敌般。

己三、行持同品不放逸：

佛说不放逸甘露，放逸乃为死亡处，
是故汝为增善法，当恒敬具不放逸。

大能仁佛陀亲口告诫我们说：修持善法，护心防止有漏法的不放逸(将到达)无死涅槃的甘露之处，而放逸无度的下场则是死亡之处的轮回。经中云："不放逸为甘露处，放逸则是死亡处，不放逸者不死亡，放逸之人恒死殆。"因此说，大王你为了使善法日益增上，务必要恒常恭敬善法，具足不放逸。

己四、以比喻说明不放逸之利益：

何者昔日极放逸，尔后行为倍谨慎，
如月离云极绚丽，难陀指鬘见乐同。

某位补特伽罗以往曾经肆无忌惮、为所欲为，后来改邪归正，行为谨小慎微，就像月亮拨云而出一样极为庄严，如贪者难陀，为邪知识所欺而杀了九百九十九人的愚者指鬘，被恶友所左右的嗔者具见——未生怨王竟然残杀了自己的父亲，具贪嗔的能乐为了与别人行淫居然杀死自己的亲生母亲，但后来他们相续依于对治法，前两者获得阿罗汉果位，未生怨王成为菩萨，能乐则转生天界而见谛。

戊三、安忍分四：

一、教诫断除嗔恨之因；二、断除怀恨之果；三、旁述心之特点；四、断除嗔恨之缘——粗语。

己一、教诫断除嗔恨之因：

如是无等忍苦行，汝莫令嗔有机乘，
断嗔获得不退果，此乃佛陀亲口说。

由于无有与安忍这样的苦行相提并论的，因而你从一开始就万万不要让嗔恨有机可乘，断除嗔恚将获得不退果位，佛陀金口玉言如此说道："诸比丘，断除嗔恨，汝将成不退果。"

己二、断除怀恨之果：

我为此人相责骂，殴打击败夺吾财，
耿耿于怀起冲突，断除怀恨即安眠。

我遭受对方此人直接恶语谩骂，暗中殴打，不择种种恶行手段而令我一败涂地，此人还抢夺我的财产。如果往日的宿怨一直怀恨在心，势必会引起身语冲突，倘若能摒除这种怀恨，那么内心远离苦恼，从而便可无忧无虑、心安理得地入眠。

己三、旁述心之特点：

当知心如于水面，土石之上绘图画，
其中具惑如初者，诸求胜法如末者。

要明白的是，众生之心的状态如同在水面、土上、石上画的花纹一样，有不稳固、稳固、极稳固的差别。其中烦恼纷涌的心如同第一种——水面的图画一样，欲求趋入正法的一切殊胜善心则好似最后一种——石头上刻的图案一般一成不变，最为胜妙。

己四、断除嗔恨之缘——粗语：

佛说语言有三种，称心真实颠倒说，
犹如蜂蜜鲜花粪，唯一当弃最末者。

佛陀亲口教诫说：语言分为三种，即随顺而说称心如意之语，如理如实而说的真实语，相违或不知而颠倒胡说之语，所有人们的此三种言词依次称为如同甜美的蜂蜜、绚丽的鲜花与肮脏的粪便之语。其中，唯一要弃之千里的就是最后一种。

戊四、精进分二：

一、教诲精进之对境；二、教诫表里如一之精进。

己一、教诲精进之对境：

今明后明至究竟，今暗后暗至最终，
今明后暗至终点，今暗后明至圆满。

如是四种类型人，国王当做第一种。

“今明后明至究竟”是指今生幸福快乐后世也享受安乐的有情；“今暗后暗直至最终”即指今生苦不堪言，后世也是迈向痛苦之处；“今明后暗至终点”是指今世安乐无比，后世痛苦不堪；“今暗后明至圆满”是指今生虽然饱尝痛苦，但后世却踏上幸福之路。这四种补特伽罗中，国王你应当力争做从光明到光明的第一种人。

己二、教诫表里如一之精进：

当知人类如芒果：外似成熟内未熟，
内成熟外似未熟，内外未熟内外熟。

应当清楚认清或明确，人也像芒果一样有内外成未成熟四类：内在未成熟，但从外表看来似乎已经成熟；内在已成熟，而外观似乎尚未成熟；内在未成熟，外表也显出未成熟的本相；内在成熟，外观也表现出成熟。

戊五、禅定分三：

一、加行；二、正行；三、后行。

己一、加行分二：

一、断除违品散乱；二、修行同品四无量。

庚一、断除违品散乱分四：

一、断除对境之散乱；二、断除世间八法之散乱；三、断除财物之散乱；四、断除受用之散乱。

辛一、断除对境之散乱分二：

一、以转变内想之方式禁护根门；二、以知对境之法相方式而断除贪执。

壬一、以转变内想之方式禁护根门分四：

一、教诫防护根门不贪他女人；二、教诫护根门防止其他欲妙；三、未护根门之过患；四、佛陀赞叹护根门。

癸一、教诫防护根门不贪他女人：

切莫眼瞧他妻室，若睹亦随其年龄，
作母女儿姊妹想，若贪真观不净性。

万万不可故意观瞧他人的妻子。如果自然而然看见，也要根据年龄，如果比自己年长，那么就作母亲想；若较自己年轻，则作女儿想；与自己同龄，则作姊妹想，切莫贪恋。假设未能避免已经产生贪恋，则真实观想她们的身体本是不清净的自性。

癸二、教诫护根门防止其他欲妙：

当如闻子宝藏命，守护动摇之内心，
犹如猛兽毒刀刃，怨敌烈火厌欲乐。

应当像护持听闻、亲子、宝藏与生命一样防护一刹那也不安住、荡荡悠悠的那颗心，诸如：在闻法时必须全神贯注聆听所闻之义，如果心不在焉，一味散乱，当然听不到所要听的句义，因而务必要聚精会神、专心致志于法音上；慈母担忧心爱的幼子跑到悬崖等危险地带而常常以正念来巡视；（具宝藏者）由于担心大宝藏被盗

匪等携走而白天黑夜守护；（每个众生）时时刻刻都是全力以赴保护自己的性命。应当了知防护心就像这些比喻一样。

若问：那么，如何以正念作哨兵来防护这颗心呢？要像对待凶猛的毒蛇、剧烈的毒药、锋利的刀刃、残忍的仇敌、熊熊的烈火一样厌恶欲乐。

癸三、未护根门之过患：

一切欲妙生祸殃，佛说如同木鳖果，
世间人以其铁镣，缚轮回狱当断彼。

若想：如果没有厌恶欲妙，后果将如何呢？所有欲妙都能产生祸害，招致大罪，佛陀说一切欲妙就像木鳖果一样，据《念住经》中记载：木鳖果是生长在西方海岛上的一种树木，它的果实虽然香甜可口，可是上午食用，下午就会命归黄泉。因此，必须舍弃此等欲妙。否则，世间人们将不由自主地被欲妙的铁镣束缚在轮回的牢狱中。

癸四、佛陀赞叹护根门：

知伏六根诸对境，恒时动摇不稳固，
沙场胜敌此二者，初诸智者真勇士。

应当了知，眼等六根各自的对境色法等一切，恒常动摇不定，瞬息万变，能力胜此而如如不动之人与能在沙场上攻克敌军的勇将这两者中，初者——诸位智士才是当之无愧的真正英雄。其原因是：所谓的英雄是坚强稳固的称号，意味着不随他众所转，仅仅在疆场上战胜敌方并不难做到；由无始以来不断熏染、根深蒂固的习气所牵，真正能够做到“心不随根转，根不随境转”的凡夫是不会有的，因而人胜伏对境的难度要超过战胜敌人的千倍。总而言之，沙场胜敌在旁生中也有，而胜伏根境这一点就连帝释天王也难得做到。

壬二、以知对境之法相方式而断除贪执分二：

一、了知欲界主要贪欲之女身而断贪；二、了知总贪欲之理而断贪。

癸一、了知欲界主要贪欲之女身而断贪：

当观少女身背后，臭气显露九孔门，
如肮脏器难填满，皮饰遮掩亦不净。

凭借自己的智慧从另一侧面来观察青春年少女人的身体，臭气难闻，九种孔门暴露在外，如同不止一种、具有屎尿血等三十二种的不净物容器一般，无论享用多少饮食也难以填满，如此这般肮脏污秽的器具即便有皮肤遮掩，并佩带金银珠宝装饰品、穿着衣裳等，但还是要从另一面来审观，意思是说分别剖析身体与装饰而通达女身的本性。

癸二、了知总贪欲之理而断贪：

如麻风病虫蠕动，为得乐受皆依火，
非但不息苦更增，当知贪欲与彼同。

例如，患有麻风病者遭受皮下蠕动癞虫的不断骚扰，为了求得乐受都会依靠火，以此似乎使那些癞虫稍稍不动，可是，这种办法非但不能止息疾病，反而会引起更大的痛苦。应当明白的是，贪执欲妙非但不能息灭，反而会愈来愈强，有增无减。

辛二、断除世间八法之散乱分二：

一、对治；二、所断。

壬一、对治分二：

一、真实对治；二、宣说具对治之功德与不具对治之过患。

癸一、真实对治：

为见胜义于诸法，如理作意而修习，
与之相同具功德，他法少许亦无有。

为了照见无常、苦、空、无我的胜义实相，对于一切万法要如理如实作意串修诸法的实相。可与此相等被叹为观止具有功德的其余法少许也不存在，因为只有此对治法才能击败内心的怨敌。

癸二、宣说具对治之功德与不具对治之过患：

族貌闻虽具全士，然离慧戒非受敬，
何者具此二功德，彼无他德亦应供。

任何人即便门第高贵、相貌庄严、广闻博学面面俱到，但如果不具备如理思维意义的智慧与如法而行的戒律，则并不堪为应敬处。某人具足心行如理如法的智慧与戒律这两种功德，就算他无有种姓高贵等其余所有功德也堪为应供处。

壬二、所断分二：

一、教诫断除真实世间八法；二、教诫断除彼之果——罪业。

癸一、教诫断除真实世间八法：

知世法者得与失，乐忧美言与恶语，
赞毁世间此八法，非我意境当平息。

作者以呼唤的口吻称道：通晓世间道理的大王，谋得受用与未得受用，身心快乐与痛苦，耳闻美言与恶名，当面赞叹、暗中诋毁，此等即是所谓的世间八法，因为所有世间俗人都住于此、依于此、用于此、无法摆脱此等世间八法之故。此八法并非具有殊胜法理之我的行境，非为我所应耽著的，一定要平息赞毁，不为八风所动。

癸二、教诫断除彼之果——罪业分二：

一、真实宣说；二、须断彼之理。

子一、真实宣说：

汝为沙门婆罗门，师客父母王妃眷，
亦不应造诸罪业，地狱异熟他不分。

大王你不仅为了自己，哪怕是为了供养处比丘、婆罗门、天尊、亲友贵客、父母、王妃以及眷属也绝不能造罪业，否则，自己感受地狱的异熟果报时其他人一丝一毫也不能分担。

子二、须断彼之理：

有者所造诸罪业，纵未即时如刀砍，
然死降临头上时，罪业之果必现前。

有些作恶多端、罪大恶极之人虽然没有像（身体）被利刃所砍割（即刻血流不止）那样，立即感受果报，但死亡临头时他的罪行恶业之果——痛苦都必定会丝毫不爽地现前，就像鸟飞翔在空中的身影一样[21]。

辛三、断除财物之散乱分三：

一、总说财物取舍之分类；二、别说断除无义琐事；三、能断之对治。

壬一、总说财物取舍之分类：

佛说信心与持戒，多闻布施净知惭，
有愧智慧圣七财，知余财物无实义。

能仁佛陀说：信心、持戒、多闻、布施，观待自己无垢的知惭、观待他人的有愧与智慧是圣者七财。应当认识到：依此财产可以遣除自他暂时与究竟的贫穷，意义重大，而其余普通财产则是无常欺惑性的，并成为束缚之因，所以并无实义。

壬二、别说断除无义琐事：

赌博以及看聚会，懒惰依附恶劣友，
饮酒夜晚入村落，断毁名誉之六法。

尤其是，通过下棋等方式进行赌博，观看众人聚会等使身心散乱，懈怠懒惰、依附恶友、痛饮美酒、夜间游逛他处，此等相当于导致恶趣果报之因，今生中也是名声扫地之因，因此务必杜绝此六种行为。

壬三、能断之对治分二：

一、对治之功德；二、未对治之过患。

[21] 鸟类飞翔在空中时身影不见，但无论落于何处便会显现。

癸一、对治之功德：

佛说一切财产中，知足乃为最殊胜，
是故应当常知足，知足无财真富翁。

人天导师佛陀说：所有的财产之中，知足少欲是最为殊胜、无与伦比的，因此应该恒常知足少欲。如果知道满足，那么即使无有金银等财产，也堪为享受真正富裕之果的富翁，因为真正的财富就是令人得以满足。

癸二、未对治之过患：

智者痛苦如财多，少欲之人非如是，
一切龙王头数目，所生痛苦如是多。

被人们称为相续寂静调柔、财物丰足的诸位智者，因积累、守护、毁尽这些财产也历经同样多的辛酸，而清心寡欲的人们并不会这么含辛茹苦。例如，富裕十足的龙王有多少财富，顶上的蛇头就有同样多数目，因而龙王们有多少蛇头，就会有那么多蛇头中所生的热沙等损恼的苦痛。

辛四、断除受用之散乱分三：

一、断除贪妻；二、断除贪食；三、断除贪眠。

壬一、断除贪妻分二：

一、应舍；二、应取。

癸一、应舍：

性如联敌刽子手，轻凌夫君如恶女，

微财不放如盗匪，当弃此等三妇人。

秉性恶劣犹如联合怨敌杀人的刽子手一般；对自己的丈夫轻视凌辱，就像横行霸道的恶毒女人一般；甚至对微不足道的财物也不放过，如同无所不偷、无所不抢的盗贼土匪一般。国王必须弃离以上所说的这三种妇人。

癸二、应取：

随顺自己如姊妹，情投意合若挚友，
仁爱自己似慈母，听从如仆敬若神。

（国王你）应当迎娶的四种妻子：即如同姊妹般随顺自己，夫唱妇随；好似亲密的挚友一般情投意合，心心相印；犹如慈爱的母亲般诚心诚意利济自己；如同仆女般对自己言听计从，任凭指使，是不失各自种姓之因，因而对待自己敬若本种姓的天神一般。

壬二、断除贪食：

了知饮食如良药，无有贪嗔而享用，
非为骄横体健朗，唯一为使身生存。

明确认识到饮食就像良药一样，药物应当恰到好处，根据病情适量，如果过多过少，就会适得其反，达不到效果。同样的道理，应当了知食量，而无有贪嗔之心享用饮食，这是总说。

分别而言，并不是为了饱食终日、自高自大而用餐。意思是说，费尽心机以食物来强健身体，为了张弓射箭等力大无穷、体魄强壮的骄矜而用餐；为了青春常驻而进食，即为了韶华之骄矜而食；为了心情舒畅、健康无病、万寿无疆等而享用食物，这些都是为了骄矜而食。

再者，心里想为了依靠营养丰富的佳肴而增强体力，如此一来身强力壮，便可享受他者的女人或者加害仇敌等为非作歹，有此种颠倒妄想纯属为了专横跋扈而大吃大喝。

此外，也不应为了依靠富有营养的美食等使自己膘肥体胖，结实健朗。实际上这也是耽著骄气十足与身强体壮而横行霸道残害别人。因而，以嗔恨吃喝绝非用餐的真正目的，而要唯一为了使修行正法的所依身体生存而进食。

壬三、断除贪眠：

贤明君主勤度过，白昼上夜及下夜，
睡时亦非徒无果，于中夜具正念眠。

贤明的君主，在整个白日里应当神清气爽而杜绝沉睡的现象，并且将夜晚也分成三时，上下夜不眠而度过。即使在夜半更深入睡时也不是无有果，即是指处于等舍无记的状态中，而是心想为了保证修法的身体住留理当睡眠，心里具备这种正知正念而在上、下夜之间的中夜进入梦乡。为了在当时能将无记的睡眠转为善法，白日里也要心心念念不离一切善法，如果一心专注遣除黑暗的光明想、具有很快起床的念头而入眠，那么以发心力可将睡眠变成善举，而当真正酣睡时无有这种意乐也可以。

庚二、修行同品四无量：

恒常真实而修持，慈悲喜舍四无量，
纵然未证正等觉，亦得梵天无量乐。

如果常常认真精勤修持愿一切众生快乐的慈心、愿彼等远离疾苦的悲心、愿其具足安乐的喜心与无有亲怨一视同仁的舍心此四无量心，即便是没有证得至高无上的佛果，也将获得梵天世界的无量安乐。

己二、正行——教诫修四禅：

以断欲行喜乐苦，四种禅定次第生，
梵天光明遍净天，广果天之四天界。

修持殊胜寂止禅定之方法：以对治支寻伺而断除希求淫行损恼等，获得功德支寂静所生之喜乐、安住支一缘住心证得一禅境界。同样，依靠以内等净断除寻伺而获得具喜乐之二禅心，以行舍与知念断除喜而获得仅具乐之三禅心，以念清净与舍清净断除乐受而获得具有舍受的一缘四禅心。所有四禅均断除一切痛苦与意苦受。依靠如是断除此等所断之因——四禅定依次转生到大梵天、光明天、遍净天与广果天中。

己三、后行分二：

一、总说弃恶从善；二、尤其断除等持障之法。

庚一、总说弃恶从善分二、

一、宣说善恶轻重；二、教诫具足对治不善之广大善法。

辛一、宣说善恶轻重：

恒贪不具对治法，功德主田之事生，
五种善恶更为重，故当精勤行大善。

无论是善法还是恶业，恒常造作、以强烈耽著而作、无有摧毁此业的对治法、功德的根本或福田三宝等以及总的田中居于首位的饶益之田与痛苦之田，由此所

生的五种善业与不善业与其余业相比，更为广大（指行善）、更为严重（指造罪）。因此，务必要精勤杜绝滔天大罪，奉行齐天洪善。

辛二、教诫具足对治不善之广大善法：

数两盐转少水味，非能改变恒河水，
如是当知微小罪，无法摧毁大善根。

比如，一两盐能够转变少量水的味道，而无法改变恒河的大水的味道，同样的道理，我们应当知晓：以所造微乎其微的恶业不可能有害于力量强大的广博善根。

庚二、尤其断除等持障之法：

掉举后悔与害心，昏睡贪欲及怀疑，
当知此等五种障，乃夺善财之盗匪。

心散乱于对境的掉举以及对以前所造之事等追悔莫及的后悔、陷害他众的害心、心内收的昏愦以及极度内收之睡眠、慕求有漏的悦意欲妙、对道果等满腹怀疑，应当了知此等五障是趁人不备偷窃以及明目张胆掠夺善财的“盗贼”与“土匪”。在此，掉举与后悔二者合而为一，因为它们同是动摇之法故；昏沉与睡眠二者作为一个，是因为它们同是神志不清的状态。

戊六、智慧分二：

一、略说信等五根之道本体；二、广说正念等智慧。

己一、略说信等五根之道本体分二：

一、宣说应取之信等；二、以对治所断方式遣除骄矜。

庚一、宣说应取之信等：

信心精进与正念，等持智慧胜法位，
当勤于此称力根，乃为顶位之本体。

希求善法的信心、欣乐而为的精进、不忘失前面所缘境的正念、一缘专注所缘之义的等持、辨别法理之智慧，此五种也是加行道胜法位的本体，对此，应当精勤而行。忍位时，称为五力，暖位时称为五根，成为加行道顶位智的也只是这五种，而别无其他。

庚二、以对治所断方式遣除骄矜：

病老死及爱别离，如此业即我所造，
如是反复思维者，彼对治门不骄矜。

患病、老朽、死亡、爱别离这些痛苦之因——业无非是由自己所造的，因此我是痛苦之因果的罪魁祸首。反反复复思维如是道理之人，通过对治此所断，而根本不会生起我具备等持与智慧等的骄慢之心。或者说通过对治种姓等骄矜而遣除自满的心态。

己二、广说正念等智慧分二：

一、宣说有寂一切善资根本即是智慧；二、真实宣说具智慧之道。

庚一、宣说有寂一切善资根本即是智慧分二：

一、增上生与决定胜之根本——世间正见；二、决定胜之根本——出世间正见。

辛一、增上生与决定胜之根本——世间正见：

若求善趣与解脱，理当修习世正见，
若持邪见纵行善，亦具难忍之苦果。

假设不求善趣与解脱，也就另当别论。如果想获得善趣与解脱，那么务必要修习所了达的业果等无有欺惑之世间正见。任何一位补特伽罗，倘若执持“业果不存在”的邪见，那么表面无论怎样修福行善，终究无济于事，必将感受无间地狱那难以堪忍的异熟痛苦。对此，咒威贡波尊者的注释中这样写道：“若有人说：‘如果执有邪见而发放布施也感受难忍异熟果是不合理的。’这里的意思是指邪见的严重果报足可以压服微小的善果，使得无法感受善果。”荣敦大师则认为：心怀邪见者以前所行的布施等一切善举也将招致极为悲惨、不堪设想的难忍报应，因为以邪见能将一切善业斩草除根之故。

辛二、决定胜之根本——出世间正见：

当知人本无安乐，无常无我不清净，
未忆念此之众生，四颠倒见即祸根。

从人作为所化的角度来说，我们应当清楚地认识到：人类本来无有安乐可言而是痛苦的本性(苦)，不可能住留二刹那，因而必定是无常的自性(无常)，作者我本不存在(无我)，身体是肮脏不堪的自性(不净)。没有常常忆念如是之义的众生，反而执持净乐常我的四种颠倒之见，实际上这是祸害的根源。

庚二、真实宣说具智慧之道分二：

一、别说重要之见；二、真实之道。

辛一、别说重要之见分二：

一、抉择无我；二、观察我之所依蕴。

壬一、抉择无我：

当悟经说色非我，我不具色非依存，
色亦不依我而住，如是余四蕴皆空。

应当了悟经中所说的“色非我”的含义。意思是说，色与我不是一体。同样，我与色之间也不是像天施具有瓶子一样具有关联，也就是说，我和色法相互不是以“我依于色”或“色依于我”的异体方式而存在。同理，其余的受想行识四蕴也均是以我而空的。

壬二、观察我之所依蕴：

当知蕴非随意生，非时节及自性生，
非体自在非无因，乃由无明业爱生。

应当了知，本为空性的我之所依蕴也并非时而由我所生、时而由他所生、时而有因所生、时而无因随心所欲而生，也不是由时节中所生，不是由主体或自性之因中生，又不是由自之本体我所生，非由自在天等常存的作者所生，也并不是无因的断边。那么，它到底是由什么产生的呢？实际上蕴是由无明、缘业以及爱相互联合而产生的。

辛二、真实之道分三：

一、宣说道之违品——三结；二、道之顺缘——精进；三、修学道之本体——三学。

壬一、宣说道之违品——三结：

理应了知戒禁取，萨迦耶见及怀疑，
结缚有中此三者，阻塞解脱城市门。

应当明确，颠倒的戒禁取见、对于自身五蕴颠倒视为我的萨迦耶见(即坏聚见)、于道果之法疑团重重的怀疑，致使(众生)束缚在三有中的此三结足能封锁住解脱城市之门。

壬二、道之顺缘——精进：

解脱依赖于自己，他人不能作助伴，
具足广闻戒定者，应当精勤修四谛。

解脱依赖于自己的含义是这样的：自己如果没有修行正道，那么其他任何人都不可能作为怙主、向导等助伴。具足最初广闻经论的闻慧、净持戒律、一缘安住之禅定的人，必须要修持解脱道的本体即了知苦谛、断除集谛、现前灭道、修持道谛四圣谛。

壬三、修学道之本体——三学分二：

一、总说三学；二、别说慧学。

癸一、总说三学：

理当恒常勤修学，殊胜戒律及慧定，
二百五十余分戒，真实摄此三学中。

与外道等相比有过之而无不及，因而被称为殊胜的戒律、殊胜的智慧与殊胜的禅定，我们理所应当常常修学此戒定慧三学。而其他二百五十条戒律等大小乘中所说的所有学处完全可归摄于此三学中。

癸二、别说慧学分二：

一、说明出离染污品之理；二、说明善入清净品之理。

子一、说明出离染污品之理分二：

一、厌离此生之方法；二、厌离一切轮回之方法。

丑一、厌离此生之方法分二：

一、略说；二、广说。

寅一、略说：

自在忆念所属身，如来所示一捷径，
彼当策励勤守护，丧失正念诸法亡。

作者称呼道：自在土，随身正念是佛陀为诸位欲求解脱道者所指明的唯一必经之路，佛言：“诸比丘，能清净一切众生、能超离不悦痛苦、能辨别如理之法、能现前涅槃之唯一途径即此身正念也。”如是随身正念要通过集中精力而守护，因为失去这种正念者一切法都将毁于一旦。

寅二、广说分二：

一、思维寿命无常；二、思维暇满难得。

卯一、思维寿命无常分四：

一、思维死期不定而修无常；二、思维必死无疑而修无常；三、思维他理而修无

常；四、此等之摄义。

辰一、思维死期不定而修无常：

寿命多害即无常，犹如水泡为风吹，
呼气吸气沉睡间，能得觉醒极稀奇！

在人生中，内外的害缘多之又多，就像被风吹动的水泡绝不会恒常停留，可以说瞬息即逝。如此看来，呼吸之间酣然入眠，在此期间没有一命呜呼，还有机会醒来实在是太稀有了！

辰二、思维必死无疑而修无常：

身际成灰干腐烂，终究不净无实质，
当知一切皆坏灭，各自分散之自性。

（每个人的）身体最终必将被火所焚，化为灰迹，或者终将干枯，到最后无疑会变成污秽不堪、腐烂变质的尸体，没有丝毫实质可言。而身体大小支分等也必定坏灭，糜烂殆尽，化为微尘。因此，从现在起就务必要认识到一切身体本是各自分散、支离破碎的自性。

辰三、思维他理而修无常：

大地山王与海洋，终为七烈日所焚，
有情化为尘无余，弱小人身岂堪言？

如是显现的坚不可摧牢不可破的广垠大地、妙高山王以及汪洋大海，有朝一日也将被七个炽热的太阳所焚毁，而依于山川湖泊大地的这些有情都同样连灰尘也无一余留，弱不禁风的人身必然沦亡这一点就更不言而喻了。

辰四、此等之摄义：

如是无常与无我，无依无怙无存处，
轮回无实如芭蕉，人君汝心当厌离。

里里外外、林林总总的万法，均是无常、无我的本性，对于无有救苦救难的皈依处、无有竭力相济的怙主、无有赖以生存的住所、好似空虚无实的芭蕉树一般的轮回，人中之尊——贤明的大王你应当心生厌离。

卯二、思维暇满难得分三：

一、总说转生普通人身难得之理；二、别说具四轮之人身；三、思维远离违缘八无暇之理。

辰一、总说转生普通人身难得之理分二：

一、宣说转生为人难得之理；二、谴责依此人身造罪。

巳一、宣说转生为人难得之理：

大海漂浮木轭孔，与龟相遇极难得，
旁生转人较此难，故王修法具实义。

在大海的水面上漂浮不定的有孔木轭与海底中的龟颈相遇实在是难之又难，可是从旁生界解脱而获得人身与之相比，就显然更为困难，因此大王你应当勤修正法，使已得的人身具有实义。

巳二、谴责依此人身造罪：

谁以宝饰之金器，清除肮脏呕吐物，
转生为人造罪业，与之相比更愚蠢。

如果有人用镶嵌着松石等奇珍异宝饰品的金器来清理排除肮脏不堪的呕吐物，那当然会被众人贬低为“蠢人”。然而投生为人却为非作歹、无恶不作之辈与前者相比，就更是蠢上加蠢、愚不可及了。

辰二、别说具四轮之人身分二：

一、总说四轮；二、分说善知识。

巳一、总说四轮：

身处随圣之境地，依于殊胜之正士，
己发宏愿积大福，此四大轮汝具足。

身处随同生起圣道之境——天界、人道中（安止顺境），依止殊胜大德（依止正士），自己善加发愿修解脱道（发宏誓愿），其因即是往世中曾经积累广大福德（积大福德），也就是说能令自由自在修行正法或者趋向圣道不可缺少、如车轮般的此四大轮，国王你理当全部具备。

巳二、分说善知识：

依止真实善知识，梵行圆满能仁说，
是故当依诸大德，依佛多士得寂灭。

依止善知识能使梵净行得以究竟，“梵净”是指涅槃，“行”是指道，这是能仁亲口所宣说的。阿难尊者启白：“世尊，此善知识与善友乃梵行之半。”世尊告言：“汝莫出此言，此乃圆满梵净行也。”因此，理应依止殊胜正士，其必要是，就像依止圆满正等觉佛陀后诸多士夫可以获得寂灭果一样。

辰三、思维远离违缘八无暇之理：

执持邪见转旁生，投生饿鬼堕地狱，
无有佛教于边地，转成痴哑野蛮人，

长寿天生任一处，此等即是八无暇，
远离此等得闲暇，为不转生当精进。

持有诽谤因果的邪见；转为旁生；投生饿鬼；堕入地狱；无有佛教也就是说佛未出世或佛虽已出世但未听闻佛教于边鄙之地投身为野蛮人；虽生于中土，但意根愚痴、成为哑巴；转生为无想的长寿天人。无论是转生在此八处的任何一处，均无有空闲修法，因而以上这些是八种过患之处，远离八无暇处而得到闲暇之身，为了从今之后不再投生轮回必须要精勤修法。

丑二、厌离一切轮回之方法——思维轮回过患分二：

一、略说；二、广说。

寅一、略说：

智者于此求不得，病老死等众多苦，
根源轮回当生厌，亦应倾听彼过患。

如果有人想：为什么必须要避免转生轮回呢？

贤良的智者，（人生的痛苦可谓言之不尽，）所谓的“求不得”是指本来渴望美食妙衣却求而不得，而且每一个众生终究难免一死。就眼前来说，也是有疾病缠身、垂暮老朽等多种多样的痛苦，因而应当对这所有苦难根源的轮回深恶痛绝。下面紧接着要讲述其中的部分过患，（大王）也要洗耳恭听。

寅二、广说分二：

一、宣说现似快乐不可信赖之理；二、宣说痛苦巨大之理。

卯一、宣说现似快乐不可信赖之理分二：

一、不可信赖之理；二、知此而教诫修善。

辰一、不可信赖之理分四：

一、亲怨不定故不可信赖之理；二、无有满足故不可信赖之理；三、后际不定故不可信赖之理；四、高低不定故不可信赖之理。

巳一、亲怨不定故不可信赖之理：

父转成子母成妻，怨敌复次成亲友，
是故流转轮回者，无有少许确定性。

前世的父亲转生为自己的儿子，母亲变成自己的妻子，往日的冤家对头也会成为密切亲友，相反，亲戚朋友也有反目成仇的，由此可见在流转轮回的过程中，无有丝毫可以信赖的固定性。

巳二、无有满足故不可信赖之理：

每一众生所饮乳，胜过四大海洋水，
今仍流转投异生，未来所饮更过彼。

我们应当了知，每个补特伽罗所饮用过的乳汁，已远远超过了四大海洋的水，然而仍旧不为满足，未得圣道之前还要随异生之道而流转投生，这样一来势必还会较前更多地饮用，因为轮回无始无终之故。

巳三、后际不定故不可信赖之理：

过去每世所遗骨，堆积一处超山王，
地土抟成枣核丸，其量不及为母数。

每个有情孑然一身，曾经遗留下的骨骸如果堆积一处，足以超过妙高山王，如果仍旧一如既往不精勤修道，那么将来必然会抛下更多的遗骸。此外，将大地的土粉抟成枣核丸许，其数量也无法计算众生互为母亲之数，这只能作为胎生的比喻。

世尊曾言："诸比丘，譬如，某士夫将此大地之土抟成枣核丸，说'此为我母，此为我母，此为他母'而丢弃，诸比丘，此大地之土早已穷尽，而转为众人之母却非如是。此乃我说。"这是从众生屡屡结生的角度而言的。

巳四、高低不定故不可信赖之理分六：

一、国政不可信赖之理；二、悦意友伴不可信赖之理；三、美妙住处不可信赖之理；四、安乐行境不可信赖之理；五、丰厚受用不可信赖之理；六、庄严威光不可信赖之理。

午一、国政不可信赖之理：

帝释堪称世间供，以业感召亦堕地，
纵然曾为转轮王，于轮回中复成仆。

天王帝释堪为世间应供处，然而以业力所牵最终也会一落千丈，堕入人间或旁生等处；人中君主转轮王，往昔的善业无余穷尽时，在流转轮回的过程中也会变成低三下四、卑躬屈膝的奴隶。

午二、悦意友伴不可信赖之理：

纵然长期于天界，享用婀娜之天女，
复堕地狱遭碎断，感受极难忍受苦。

即便曾经在漫长的岁月中，于天堂尽情享受拥抱抚摸妩媚多姿、婀娜可爱的天女的安乐，然而也会下堕地狱而遭受夹在山间、被利刃碎尸万段、铁狗利齿撕扯、忍无可忍的痛苦。

午三、美妙住处不可信赖之理：

长久居于山王巅，随足起伏极惬意，
复沦煻煨尸粪泥，同熏难忍之苦味。

尽管以往于天界千年的长久时间里，居于须弥山巅的三十三天上，在珍宝大地上随足起伏，快乐无比，但以业力而感沦落到煻煨坑、尸粪泥中的痛苦该是有多么难以忍受。心中对此理当慎重思考。

午四、安乐行境不可信赖之理：

与诸天女相倚喜，美丽乐园共嬉戏，
复将为诸剑叶林，斩断手足与耳鼻。
或入曼陀妙池沼，天女金花艳彩容，
舍身步入无滩河，炽门难挡受热浪。

印度释论中说所谓的“倚”是依偎的同义词。尽管曾经一度与貌美可人的天女互相依偎、心花怒放、舒心悦意，在美丽的乐园中游戏嬉乐，然而当福报享尽时，所得到的将会是被那令人毛骨悚然的剑叶林斩断手足、耳鼻的结局。或者，纵然与容颜艳丽、光彩夺目、头饰金莲的天女共相步入缓缓流淌、妙不可言的天界池塘中，也会再度踏入恶趣地狱热浪冲天、炽热难忍的无滩河。

午五、丰厚受用不可信赖之理：

欲天界中大乐者，梵天离贪得安乐，
复成无间狱火薪，不断感受痛苦也。

尽管拥有天境极为广大妙乐、威德显赫的梵天由于远离了欲贪而获得安乐，但也同样会再次成为无间地狱的火薪，接连不断地感受剧苦。

午六、庄严威光不可信赖之理：

获生日月自身光，照耀一切世间界，
死后复至黑暗处，伸展自手亦不见。

转生为太阳、月亮天子的自身与无量殿的万丈光芒可以普照一切世界，可是他们也会沦入岛屿等暗无天日、伸手不见五指、漆黑一片之处。有幸得到如此这般美妙庄严之处的有情们也无有恒常住留的自由，感受痛苦的时刻终会来临，当从各自处所下堕时，必将投生到这般恶劣之地，因而对此切莫执迷不悟，一味执著。而要静心深思：未得圣道而转生到那些善妙之处的众生，往昔的引业一旦穷尽，以后世之业感会下堕到彼等恶趣中。

辰二、知此而教诫修善：

如是知成罪恶后，当撑三福之明灯，
独自趋入日月光，无法遣除之暗处。

认识到流转轮回如此罪大恶极后，就要撑起布施、持戒、修行所生的这三种福德之明灯，以其光芒足可遣除恶趣的浓重黑暗。为什么呢？自己只身一人进入连日月的光明也无法遣除的轮回无边暗处时，如果离开了福德的光芒，那么难忍的痛苦实在难以承受。

卯二、宣说痛苦巨大之理分二：

一、当知轮回乃痛苦之自性；二、知后为避免转生需精勤。

辰一、当知轮回乃痛苦之自性分五：

一、地狱之苦；二、旁生之苦；三、饿鬼之苦；四、天人之苦；五、非天之苦。

巳一、地狱之苦分二：

一、略说；二、广说。

午一、略说：

屡屡造罪之众生，复合黑绳极烧热，
众合号叫无间等，诸地狱中恒受苦。

三门屡次三番造罪业的一切有情，将在复合地狱、黑绳地狱、极热地狱、众合地狱、号叫地狱与无间地狱等所有寒热地狱中恒常受苦受难。

午二、广说分二：

一、当知痛苦；二、教诫断除彼因。

未一、当知痛苦分二：

一、真实痛苦；二、思维何故产生之理。

申一、真实痛苦：

有被压榨如芝麻，另有碎成如细粉，
有者以锯锯割之，有以难忍利斧劈。

在众合地狱的有情，有些被铁臼压挤成像芝麻一样，另有些在火红炽热的铁磨上被磨碎成细粉状。黑绳地狱的有些众生被锯割，有些被锋利的斧头劈砍。

有于沸腾溶液中，灌注炽烧之铜汁，
有被炽燃铁戈刺，周身缠绕利荆棘。

有些众生在无滩河岸边等处，被用熔化沸腾的铜汁灌入口中，有的众生在热地狱中，被燃烧熊熊烈火的铁戈刺身，全身上下缠缚着密密麻麻的荆棘。

有被铁齿之猛犬，撕扯双手仰向天，
利喙飞禽尖爪鸦，持执身已不由己。

有些众生在剑叶林中，被具有铁质獠牙的凶猛恶狗拼命撕扯而惊惶失措、丧魂落魄，不由得双手向上，仰面朝天。以业力所感根本不由自主，被其他具有锐利铁喙的飞禽以及尖爪的乌鸦携走。

有以各种昆虫类，万数黑蝇蜂触食，
遍体鳞伤实难忍，辗转反侧出哀号。

有的众生在近边地狱中，身体中出生的昆虫以及外界所成的甲壳虫，形形色色、种类各异，还有数以万计的黑色蜂蝇不断吮食，导致这些众生的身上伤痕累累，那些虫蝇的喙稍稍接触，就实在无法忍耐，痛苦不堪，身体禁不住辗转反侧，口中也是大呼小叫。

有者置于火烬堆，不断被焚口亦张，
有于铁制巨锅中，身成小团被烹调。

有些热地狱的有情，在炙热的火烬堆里连续不断地被焚烧，结果只有张口的力气。有些则在火红铁质制成、火焰熊熊的大锅中，整个身体缩成一小团，就像煮饭一样被烹调，真是苦不堪言。

申二、思维何故产生之理分三：

一、思维生时；二、思维生而难忍之情景；三、思维感受长短。

酉一、思维生时：

造作罪业之恶人，断气受苦存活时，
闻诸地狱无量苦，毫不生畏如金刚。

造作深重罪业的恶人气绝身亡之后立即就会感受难忍的痛苦（即他今生和后世受苦之间仅有一息之隔），可是在他活着的时候，听到地狱的无量无边或不堪设想的痛苦，却无动于衷，丝毫也不生畏惧，他的心简直就像金刚一样坚硬。

酉二、思维生而难忍之情景分三：

一、总思维；二、别思维；三、思维比喻。

戊一、总思维：

即便见闻地狱图，忆念读诵或造形，
亦能生起怖畏心，何况真受异熟果。

哪怕是仅仅亲眼见到地狱的图画，或者耳闻地狱的故事，自己心里忆念那番情景，或者阅读有关地狱的描述以及塑建形象逼真、栩栩如生的造型，也能令人不寒而栗、胆战心惊，更何况自己真正感受那难忍的异熟果报了。

戊二、别思维：

所有一切安乐中，灭尽三有堪乐王，
如是一切痛苦中，无间狱苦最难忍。

在所有的安乐中，要属无余灭尽三有解脱之果最为快乐，堪为快乐之王，同样，一切痛苦中，无间地狱之苦最为难忍。

戊三、思维比喻：

于此一日中感受，三百短矛猛刺苦，
彼较地狱最微苦，难忍之分亦不及。

在此人世间，一日之中不间断感受三百短矛猛烈刺人该多么痛苦，然而，这种痛苦与所有地狱中最轻微的痛苦相比，就连它的一分也不及，或者说根本无法与之相提并论、同日而语。

酉三、思维感受长短：

如是剧苦极难耐，百俱胝年亲感受，
乃至恶业未穷尽，期间必定不离命。

刚刚讲述的这般极其难耐的痛苦即便感受百俱胝年，但是乃至不善业之因未穷尽之期间绝不会有生命止息的可能，而将一直受苦。

未二、教诫断除彼因：

诸不善果之种子，即身语意造恶业，
尽力不染纤尘许，汝当如是而精勤。

作者谆谆教诫道：上述的这所有不善业果的种子即是杀生等身恶业、妄语等语恶业、贪心等意恶业等所有弥天大罪。因此，大王你要尽心尽力一尘不染，全力以赴而精勤。

巳二、旁生之苦分二：

一、总痛苦；二、散居旁生别苦。

午一、总痛苦：

旁生生处亦遭杀，捆绑殴打各种苦，
弃离趋寂诸善法，相互啖食极难忍。

只要属于旁生界的范畴，就免不了要遭受他众的宰杀，用锁链等束缚，用鞭子等抽打，还要遭受人非人残害的种种苦痛。舍弃了获得寂灭涅槃的解脱道善法的散居旁生等，均具有互相残食、极难忍受的异熟果或痛苦。

午二、散居旁生别苦：

有因珍珠有因毛，血肉骨皮而遭杀，
毫无自由受人打，鞭抽铁勾等役使。

有些水生动物等因为自身的珍珠而死亡，羔羊等因为毛而被宰，大象等因为骨、血、肉而遭杀，虎豹等野生动物因为皮而丧命。其他的马匹等身不由己遭人脚踢、水牛等被用手捶、驴子等被用鞭子抽、大象被用铁钩束缚及棒棍等殴打、牦牛等也遭受打击。由此可见，旁生无一不遭役使、饱尝苦痛。

巳三、饿鬼之苦分二：

一、略说；二、广说。

午一、略说：

饿鬼所欲不遂意，屡生痛苦不可转，
饥渴寒热疲畏惧，所生极其难忍苦。

投生为饿鬼所欲求皆不遂意，由此所生的痛苦无有间断或者接连不断，根本不可逆转，还要遭受饥饿干渴、冬季严寒、春季酷热的折磨，为了饮食而到处游荡，疲惫不堪，有时因为见到手持兵刃之人等而恐怖不已，真是苦不堪言。

午二、广说分二：

一、痛苦；二、苦因。

未一、痛苦分二：

一、真实痛苦；二、感受时间。

申一、真实痛苦：

有者口小如针眼，腹如山丘饥所缠，
虽得少许不净物，然无享用之能力。

有些饿鬼口细得像针眼一样，而肚皮却大如山丘，难以填满，而经常遭受饥饿逼恼，即便得到少许鼻涕等肮脏无用丢弃的不净物，也不具有食用的能力。

有者裸体皮包骨，瘦骨嶙峋如干薪，

有者夜晚口燃火，投火飞蛾吞入口。

有些饿鬼整个身体只剩下外面的皮肤与内在的骨骼，瘦骨嶙峋，赤身裸体，干瘪得好似达拉干薪一样。另有些饿鬼每日夜晚都是口中燃火，即使吃些食物也只不过是吃那些投入如火焰一般口中的飞蛾而已。

有者劣种排脓血，粪等脏物亦不得，
相互殴打从喉中，出生肿瘤化脓食。

也有个别身为低贱种姓的饿鬼，甚至连脓血、大便等肮脏不堪的不净物也得不到，于是乎满怀嗔怒、手握铁锤等相互残害，最终也只能食用喉中所生长的肉瘤流出的脓来维持生命。

诸饿鬼界春季时，月亮亦炽冬日寒，
树木不生诸果实，仅望一眼河亦干。

整个饿鬼的国度中，在本来酷热的春季，月亮竟然也变得炎热难耐，令这些饿鬼们十分苦恼，而在冰天雪地的冬天，太阳居然也显得异常寒冷。本来是郁郁葱葱的妙树，然而当饿鬼看见时，却忽然间所有的果实都不复存在，并且只要看一眼也会使整个江河干无一滴。

申二、感受时间：

连续不断受痛苦，有为所造罪业索，
紧紧束缚之众生，五千或万年不死。

如是接连不断感受痛苦，以造作弥天大罪的坚硬业力锁链紧紧束缚的有些饿鬼有情，寿命长达五千年，也有一万年不死而一直受苦的。

未二、苦因：

如是一切诸饿鬼，一味获得种种苦，
彼因爱财如命士，非圣吝啬佛所说。

这样的所有饿鬼一味得到的就是饥渴等各种各样的痛苦，导致如此痛苦的因就是总认为自己一无所有、爱财如命之人相续中具有的非圣者之法的吝啬，这一点是正等正觉佛陀所说。《摄集经》中云："吝啬者转饿鬼界，虽生为人彼世贫。"

巳四、天人之苦分二：

一、略说；二、广说。

午一、略说：

天界虽具大安乐，死堕痛苦大于彼，
如是思维高尚士，不贪终尽之天趣。

有幸转生到善趣欲天中虽然具有尽情享受一切圆满受用的大安乐，可是以他们的业力所感，死堕之际的痛苦却远远超过了以前的所有快乐。思维此理之后诸位高尚之士绝不能为了这不稳固、终究穷尽的善趣安乐而爱恋不已。

午二、广说：

身色变得极丑陋，花鬘枯萎不喜座，
衣染污垢身体上，前所未有汗汁流。

所有天人即将死亡之时，身体的色彩变得极其丑陋；以前无论在自己的坐垫上安坐多久，也不会心生厌烦，而在当时却闷闷不乐；美丽的饰品花鬘也变得枯萎凋谢；天衣上沾染污垢；身体的腋下等部位出现前所未有的汗水。

天境天人已出现，天界死堕之五相，

犹如地上临终者，所示一切之死兆。

善趣诸天人预示着死堕的五相，凡是居于天界中的诸位天人都会出现，就像地上的人们临死时会出现预兆的死相一样。

由天界中死堕者，设若善根毫无余，

后不自主而投生，旁生饿鬼地狱处。

不仅如此，而且对于从天界死堕的所有天人来说，假设投生善趣之因的善根一无所剩，那么此后必然身不由己地下堕到旁生、饿鬼、地狱任意一趣感受痛苦。

巳五、非天之苦：

非天嗔恨天福故，心中生起大痛苦，

虽具智慧以趣障，无法现见真实谛。

阿修罗由于嫉妒心的等流业驱使，自然而然对天人的福报生起嗔恨，极度痛苦，因为以嫉妒而萌生苦恼之故。非天的众生尽管具有智慧，但由于异熟障或趣障致使依靠它们的身份无法现见真谛。

辰二、知后为避免转生需精勤分二：

一、需避免转生之理由；二、因此为避免转生当猛厉精勤。

巳一、需避免转生之理由：

轮回自性即如此，天人地狱饿鬼畜，

生于何趣皆不妙，当知乃为多害器。

刚刚讲过的轮回自性或过患就是如此，因而无论是转生到天界、人间、地狱、

饿鬼、旁生任何一趣，都不是贤妙的投生处，转生到彼处就意味着已陷入忐忑不安、恐怖不已、多苦多难等危害众多之途。所以要认清这一点。

巳二、因此为避免转生当猛厉精勤：

头或衣上骤燃火，放弃一切扑灭之，
精勤趋入涅槃果，无余比此更重要。

如果有人头上或衣服突然失火，那么他必然不顾一切、动作迅速奋力扑灭，而了知轮回过患的有智之士为了消灭轮回的火灾更要将舒适享乐抛之脑后，为了避免再流转三有轮回，甚至会放弃扑灭火灾而奋不顾身不惜生命地精进勤勉，因为再没有比推翻轮回更为重要的事了。

子二、说明善入清净品之理分二：

一、当诚信解脱果；二、实修因之道谛。

丑一、当诚信解脱果：

以戒定慧趣涅槃，寂灭调柔无垢染，
无有穷尽无老死，得离四大日月果。

以因之戒定慧三学如意宝，而趣入涅槃果位。所谓的“涅槃”，是指息灭痛苦、不存在三有的结缚之业，故为调柔、无有烦恼之染垢、无有生老病死之果位，所以永无穷尽，远离外道所假立的地水火风日月无情的解脱而获得大乐。或者说，“寂灭”是指无余涅槃，“灭尽”有漏之蕴，调柔则指有余涅槃，诸根调顺。二者都无有烦恼，因而无有垢染……如是解释也可以。

丑二、实修因之道谛分二：

一、宣说见道；二、宣说修道。

寅一、宣说见道分二：

一、宣说道之本体七觉支；二、宣说别相与寂止相联甚深智慧瑜伽。

卯一、宣说道之本体七觉支：

正念择法及精进，心喜轻安及等持，
等舍此七谓觉支，证得涅槃之善资。

见道时，不忘失所缘的正念、辨别诸法的智慧、精勤取舍的正勤、舒心悦意的正喜、身心堪能的轻安、心一缘安住的等持、远离沉掉的等舍，此七种称为觉支。所谓的觉是指涅槃，支则指随同彼而成为修行之方便。或者说，证悟无我的智慧是菩提之本体支，自性之正念是彼之依处支，精进则是出离支，喜乐是功德支，剩余三者则是无烦恼支。因此，此七菩提支是获得涅槃的善资。

卯二、宣说别相与寂止相联甚深智慧瑜伽分二：

一、略说；二、广说。

辰一、略说：

当知无慧无禅定，无有禅定亦无慧，
何者定慧兼有之，轮回海成蹄迹水。

应当清楚地认识到，无有辨别万法的智慧，就会无有殊胜解脱之因的禅定，因为需要入定于以智慧所证悟的意义中之故。无有禅定也同样不会有真实解脱道的智慧，因为只有从入定心中出生如实了达真实义。所以说，如果任何一位补特伽罗定慧或止观圆融双运、兼而有之，则漫无边际的轮回大海也容易渐渐干涸成牛蹄迹般的水洼一样，具有止观的补特伽罗有这种力量，因而不难使轮回大海干枯。

辰二、广说分二：

一、宣说所净颠倒趋入实相之未授记见；二、宣说对治清净实相缘起之义。

巳一、宣说所净颠倒趋入实相之未授记见：

所谓十四无记法，世间日亲所言说，
于此等法莫思索，依之非令心寂灭。

我与世间是常、无常、既常亦无常、非常亦非无常，此为前际四边，世间与我为有边、无边、既有边亦无边、非有边非无边，此为后际四边，如来涅槃后现、不现、既现亦不现、非现非不现，此为涅槃四边，身体与命是一体或异体，这些即是所谓的十四种未授记之法，在世间中，殊胜导师日亲（**佛陀**）郑重地说："对于此等问题，不要去思维是此是彼的道理。因为依此并不能使他们心趋寂灭，反而会使他们更加愚钝、大失所望。"此处所谓的"无记法"，意在对于这些外道所问的我是常有，就事物本体（差别事）角度而言，当然是无我，而从（现相）差别法的角度来说，无所授记。如果遮破我，根本不会有任何意义（对方必定认为实际上并不是这样而否认），佛陀正是考虑到这一点，才没有对此等提问予以答复。

巳二、宣说对治清净实相缘起之义分二：

一、真实缘起；二、赞评彼之优点。

午一、真实缘起：

无明生行行生识，由彼中生名与色，
由名色中生六处，从中生触能仁说。
触中生受彼生爱，由爱生取彼生有，
从有出生若有生，出忧病老求不得，
死与畏等剧苦蕴，生灭则令一切灭。

那么，该如何思维缘起法呢？由尚未证悟无我之奥义的无明中出生行（**也就是**

种子），由行中引生识，识中生受、想等四名与凝酪等色，名色中生眼等内六处，境、根、识三者聚合而生六触，这是能仁佛陀所说。触中生苦乐等受，受中出生取舍之爱，爱中出生为之而奔波之取，从中生能行之有，有中出生后世之生，有生必有忧、病、老、求不得、死、畏、悲哀、意苦等巨大苦蕴。如果无明灭尽，则行灭尽，直至生灭尽之间。如果生已灭，则自然灭尽忧等所有痛苦。

午二、赞评彼之优点：

此缘起乃佛语藏，弥足珍贵最甚深，
何者若能真见此，已睹真如佛法身。

刚刚所说的这一缘起是佛陀所有广博浩瀚语藏之中最为珍贵之甚深奥义，恰似摩尼宝王一般。何者如果真正现见了这一缘起道理就证明他通过智慧眼已经目睹了佛陀法身真如觉性本体。

寅二、宣说修道分三：

一、宣说道之本体八正道；二、宣说彼为道之理；三、教授彼道主要为见四谛之智慧。

卯一、宣说道之本体八正道：

正见正命与正勤，正念正定与正语，
正业正思八圣道，为获寂灭当修此。

以前在见道中已证悟之义完全断定，为正见；断除邪命养活，为正命；精进修道为正勤；念念不忘为正念；一缘安住为正定；将所证悟之义传授他众为正语；圣者戒杀等为正业；说法等语言以正确发心驱使，为正思。上述此等即为八正道。依靠此八正道能断除所断，现前解脱，因而为圣道。其中正见是彻底断定支；正思是令他理解支；正语、正业与正命三者是能令他众诚信支；剩余三者是净障支，故称为支。为了获得涅槃当修此八正道。

卯二、宣说彼为道之理：

此生即苦称谓爱，爱即彼之集谛因，
灭尽此等即解脱，能得即八圣道支。

生是苦谛的事相，能导致于有生爱著，而爱是能形成生之因——集谛。集谛范围极其广大、形形色色、接连不断，从中生有，而从根本上灭尽苦集这二者即得解脱，而能获得解脱之道也就是八圣道。

卯三、教授彼道主要为见四谛之智慧：

事实如此故为见，圣者四谛恒精勤。

为了能现见刚刚讲过的四圣谛的真如性，恒常当精进修道。

丁三、教诫实行彼等之义分三：

一、以劣身亦能成就之理赐安慰；二、以简要实修之理赐安慰；三、以力所能及实修之理赐安慰。

戊一、以劣身亦能成就之理赐安慰：

未抛舍财诸俗人，了知取舍越惑河，
现前圣法之彼等，亦非从天而降临，
非如庄稼由地出，昔随惑转之异生。

如果心里有我一个在家俗人根本不可能现见圣谛的想法，所谓的“未抛舍财”是指未抛弃妻儿、财宝等，身居红尘的诸位在家人实际上如果了知取舍也完全能够越过烦恼的江河。已现前殊胜果位之法的佛陀与大阿罗汉们并不是像雨水一样从

天而降，也不是像庄稼那样从地而生，其实，这些圣者往昔都必定是受烦恼左右或随烦恼所转的异生凡夫。因此，自己如果也能同样修道，那么毫无疑问能摆脱烦恼的束缚而如实现量生起诸圣者的果位。

戊二、以简要实修之理赐安慰：

离畏何需更繁述，有益窍诀此义藏，
汝当调心世尊说，心乃诸法之根本。

对于没有别人攻破、无所畏惧者(指国王)来说，又何需繁冗复杂的赘述，大有裨益的窍诀精华义仅此而已。大王你要调伏内心，世尊佛陀也说：心是一切法的根本。如言："内心调柔最善妙，内心调柔引安乐。"

戊三、以力所能及实修之理赐安慰：

如是奉劝汝教言，纵是比丘难尽行，
随力能修其一德，当令人生具实义。

上述对大王你所陈述的这些教言，实际上就是抛弃一切俗世的比丘也难以完全做到，更何况说整日国务繁忙的你了。然而，应当在力所能及的情况下，修行其中一分善行，依此功德能令来之不易的人生具有实义。

乙三、末善尾义分二：

一、教授随喜与回向；二、以摄上述道果诸义而教诲。

丙一、教授随喜与回向分二：

一、回向；二、彼之果。

丁一、回向：

随喜诸善三门善，为得佛果普回向。

满心欢悦而随喜其他圣者凡夫所做的一切有漏无漏善根，三门所行的一切善法，为了利他获得佛果而普皆回向，这是大乘的无上修行，因而你应当身体力行。

丁二、彼之果分二：

一、暂时道果；二、究竟佛果。

戊一、暂时道果：

如是以此善福蕴，汝于无量生世中，
拥有天人世间福，犹如圣者观自在，
摄受数多苦难众，出世除老病贪嗔。

如是依此三轮清净而回向的广大善根福蕴，大王你在修道的过程暂时于生生世世中，投生人天世间，成为君主，具自在享有修道的福报。学道期间，要像圣者观音菩萨的行为一样，悲悯摄受不可计数的苦难有情，以大慈大悲辗转降生于世，遣除众生的老病、贪嗔等一切罪过。

戊二、究竟佛果：

犹如阿弥陀佛尊，世间怙主寿无量。

愿你在究竟无学位时，于自己所建的刹土中成为世间怙主，就像无量光佛一

样，乃至轮回未空而存在期间，长久住世，寿达无量。

丙二、以摄上述道果诸义而教诲：

戒慧施生净大名，遍及虚空大地上，
人类天众妙龄者，喜乐生爱定寂灭。
尽息惑缠苦有情，坏生死证如来性，
超离尘世名亦息，证得无惧无罪果。

由智慧、持戒、布施中展现的无有罪垢的广大名声，遍布或普遍传扬在天界虚空以及地上人间，使得整个人类的人们与天界的诸天人决定远离依靠妙龄（人）天少女产生身心喜乐的贪恋，愿息灭烦恼痛苦所缠绕的可怜有情的坏灭、出生、死亡，而获证如来正等正觉相好庄严的他利色身、自利寂灭法身，超越世间分别念之境甚至生等之名称也息灭，胜伏死亡等损害，无有老衰的危机，不具病等损恼，获证无所畏惧、永不衰灭、一尘不染之殊胜果位。

甲四、尾义分二：

一、著跋；二、译跋。

乙一、著跋：

阿阇黎圣者龙树劝勉挚友乐行王的《亲友书》撰著圆满。

乙二、译跋：

印度堪布遍知天萨瓦匝德瓦，大罗匝瓦万得即噶瓦拜则（赤松德赞时西藏著名三大译师之一）于前弘时期翻译并校对审订。

科判之结文：

何者入定之心间，品享无等最寂味，
除三有疾妙甘露，由圣喉瓶中流出，
为令自他心相续，播植善法之良种，
于此摄义自新撰，此善回向胜菩提。

为三学清净之大善知识札巴嘉村（称幢）吉祥贤等个别大德宣讲时，玛德布玛拉（即麦彭仁波切）撰写，愿广弘佛教如意宝。

深广智云悲雷声，威力雨令三地喜，
佛语深广之百川，集一智德之龙王。
稀有善说青莲园，依文殊师智朝阳，
重新绽放白莲鬘，供养明智蜂喜享。
彼生无垢之善根，愿令普获正见目，

依于四谛取舍舟，度有海恿解脱洲。
愿利乐本佛教宝，恒常不衰永存世，
持教久住讲修兴，自成二利增吉祥。

此释，根据堪为雪域唯一语狮子的麦彭嘉扬南嘉嘉措所造科判及颂词脚注，革萨里嘉扬罗珠嘉措于西庆静处胜乐吉祥寺整理成文。善哉！

2005年8月1日
译毕于色达喇荣圣地